Die Form der Reform

WOLFGANG BEINERT

# DIE FORM DER REFORM

## Anmerkungen zur Lage und Lehre der Kirche

VERLAG FRIEDRICH PUSTET
REGENSBURG

**Bibliografische Information der Deutschen Nationalbibliothek**
Die Deutsche Nationalbibliothek verzeichnet diese Publikation in der Deutschen Nationalbibliografie; detaillierte bibliografische Daten sind im Internet über http://dnb.dnb.de abrufbar.


Gutenbergstraße 8 | 93051 Regensburg
Tel. 0941/920220 | verlag@pustet.de

**ISBN 978-3-7917-3548-1**
Umschlaggestaltung: Jens Vogelsang, Aachen
Satz: Vollnhals Fotosatz, Neustadt a. d. Donau
Druck und Bindung: Friedrich Pustet, Regensburg
Printed in Germany 2024

eISBN 978-3-7917-7557-9 (pdf)

Unser gesamtes Programm finden Sie unter
**www.verlag-pustet.de**

# INHALT

## II. AUSFORMUNGEN

# VORWORT

Des alten Kohelet Klage ist unerhört frisch wie an jenem Tag, da er sie vor gut 2500 Jahren im Epilog seines Buches formuliert hat: *„Es nimmt kein Ende mit dem vielen Bücherschreiben"* (Koh 14,12). Ungehört frisch wie sie ist auch seine gleich folgende Mahnung geblieben: *„Fürchte Gott und achte seine Gebote. Das allein hat jeder Mensch nötig"* (V. 14). Er selber ist das Beispiel dafür, dass und wie beides zusammenhängt. Wie viel Tinte ist vergossen worden, weil sich die Menschen von Gott abgekehrt haben! In diesem Kontext stehen auch die folgenden Seiten und Tausende anderer, die viel Toner durch den Drucker haben fließen lassen. Heutzutage nimmt schon das Schreiben jener Werke kein Ende, die sich mit dem Zustand der Christenheit derzeit beschäftigen. Das vorliegende steht in dieser endlosen Folge.

Sie sind leider nötig: Die Kirchen werden nicht erst seit gestern mit ihrer kläglichen Fasson konfrontiert, aber sie reagieren kaum darauf. Die Quittung sind die Statistiken. Bei den kirchlichen Eckwerten fallen alle Zahlen, manchmal, wie bei den Austrittsdaten, wahrhaft dramatisch. Ausgenommen: eben sie und die der Beerdigungen.

Gilt aber möglicherweise die alte Volksweisheit noch: Steter Tropfen höhlt den Stein? Unser Buch will sich von anderen des gleichen Genres darin unterscheiden, dass dort zwar viele Rezepte angeboten werden, wie man dem Unheil steuern kann, das die Kirchen erfasst hat, dass auch inzwischen Einigkeit besteht, dass solches dringendst zu geschehen habe, dass derlei Bemühungen allerdings ein wenig vordergründig scheinen. Es muss vieles anders werden – ganz bestimmt, doch was eigentlich, warum und wie? Kaum je aber werden Gedanken über die eigentlichen, die theologischen und die anthropologischen Wurzeln der Krise freigelegt. Doch erst so besteht die echte Hoffnung, dass die anstehende *Reform* der Kirche auf ihrer eigentlichen *Form* aufruht, also leuchtend an den Tag legt, wes Geistes Kind und wes Herren Dienerin sie ist. Ich wage einen solchen Versuch.

Der Grund meiner Vermessenheit, gegen Kohelet anzugehen: Ich habe in meiner Jugend erfahren und erspürt, wie recht der Introitus zum Psalm 42 hat, der damals jede Eucharistiefeier einleitete: *„Zum Altare*

*Gottes will ich treten, zu Gott, der meine Jugend froh macht"*. Diese Freude begann schon vor meinen Kirchgängen und sie dauerte bei den wundervollen Kinderkatechesen in meiner Heimatpfarrkirche, über ein Jahrzehnt im Ministrantendienst, im Studium von Theologie und Philosophie, die bisher 65 Jahre als Priester in Seelsorge und Wissenschaft. Inzwischen ist die Freude arg getrübt – durch die geschilderte Befindlichkeit dieser Kirche. Ihre prekäre Lage in vielen Teilen des Globus, allemal in dem unseren, der Verfall ihrer Vitalität, der römisch-katholischen Kirche zumal, zwingt dann eben um dieser schlimmen Befindlichkeit willen zum Gegen-Handeln mit allen Kräften, mit allen Fähigkeiten. Es geht, bei Gott, nicht um Quisquilien, sondern um die Weise, wie Kirche überleben wird – und um die Art, solches fertigzubringen. Zeitnah. Vor einem möglichen *point of no return*.

Für einen Theologen bedeutet diese Forderung ganz wesentlich, nachzudenken über Wesen, Gründe, Hintergründe ihrer Lage hier und heute, wie bescheiden schlussendlich die Wirkung solcher Arbeit sein mag. Zu dieser soll auch der Versuch rechnen, den Mitchristinnen und Mitchristen Hilfestellung zu leisten in deren eigenen Nöten mit der Institution. Ich könnte ein ganzes Buch mit den Voten und Wünschen füllen, die mich in diesen letzten Jahren auf meine seelsorgerliche und publizistische Tätigkeit in Sachen Ekklesiologie hin erreichten. Viele begleitet von Tränen. So ist der Gedanke herangereift, diese Beiträge einmal zusammenzustellen, sie zu aktualisieren und zu ergänzen. Es liegt auf der Hand: Sie sind kritisch. Aber sie wollen Ausdruck der Liebe, Hilfe für die Glaubensgemeinschaft sein. Doch es ist wie beim Meteorologen: Der kann sich auch nicht mit der Vorhersage der sonnenreichen Tage begnügen und die schlechten nicht benennen. Er verfehlte schlicht seinen Beruf und entzöge sich dessen Pflichten. Gleiches täte eine Ärztin, die bloß den Schmerz des Patienten sedierte, aber nicht wirklich heilend therapierte.

Die Umstände bringen es mit sich: Manche Aussagen wiederholen sich. Das ist nicht unbedingt der Ungeschicklichkeit des Verfassers zur Last zu schreiben, auch nicht nur dem Umstand, dass alles mit allem zusammenhängt, sondern die verwickelte Lage der Kirche, von der die Rede ist, ist schon selbst ein Indiz der Ursachen dieser Komplexität. An sich ist alles ziemlich einfach – und wenn man kritisch fragt, kommt man eben immer wieder an den gleichen Punkt. Das kann gar nicht anders sein. Eine wichtige Erkenntnis der Gotteslehre besagt: *Deus est simplex – Gott ist einfach*. Wo etwas verwickelt ist, ist etwas verkehrt an unserem Gottesglauben. Die Form unseres Christ-Seins bedarf allerhöchst dringlich der Rückkehr zu ihrer Form. Letzten Endes also zum Schöpfer, zum belebenden Pneuma durch Christus, unseren Herrn. Dass das Buch gerade jetzt geschrieben worden ist, ist nicht von ungefähr und nicht nur theologisch zu begründen.

Anlässlich meines 90. Geburtstages habe ich meine Autobiografie vorgelegt: „Dem Ursprung Zukunft geben. Autobiografische Skizzen" (Regensburg, [2]2023). Dort sind erstmals Gedanken vorgelegt worden, die an dieser Stelle weiterentwickelt werden sollen. Wenn man will, darf man die nachstehenden Seiten also auch als so etwas wie einen Nachtrag ansehen. Im Privaten sind die letzten Jahre vergleichsmäßig erträglich verlaufen – außer eben in diesem Bereich. Die Kirche, mein Endwunsch, möge wieder ihr Urmetier finden: Dem Ursprung Zukunft zu geben.

Das Manuskript wäre nicht entstanden ohne den bewussten und unbewussten Beistand vieler Freundinnen und Freunde, mancher Widersacher und „Andersdenkender". Sie haben ihre Urteile und Einsichten beigesteuert, die meinen in Frage gestellt, durch ihre Begegnung mit mir manchmal auch Haltungen anschaulich gemacht, die etwas mit den Thesen des Werkes zu tun haben. Dafür bin ich ihnen allen dankbar. Gefördert hat mich ihre Stellungnahme allemal. Das Wichtigste ist noch zu sagen: Vom Manuskript zum Buch wäre es nie gekommen, gäbe es den Verlag Pustet mit seinem Team in Regensburg nicht, vor allem nicht den Lektor Dr. Rudolf Zwank. Ihnen allen ist von ganzem Herzen Dank geschuldet.

Pentling, am Pfingstfest, 19. Mai 2024 *Wolfgang Beinert*

# I. FORMEN

**Abb. 1: Die Kirche – Joh. Hopte, um 1580, Wrisberg-Epitaph, Hildesheim, Dom**

Man hat das Triptychon, zu dem diese Darstellung gehört, als „Katechismus der katholischen Reform" bezeichnet. Das von der Dreieinigkeit in Gang gesetzte Erlösungswerk wird durch die mit der päpstlichen Tiara gekrönte und prächtig gewandete Ecclesia, in einer Renaissancearchitektur thronend, durch die Sakramente von Taufe und Eucharistie vermittelt.

# 1
# WAS WILL DIESES BUCH?

*Heutzutage reden alle von der Kirchenkrise.* So sollte das Kapitel anfangen. Doch das stimmt gar nicht wirklich. Gewiss, die Kirche(n) schafft (schaffen) es sehr oft in die Schlagzeilen zu kommen, doch beinahe immer in die negativen. Das ist dann schon ein Thema von den Akademietagungen bis hin zum Stammtisch und Privatgesprächen. Fast alle Kirchentümer sind in der einen oder anderen Weise betroffen. Eigentlich müsste man von einer Krise des Christentums und der Christenheit als ganzer sprechen. Es scheint, die römisch-katholische Kirche, die größte Denomination, leide am intensivsten unter den Missständen in ihren Reihen. Hier soll es jedenfalls hauptsächlich um sie gehen – nicht zuletzt, weil der Verfasser ihr zugehört. Aber viele schon interessiert die Glaubensgemeinschaft keinen Deut mehr. Auch wenn – oder grade: weil? – sie ihr einstmals zugehörig waren. Kirche ist für sie kaum noch ein Thema. Nicht alle mehr interessiert die Kirchenkrise.

## Kirche in der Krise

Wir stehen mitten in der Bredouille, so ist es schwierig, sie in die Geschichte einzuordnen, doch manche Experten vergleichen die Lage der Kirchen mit der Situation zu Beginn des 16. Jahrhunderts, als die Reformation anging. Im Unterschied zu damals aber interessieren sich, wie gerade erhoben, gegenwärtig weniger und weniger Menschen für die Geschehnisse. Man nimmt sie zur Kenntnis, aber nicht viel anders als die Wirtschaftsdaten, sagen wir, von Nepal. Solches ist bedauerlich, und zwar nicht nur für die christlichen Kirchen. Diese bilden nicht nur den geistlichen Lebensraum für etwa ein Viertel der Menschheit; ungeachtet der Scharen der jährlich sie Verlassenden sind es immer noch allein in Europa Millionen und Abermillionen. Sie erwarten Hilfe von der Glaubensgemeinschaft, der sie sich angehörig fühlen. Darüber hinaus aber ist festzuhalten, dass das Christentum – Glaube hin, Glaube her – einen unersetzlichen und unverzichtbaren Beitrag zur Kultur der

Menschenfamilie geleistet hat. Hier wird man nicht nur an Kunst und Kultur, an Philosophie und Theologie zu denken haben, sondern vor allem auch an die Impulse zur Humanisierung, die es gegeben hat. Wohl die bedeutendste Errungenschaft der Menschheit ist die Erarbeitung der und die prinzipielle Verpflichtung auf die Menschenrechte. Die juristische Durchsetzung ist zwar oft gegen die Kirchen zu leisten gewesen, doch die Grundidee und die Konkretisierung des Menschenrechtsgedankens wären ohne die christliche Lehre wohl kaum denkbar gewesen. Dass alle Menschen Kinder Gottes und daher gleicher Würde und gleichen Rechtes sind, ist eine fundamentale Aussage der Heiligen Schrift. Dass der Schutz des menschlichen Lebens Erstwert jeder Gesellschaft sein muss, ergibt sich aus dem gleichen Gedanken ebenso wie alle weiteren Menschenrechte.

Man kann kaum leugnen: Wir sind in eine Zeit hineingeboren, in der alle diese und noch andere menschheitlichen Grundwerte ebenfalls nicht mehr unbestritten sind und für unverletzlich gehalten werden. Wie der Christenglaube auch. Es mag dahingestellt bleiben, ob und wie diese beiden existenzbedrohenden Verfallserscheinungen miteinander zusammenhängen. Die Fakten lassen sich nicht ignorieren. Sicher waren sie den vergangenen Generationen nicht unbekannt, aber während sie diese immer nur partiell betrafen – dieses Volk oder jene Gegend –, sind sie heute global. Für den osterspazierenden Spießbürger in Goethes „Faust" war die Türkei ein ferner Ort. Ein Krieg dort hatte hier nicht die mindeste Folge, vom Unterhaltungswert einmal abgesehen:[1]

*„Nichts Bessers weiß ich mir an Sonn- und Feiertagen*
*Als ein Gespräch von Krieg und Kriegsgeschrei,*
*Wenn hinten, weit, in der Türkei,*
*Die Völker aufeinander schlagen.*
*Man steht am Fenster, trinkt sein Gläschen aus*
*Und sieht den Fluss hinab die bunten Schiffe gleiten;*
*Dann kehrt man abends froh nach Haus,*
*Und segnet Fried' und Friedenszeiten."*

Die Ostermarschierer heute und alle anderen Zeitgenossen wissen genau: Kein Ort ist mehr fern unseren vitalen Interessen, die Türkei nicht,

1 J. W. von Goethe, Faust I, Vor dem Tor, VV. 860–867: Werke (Hamburger Ausgabe), München 1982, 3,34.

der nahe Osten nicht und China erst recht nicht. Krieg dahinten ist immer auch Krieg hier ganz vorn. Bei uns. Mit der Kirche steht es ähnlich.

Wir müssen einsehen, ob Leiter oder Leute in der Kirche, ob Agnostiker oder Atheisten: *Kirche* geht uns alle an, also auch ihre Misere. Man darf sich mittlerweile freuen, dass sich diese Einsicht in der Kirche Raum schafft. Wie noch des Näheren zu zeigen sein wird, ist die kirchliche Moderne spätesten seit dem 19. Jahrhundert durch eine tiefe Konservativität gekennzeichnet. Nichts scheuten ihre Leiter so sehr wie Veränderung; nicht erst seit damals. *Novatores, Neuerer,* war seit eh und je eines der vernichtendsten Schimpfwörter gegen alle gewesen, die zu intensiv über Glaube und Kirche nachdachten. Sie hatten nicht so selten mit letalen Folgen zu rechnen. Im 19. Jahrhundert waren die zwar nicht mehr unbedingt zu befürchten, doch geblieben war ein Immobilismus gegenüber „dem Zeitgeist", den man als *Wagenburgmentalität* beschreiben kann. Heute haben wohl alle Christenmenschen eingesehen, dass ihre Folgen über kurz (eher) oder lang zur Selbstentleibung der Kirche Christi führen werden. Sie kriegt keine Luft mehr.

Spätestens mit dem Zweiten Vatikanischen Konzil (1962–1965) hat eine neue, offensive Mentalität im Raum der Kirche Fuß gefasst. Durchgesetzt hat sie sich nicht wirklich. Unmittelbar nach diesem größten Ereignis in der Kirchengeschichte des abgelaufenen Jahrhunderts erhoben sich widerständliche Kräfte, die vornehmlich deswegen zu „Frontbegradigungen" der Offensivlinie der Kirchenversammlung führten, weil die nachkonziliaren Päpste sie mehr oder minder offen protegierten. Aber zum Verschwinden gebracht wurde dieser neue Geist auch nicht. Es dämmerte nach dem Konzil den Progressiven wie den Konservativen, dass eine Kirche, die nicht irgendwie mit der Zeit geht, mit der Zeit *geht*. Aber wie soll solches passieren?

## Reformbedarf - in welche Richtung?

Das große Schlagwort lautete jetzt *Reform der Kirche.* Die nun lebhaft aufbrechende Diskussion zeigte zwei ganz unterschiedliche Konzeptionen. Die einen erachteten als einziges Tätigkeitsfeld die Spiritualität, also die Frömmigkeit. Durch sie erwiesen sie ich als treue Söhne und Töchter der heiligen Kirche. Die von ihnen angesagte „Neuevangelisierung" sollte in einer Zunahme des Betens und des Fastens in der Glaubensgemeinschaft bestehen – und einzig und allein darin. Wenn die

Menschheit aus ihrer Gottvergessenheit herauskäme, würde alles automatisch mit Gottes Hilfe besser werden. Die Gegenrichtung protestierte nicht gegen diese These. Beten ist sozusagen immer gut. Nur würde es allein nicht reichen. Außerdem und in der Reihenfolge erstlich würde man Systemveränderungen vornehmen müssen.

Inzwischen wurden die großen deutschen Kirchen wie viele andere auch vom sogenannten Missbrauchsskandal bis in die Grundfesten erschüttert. Rasch ergaben die eilends angestellten wissenschaftlichen Untersuchungen, dass dessen Wurzel nicht hauptsächlich in primär sexuell bedingten Verbrechen bestanden, sondern dass in zahlreichen Fällen die abartige Sexualität lediglich die spezifische Form (neben anderen) ist, in der sich spirituelle Fehlformen äußern. Zusammen mit Papst Franziskus brachte man diese auf den Begriff des *Klerikalismus*.[2] Gemeint war ein nicht selten krankhaft übersteigertes Machtbewusstsein von geistlichen Personen beiderlei Geschlechts. Sie taten so, als sei ihre Kirche eine Außenstelle der himmlischen Herrlichkeit und sie persönlich die gottgegebenen Repräsentanten von heiliger Kraft und Macht und Herrlichkeit. Folglich konnten sie auch um Gottes Willen in jeder Manifestation ihrer Macht erwarten, wie immer sie auch aussah, von den Nicht-Klerikern respektiert zu werden. Eine der am häufigsten eingemahnten Tugenden der Laien war der Gehorsam. Er war zu leisten auch im Bannkreis des Sexuellen.[3]

Wenn das so ist, schlussfolgerten die eher liberal eingestellten Christen, dann konnten die schlimmen Folgen allein dadurch angegangen werden, dass man eben diese verhängnisvollen inneren Baugesetze der Kirchenstruktur änderte. Im Detail brachten sie vor allem auf den Tisch die ihrer Meinung nach überholten und falschen Auffassungen über den Bereich des Geschlechtlichen (Folge: Zölibat), zeitbedingte Vorstellungen über die Geschlechter (Folge: Ordinationsverbot für Frauen), außer Vollzug gesetzte, den Mann bevorzugende Herrschaftsformen (Folge: päpstlicher Absolutismus), Leugnung der kommunionalen Struktur des Volkes Gottes (Folge: Hierarchologisches Kirchenbild mit Machtkonzentration allein auf den Klerus) – das sind nur die wichtigsten Gravamina. Damit war der Streit programmiert. Im End-

2 Ph. Müller, Franziskus' Kampf gegen den Klerikalismus. Narzissmus und Machtkonzentration in der Kirche: StdZ 143 (2018), 237–244.

3 Näher dazu die Kapitel 6 und 11.

effekt geht er um Wesen und Ziel der Kirche. Sind die Leute für die Kirche oder ist die Kirche für die Menschen da?

Zwei große Parteiungen bildeten sich. Sehr bald verstanden sie sich nicht als sehr notwendige Diskussionsgruppen, die miteinander ringen, aber nicht um mehr Einfluss, sondern um das einzig und allein Förderliche, das im Sinn Christi Liegende, das der Christengemeinschaft Dienliche. Tatsächlich jedoch rangen sie erbittert um die nackte Macht in der Gemeinschaft der Glaubenden. Aus Gegnern drohten akut Feinde zu werden. Niemand konnte sich sicher sein, außerhalb der Schusslinie zu bleiben, Laien so wenig wie Kirchenleiter, den obersten, den Papst in Rom nicht ausgenommen.[4] Man nahm auch ihn nicht von dem Verdacht der Ketzerei aus. Selbst Kardinäle äußerten ihn, also Männer, die sich einmal eidlich ganz und gar dem Willen des Papstes unterworfen hatten – *„usque ad effusionem sanguinis inclusive"*. Also bis zum Martyrium!

Die Medizin der einen wie der anderen Seite hat sich als wirkungslos, wenn auch nicht frei von Risiken und Nebenwirkungen erwiesen. Die „Neuevangelisierung" half nicht wirklich: Sehr rasch wurde klar, dass die schlimmsten und verheerendsten Missbräuche nicht selten gerade unter dem Schutzschirm einer exzeptionellen Frömmigkeit ins Werk gesetzt worden waren. Die „Neuen Geistlichen Bewegungen", besonders hoch von Papst Johannes Paul II. als Vertreter einer spirituellen Reform geschätzt, entpuppten sich als genaues Gegenteil der Erwartungen, die man in sie gesetzt hatte.[5] Ihnen lag im Übrigen nicht eben selten eine irrige Ansicht vom Wesen und der Form der erbeteten göttlichen Hilfe zugrunde. Sie ist im Grunde magisch. Demnach vermag man durch geistliche Übungen geradezu einen Zwang auf den Herrn des Himmels und der Erde auszuüben. Je mehr Gebet, desto mehr Beeinflussung Gottes. Das Neue Testament lehrt etwas anderes. Wenn Kranke den Herrn um Heilung anflehen, fordert dieser von ihnen einen Eigenanteil: Sie werden regelmäßig (vor oder nach dem Wunder) nach ihrem Glauben gefragt. Dieser ist zwar letzten Endes

---

4 So etwa erhob sich starker Widerstand gegen das vom Papst eigens gebilligte Dokument *Fiducia supplicans* (18. 1. 2024) über die Homosexuellensegnung von den Kardinälen G. L. Müller, R. Sarah und Zen Ze-kiun.

5 Nach Michael Meier, Der Papst der Enttäuschungen. Warum Franziskus kein Reformer ist, Freiburg – Basel – Wien 2024, 64, wurden in den vergangenen Jahren gegen 70 Gemeinschaften kirchliche Untersuchungen wegen missbräuchlichen Verhaltens eingeleitet.

Gottes Geschenk, aber ein Geschenk, das in Freiheit vom Beschenkten aktuiert werden muss und das seinerseits dem Geber volle und totale Souveränität belässt. Außerdem kann es sein, dass Gott erst wirken kann, wenn der Flehende die sachlichen Voraussetzungen für die Erhörung schafft. Genau daran aber durfte man zweifeln. Es gibt eine kleine jüdische Geschichte, die das amüsant verdeutlicht. Schlomo ist ein armer Kerl: Arbeitslos, eine kranke Frau, hungernde Kinder, verfallene Wohnung. Jeden Sabbat fleht er inständig, lang, gottergeben in der Synagoge, Jahwe möge es bewirken, dass er einmal einen „Sechser" im Lotto gewinnt. Nie geschieht etwas. Er bleibt arbeitslos, die Frau bettlägerig, die Kinder ohne Brot, die Wohnung ein finsteres Loch. Doch dann passiert es: Die Synagoge wird von einem überirdischen Licht erfüllt. Ein donnerndes Wort erschallt: *„Schlomo, gib mer a Chance. Kauf dir a Los!"* Beten hilft, aber *nur* Beten hilft nicht. Machen die frommen Leute etwas falsch?

Wenden wir und also den Beschwerden der anderen zu. Auch da ist Bedacht geboten. Um nur ein Beispiel herauszugreifen: Wenn Klerikalismus das kirchliche Grundübel ist, hat es wenig Sinn, Frauen einfach zu einem vollberechtigten Teil des Klerus zu machen, ihnen sozusagen einfach die raue Männerstola über die zarten Frauenschultern zu legen. Sinnvoll ist das erst, wenn gleichzeitig auch die Form und Gestalt des derzeitigen Priestertums korrigiert wird. Die beklagten Übel stehen nicht isoliert da, sondern zeigen sich als Perspektiven, die die Sichtweise der Agierenden voraussetzen. Diese muss sich mithin ändern, will man dem Bösen abhelfen. Zusammenfassend wird man sich eingestehen müssen, dass die Gründe für die Kirchenkrise offenkundig tiefer liegen. Mit einem Wort: Echte und ernste Reform der Kirche ist bitter nötig. Doch was ist das und wie vollzieht man sie?

## Reform als geistliche Entwicklung

*Reform* ist ein aus dem lateinischen stammendes Fremdwort, das aus zwei Teilen besteht, dem Substantiv *Form* und dem Präfix *re-*.[6] Ersteres bedeutete ursprünglich *Umriss, äußere Gestalt*. Ein Mensch, der sie in Vollendung hatte, war *formosus*, also *wohlgestaltet, schön*. Später nahm es

6 Zum Folgenden: DUDEN, Das Herkunftswörterbuch. Etymologie der deutschen Sprache, Mannheim u. a. ²1989, 200, 579.

darüber hinaus den Sinn von *Muster, Modell* an. In dieser eher passiven Bedeutung bezeichnet *Form* auch das gestaltgebende Element in einem Geschehen, z. B. die *Gussform, die Gesellschaftsform u. Ä.* Schließlich hieß das Wort auch so viel wie *Art und Weise, Gepräge.* Die Vorsilbe *re-* ist mit *zurück* wiederzugeben. Reform ist mithin die Rückkehr, die Wiedergeltendmachung der (normativen) Gestalt, des verbindlichen Wesens, des Sein-Sollenden. Die aktive Bemühung darum ist die *Reformation.* Die Verbesserung oder Neugestaltung, jedenfalls die Änderung einer Gegebenheit ist gemeint.

Die Ursache von Reformen ist der unumgängliche Umstand, dass wir im Fluss der Zeit leben. Damit ist gesagt: Die Welt existiert nur als sich wandelnde, als sich neu gestaltende oder gestaltete. Das ist eine alte Einsicht, die Ovid so ausgedrückt hat:

> *„... Nihil est toto, quod perstet, in orbe.*
> *Cuncta fluunt, omnisque vagans formatur imago.*
> *Ipsa quoque adsiduo labuntur tempora motu,*
> *nec secus ac flumen."*

> *„Es gibt im ganzen Weltkreis nichts Beständiges.*
> *Alles ist im Fluss, und jedes Bild wird gestaltet, während es vorübergeht.*
> *Ja, auch die Zeiten gleiten in beständiger Bewegung dahin,*
> *nicht anders als ein Strom."*[7]

Wir stehen nicht wie ein Felsen im Strom als Zuschauer, sondern schwimmen darin als Akteure im Wandel. Jedes Bild wird gestaltet. So lange wie es existiert.

So ist das einzige Kontinuum im Leben des Einzelnen wie jeder Gemeinschaft – wir nennen es gewöhnlich „Geschichte" – die Änderung, die stete Neugestaltung unserer selbst und unserer Umgebung. Jeder gesunde Mensch reift heran, er wechselt Denken und Gestalt.[8] Das ist unsere alltägliche Erfahrung: Jeder Mensch ist, weitgehend einflusslos und ohnmächtig, dem Lauf der Zeiten ausgeliefert – den Krankheiten und Kriegen, den Freunden und Feinden. Wir sprechen vom *Schicksal.* Gleichwohl bleibt das Individuum dasselbe. Sicher, im Greis kann man

---

7 Ovid, Metamorphosen 15, 178–180 (Übersetzung M. v. Albrecht).

8 Wo das nicht geschieht, liegen teilweise erhebliche Reifungsstörungen vor (Dysplasie, Kleinwuchs, Dysphagie), also Anormalitäten mit möglicherweise schweren Beeinträchtigungen.

die Gestalt des Säuglings kaum mehr erkennen, die politischen Ansichten des reifen Menschen weichen vielleicht vollkommen von denen seiner Jugend ab. Der Biograf aber wird trotzdem merken, dass und wie jemand in den Wandlungen derselbe geblieben ist, nicht selten auch, wie sich schon in den frühen Anfängen die vollendete Gestalt herausgebildet hat, sichtbar geworden wenigstens im Nachgang. Goethe hat die Tatsache in den tiefsinnigen „Urworten. Orphisch" (1817) geschildert:

> *„Wie an dem Tag, der dich der Welt verliehen,*
> *Die Sonne stand zum Gruße der Planeten,*
> *Bist alsobald und fort und fort gediehen*
> *Nach dem Gesetz, wonach du angetreten.*
> *So musst du sein. Dir kannst du nicht entfliehen,*
> *So sagten schon Sibyllen, so Propheten;*
> *Und keine Zeit und keine Nacht zerstückelt*
> *Geprägte Form, die lebend sich entwickelt."*[9]

So wird das „Dämonische" im Menschen beschrieben. Christen würden sagen: der Plan Gottes mit seinem Geschöpf innerhalb der Heilsgeschichte. Aufgrund ihrer Geschichtlichkeit aber ist die „geprägte Form" dem Wandel unterworfen, der „Tyche" dem Zufälligen:

> *„Die strenge Grenze doch umgeht gefällig*
> *Ein Wandelndes, das mit und um uns wandelt."*[10]

Da jede Menschengemeinschaft *per definitionem* aus Menschen besteht, gelten diese Erkenntnisse desgleichen für sie, mithin dann auch für die Gemeinschaft der Christgläubigen, die Kirche. Sie ist von ihrem Herrn ins Leben gerufen worden, um in seinem Namen, dem *„alle Vollmacht gegeben ist im Himmel und auf der Erde …, alle Völker zu seinen Jüngern zu machen"*. Dieser Auftrag, dieses Lebensgesetz, diese *Form* der Kirche ist geschichtskoextensiv (vgl. Mt 28,18–20). Es gibt zwar bis heute keine vollständige Definition von *Kirche*, doch einer solchen kommt nahe die Umschreibung in der Kirchenkonstitution des Zweiten Vatikanischen Konzils:

9 J. W. v. Goethe, Urworte. Orphisch: Goethe, Werke, Hamburger Ausgabe Bd. 1, München 1982, 359 f., hier 359.

10 Ebd.

> *„Die Kirche ist ja in Christus gleichsam das Sakrament, das heißt Zeichen und Werkzeug für die innigste Vereinigung mit Gott wie für die Einheit der ganzen Menschheit.“*[11]

Hier ist präzis und universal benannt, was Kirche prinzipiell, immer und in allen Situationen zu tun hat, wenn sie ihrem Namen, ihrem Auftrag, ihrer raison d'être gerecht werden will. Die in den Veränderungen gesuchte bleibende Form der Kirche bei allen Re-formen und Re-formationen muss ihre Sakramentalität sein[12].

Sie hat dabei keine Wahl. Weil sie dies in der Weltzeit tun muss, ist sie deren Wandel unvermeidlich ausgesetzt. Das kann formförderlich, das kann formzerstörerisch sein. Auf ihrem Weg durch die Zeit, den sie in der Geschichte nicht verlassen kann, ist grundsätzlich kein Lebensgebiet davon ausgenommen und kein Bereich innerhalb dieser Gebiete kann sich ihm prinzipiell entziehen – die Lehre, die Frömmigkeit, die Liturgie, das Regime, die Politik. *„Die strenge Grenze“* ihrer Form berührt das Wandelnde allenthalben. Aus diesem Grund gehört die Reform zum Lebensvollzug der Kirche schlankweg und schlechthin. Das Schlagwort *„Ecclesia semper reformanda est“* geht schon auf Augustinus zurück, wurde dann in der Reformation und jetzt in der Gegenwart durch Karl Barth intensiv eingefordert.[13] Auch die Ekklesiologie des letzten Konzils bekennt sich dazu: Der Heilige Geist, der eigentliche Leiter der Kirche, lässt durch das Evangelium *„die Kirche allezeit sich verjüngen, erneuert sie immerfort und geleitet sie zur vollkommenen Vereinigung mit ihrem Bräutigam.“*[14] Das enthebt diese nicht der eigenen Bereitschaft und der eigenen Anstrengung (sie hat sich ein Los zu besorgen!), je und je zu ihrer Form zurückzufinden. Das Fazit lautet:

> *„Sie ist zugleich heilig und stets der Reinigung bedürftig, sie geht immerfort den Weg der Buße und Erneuerung.“*[15]

Es wird aus diesen Worten deutlich, dass sich laut kirchlicher Lehre die Reform nicht notwendig, ja nicht einmal primär in der Erneuerung der „Außenansicht“ erschöpfen kann. Sie ist eine geistliche, eine spiri-

---

11 Dogmatische Konstitution über die Kirche *Lumen gentium* 1.

12 Darüber ausführlich Kapitel 15.

13 E. Garhammer (Hg.), Ecclesia semper reformanda. Kirchenreform als bleibende Aufgabe (Würzburger Theologie 2), Würzburg 2006.

14 Lumen gentium 4.

15 Ebd., 8,3.

tuelle Bewegung. Zudem vollzieht sie sich immer in der Zeit, in einem konkreten Moment der Geschichte. Die konservative Partei bekennt sich zum Ersten, leugnet jedoch das Zweite. Damit verkennt sie das Faktum, dass beides untrennbar miteinander verknüpft ist. Frömmigkeit ist kein Abstraktum, sondern vollzieht sich als Habitus eines hier und heute existierenden Christenmenschen. Dort und gestern und morgen hat er jedoch unter Umständen eine völlig andere Gestalt. Also muss und wird seine Spiritualität eine andere sein, auch dergestalt, dass vergangene Formen nicht mehr förderlich sind; mitunter können sie sogar schaden. Gerade also, wenn man zur Form sich kehren will, muss man ehemalige Ausdrucksgestalten derselben aufgeben.

Es gibt ein einigermaßen zeitnahes Beispiel für diese These. Im 19. und in der ersten Hälfte des 20. Jahrhunderts bildete sich eine sehr starke Herz-Jesu-Frömmigkeit aus als Rückgriff auf eine im Mittelalter aufgekommene Gebetsform. Sie wurde kräftig gefördert durch Papst Pius XII. mit der 1956 veröffentlichten Enzyklika *Haurietis aquas*. Damals hatte ich das große Glück, Exerzitien bei Karl Rahner, dem bedeutendsten deutschen Theologen jener Tage, machen zu dürfen. Er erklärte uns mit ganzer Überzeugung, wer sich die Herz-Jesu-Frömmigkeit zu eigen mache, könne die ewige Seligkeit nicht verfehlen. Es währte bekanntlich nicht sehr lange, da war sie mehr oder minder völlig aus dem Leben der Kirche verschwunden – ungeachtet der vielen dem Herzen Jesu geweihten Gotteshäuser, der Feste, der Andachten, der Gebetsformeln. Erreicht nun niemand mehr mit einiger Sicherheit sein Heil? Und was war ganz früher, als diese Verehrungsform nicht existierte? Und gehörten die unzähligen Herz-Jesu-Bilder und -Statuen, allesamt nicht eben Exempel christlichen Kunstwillens, wirklich zu einem guten Christentum dazu?

Sieht man genauer zu, erweist sich diese Spiritualität als eine metaphorische Form christozentrischer Frömmigkeit. Im abendländischen Kulturkreis gilt das Herz seit Langem (in der Antike war es noch anders) als personales Zentrum eines Menschen. Liebende schenken sich ihr Herz, will heißen, sie bekunden ihre absolute, menschenmögliche Zuwendung und Zuneigung zum Partner oder der Partnerin. In diesem Sinne gehört eine auf den dreifaltigen Gott, der uns in Christus erschienen ist, ausgerichtete Liebe ganz selbstverständlich zum Kern der auf ihn sich gründenden Gemeinschaft. Doch ganz offen ist, wie sie sich artikuliert; nicht apriorisch zu definieren sind Maß und Rahmen und Gestalt, auch nicht die hierarchische Gewichtung (höchste, beste Form der Frömmigkeit). Diese sind zeitbedingt und damit auch der Änderung unterworfen. Christus muss *„Gestalt in uns annehmen“* (Gal 4,19), aber das heißt – gerade im Kontext der Liebe –, dass die Christusliebe (seine zu uns, unsere zu ihm) immer individuell, zeit- und umständegebunden sich verwirklicht. Und das gilt für alle Bereiche der Verbindung mit dem Gott Jesu Christi. Mit anderen Worten: Kirche ist wesentlich Diensthaltung für Gott zu den Menschen und umgekehrt; alle ihre Lebensäußerungen müssen davon bestimmt sein. Die Frage nach der Kirchenreform ist die Frage nach der Zweckmäßigkeit einer Sache für die Verwirklichung des Reiches Gottes, welche der Kirche Christi aufgetragen ist. Kirche ist von ihrem Gründer auf dieses einzige und eigentliche Ziel seiner Botschaft ausgerichtet: Das ist ihr Sinn und Zweck. Reformbedarf entsteht dann, wenn dieser Sinn und dieses Ziel fraglich werden. Daraus ergibt sich eine Formel für Kirchenreformen.

> Nach der alle Menschen zu lehrenden Weisung Christi ergibt sich unmittelbar oder mittelbar (durch Ableitungen) X.
>
> X wird realisiert durch das Geschehen mit der Kennung A (Lehre, Spiritualität).
>
> A ist in seiner konkreten Gestalt bedingt durch die Gegebenheiten der Zeit (Kultur, Lebensgefühl, Traditionen), also kontingent. Ändern sich diese Gegebenheiten, ändert sich auch notwendig A.
>
> Also muss X nunmehr notwendig auf andere Weise (entsprechend den neuen Randbedingungen) ausgeführt werden.

## Zum Beispiel: Zölibatsdebatte

Zur Verdeutlichung rufen wir die Zölibatsdebatte auf. Da ist erstens festzuhalten, dass das Wort „Zölibat“ in diesem Kontext eine Abkürzung ist. Es geht nicht um die Ehelosigkeit „um des Himmelreiches willen“ (Mt 19,12) als solche, sondern um die seit dem 11. Jahrhundert in der lateinischen Kirche vorgeschriebene Ehelosigkeit für die Träger von höheren Weihen, ehemals also Diakone, Priester und Bischöfe; seit dem Zweiten Vatikanischen Konzil geht es nur mehr um die beiden letzten Weihestufen.[16] Man spricht vom *Junktim* zwischen Ehelosigkeit und

16 Lumen gentium 29.

Ordination. Nur ein *caelebs* (Zölibatär) ist überhaupt weihefähig. Es ist allerdings nicht absolut. Nach geltendem Kirchenrecht ist unter bestimmten Umständen ein aus der anglikanischen bzw. einer der reformatorischen Kirchen übergetretener Geistlicher als Pfarrer im Dienst einer römisch-katholischen Diözese kanonisch berechtigt, seine schon bestehende Ehe mit allen Rechten und Pflichten weiterzuführen.

Seit geraumer Zeit steht in der katholischen Kirche diese Lebensform in lebhafter Diskussion. Es geht genauer um die Zeitgemäßheit. Unsere (auch kirchlich heute weithin übernommene) Konzeption von der menschlichen Sexualität wie auch die Erfahrungen mit dem Junktim erwecken da erhebliche Zweifel. Außerdem wäre theologisch zu fragen, ob ein isoliert gelebter Zölibat überhaupt sinnvoll und sachlich lebbar ist. Er leitet sich von der mönchischen Lebensform her. Sie soll Ausdruck und Verwirklichung der Ganzhingabe des Mönches an Gott sein, Ausdruck christlich-eschatologischer Existenz. Nur ist er da unlösbar mit Armut und Gehorsam (den drei sogenannten „evangelischen Räten") gekoppelt. Sein Ziel, sich ganz Gott hinzugeben, würde zur Karikatur, wenn der Mönch oder die Nonne sich an irdische Schätze verlieren würde. Beim nicht monastisch gebundenen Priester ist zwar die Enthaltsamkeit kanonistisch genau geklärt, doch von Armut und Gehorsam ist auf der gleichen Schiene nicht die Rede; da werden nur allgemeine Überlegungen angestellt, die eigentlich für alle Christenmenschen gelten. Jedenfalls steht der Zölibat heftig in der Diskussion, die viel an Komplexität verliert, wenn man bedenkt, dass es sich um eine rein kirchliche Anweisung handelt, die weder zeitlich noch sachlich universale Geltung beansprucht. Kann man also darauf verzichten?

Verteidiger des Bestehenden berufen sich auf seinen als geradezu unendlich hingestellten mystischen Wert, der unversehens dazu führt, ihn als zum Wesen des Amtes gehörig an die Wand zu zeichnen. Der erste Grund kann nicht bestritten werden. In der Tat folgen aus einem spirituell begründeten und natürlich auch gelebten Verzicht auf Ehe und Familie Wertverwirklichungen, die für die Glaubenden höchste Wichtigkeit haben: Höhere Form der Gottesverehrung, Freiheit im Dienst an den Menschen, Konzentration auf eine gottbestimmte Lebensform und dergleichen. Nur wird so die Fragestellung pervertiert. Daran mag auch die Verkürzung schuld sein, die wir eben geschildert haben. Es geht ganz und gar nicht um die religiöse Ehelosigkeit, die zu leben einem jeden frei steht, sondern um das Junktim. Ist es heute noch gut für die Kirche, wenn Zölibat bei einem bestimmten Personenkreis zwangsweise gefordert wird? Und auch wenn er optimal zum Priestertum passte, ist zu bedenken, dass der Christ zwar zum Guten, aber nicht zum Besten verpflichtet ist. Die Diskussion geht also überhaupt nicht um eine Lebensform der menschlichen Sexualität, sondern um deren Zweckmäßigkeit für die Ausübung des Weiheamtes in dieser unserer Zeit. Man kann gute Gründe dafür anführen, dass sich die Päpste des Mittelalters entschlossen haben, diese Lebensform verbindlich zu machen. Sie hatte etwas zu tun mit der seinerzeitigen Auffassung von der Sexualität, mit den ökonomischen und erbrechtlichen Randbedingungen der feudalen Gesellschaft, mit theologischen Meinungen. Aber gilt das alles noch?

## Die Form der Reform

Damit stehen wir endlich bei dem Anliegen, welches diese Schrift sich zu eigen gemacht hat. Es scheint, wie oben schon angeklungen ist, dass ein großer Konsens dahingehend besteht, dass die Kirche erneuert, reformiert, auf die Höhe der Zeit gebracht werden muss. Sie muss ihre von ihrem Herrn gewollte Form realisieren. Das ist fraglos. Die Frage, die Frage aller Fragen in diesem Kontext aber lautet: Was ist diese Form? In welche Richtung, anders gesagt, muss also die Erneuerung gehen? Der Blick auf die Fakten legt es wie der Blick auf die Hintergründe nahe, sich nicht nur und eigentlich auf die *res reformandae,* die Sachfelder eventueller Missstände einzuschießen, sondern sich ernstlich zu fragen, ob und wenn ja in welcher Weise sie der Lehre und der Sache Jesu (noch) entsprechen. Mit einem oft verwendeten Slogan: *Reform der Kirche heißt, die Kirche muss (wieder) jesuanisch werden.* Das ist die Form aller Reformen in der Kirche. Treffend bemerkt Tomás Halík:

> *„Die heutigen Reformbemühungen dürfen nicht dabei stehen bleiben, dass sie manche institutionellen Strukturen und einige Absätze im Katechismus, im Codex des Kirchenrechts und in den Lehrbüchern der Moral verändern. Die Fruchtbarkeit der Reform und der künftigen Vitalität der Kirche hängen davon ab, ob es gelingt, eine neue Beziehung zur spirituellen und existenziellen Tiefendimension des Glaubens zu gewinnen.“*[17]

---

17 T. Halík, Der Nachmittag des Christentums. Eine Zeitansage, Freiburg – Basel – Wien 2022, 12.

Wie kann man „Jesus als Form der Kirche“ näher be- und umschreiben? Der Begriff *Erlösung* bedeutet eigentlich Lösung einer Bindung. Man denkt an einen Gefesselten, dessen Bande ihm abgenommen werden. Deswegen ist er jetzt frei. Der Grund dieser Befreiung, so legt es das Wort nahe, war der Umstand, dass der Betreffende seine Strafe verbüßt hat oder diese ihm auf dem Gnadenwege erlassen wurde. Im Fall Gottes kommt nur die zweite Alternative in Betracht. Weil er seine Geschöpfe liebt, lässt er auch den Sündern Lebensraum – das Motiv ist ausschließlich seine Barmherzigkeit aus Mitleid mit den Menschen. Tatsächlich erscheint sie auch als das Leitmotiv des jesuanischen Handelns. Er vergibt der Sünderin aufgrund ihrer Liebe (Lk 7,36–50). Er heilt den Aussätzigen aus Mitleid (Mk 1,4–11). Mitleid ist die Inhaltsangabe seines gesamten heilenden und begnadenden Handelns (Mk 6,34).

> *„Kommt alle zu mir, die ihr mühselig und beladen seid! Ich will euch erquicken. Nehmt mein Joch auf euch und lernt von mir; denn ich bin gütig und von Herzen demütig“ (Mt 11,28 f.).*

Die institutionelle Form dieser vollzogenen Güte ist bei Jesus nicht die Kirche; er spricht vom *Reich Gottes*. Dieses wird Ereignis durch das Mittel der Institution *Kirche* in der Geschichte. Reich Gottes ist also in der Intention des Heilands keine schon total vorhandene Größe, in die sich der Sünder flüchten kann wie unter ein schützendes Dach. Reich Gottes bezeichnet keinen Zustand, sondern ein Werden und eine Aufgabe zugleich. Es handelt sich um die Überzeugung vom Fortwirken der erlösenden und vergebenden Kraft Gottes. Diese Überzeugung ist gestützt durch die Erfahrung von der sich wieder und wieder zeigenden Kraft Gottes in der Welt. Sie vollzieht sich in der und durch die Kirchengeschichte. Diese Form des Kirche-Seins spiegelt sich von Anfang an in der sich nach Ostern bildenden Jesusgemeinde. In ihr sind alle für alle in allen Nöten da.[18] Einen deutlichen Beleg liefern die zahlreichen Kirchenbilder des Neuen Testaments. Eine Auswahl ist in *Lumen gentium* 6 zusammengestellt. Charakteristisch: Die Mehrzahl der Bilder ist aus dem organischen oder Familienbereich genommen: Pflanzung, Schafstall, Mutter, Familie, Braut, Leib, Volk. Immer beruht das Vergleichsmoment mehr oder weniger auf dem personalen, durch

18 Der „Liebeskommunismus“, den Apg mit konzisen Strichen zeichnet, kennzeichnet die sich nach Ostern bildende Urgemeinde (vgl. Apg 4,32–37) – vielleicht nicht ganz in ihrer Realität, doch sicher in ihrer Idealität.

Güte und Liebe geprägten Lebensbereich. Man muss also sagen: Die Heilige Schrift des Neuen Testamentes legt unmissverständlich nahe: Kirche ist ihrer Natur nach kein immobiles Ding, sondern in jeder Faser ihres Seins aus Liebe geborene Bewegung, Erneuerung, Akkomodation an die Zeit. Papst Johannes XXIII. prägt dafür den Begriff des *aggiornamento*[19].

Auf den folgenden Seiten soll auf diesem Hintergrund der eine oder andere Sachbeitrag geliefert werden. Daraus entsteht mitnichten ein Handbuch der Kirchenerneuerung. Vielmehr greifen die einzelnen Essays hier und da in die Debatte ein im Sinne eines Redebeitrages, nicht der definitiven Bescheidung des Problems. Gewöhnlich sind sie veranlasst worden durch von außen kommende Anregungen – in Briefen, durch Artikel, in wissenschaftlichen Diskussionen, aber auch durch Predigten und geistliche Gespräche. Am Schluss mag nochmals auf das Bild verwiesen werden, das am Anfang dieses Kapitels steht (S. 14). Es macht das sakramentale Wesen der Kirche deutlich.

---

19 Er wurde auch das Programm des Zweiten Vatikanischen Konzils. Zusammengesetzt ist er aus den italienischen Worten *ag- (ad)* für *hinzu, auf … hin,* und *giorno* für *Tag* – also etwa „Verheutigung", „auf Augenhöhe bringen". Nicht enthalten ist „Anpassung" in dem Lemma. Der Maßstab für die „Höhe" ist nicht bloß das Gegenüber, sondern auch die Frage, wie weit und inwiefern dieses wertig und mithin auch dem Gemessenen entsprechend ist. So muss sich die Kirche mit den Zeiterscheinungen befassen und kritisch auseinandersetzen. Erst dann kann die Entscheidung fallen, ob dieses Neue adaptiert werden kann und unter welchen Bedingungen.

# 2

# OWÊ, DER BÂBEST

## Kirchenkrise unter Kirchenkrisen

*Owê, der bâbest ist ze jung,*
*hilf, hêrre, dîner kristenheit!*

Man darf getrost den Kopf verwetten: Ein solches Stoßgebet wird heute nicht gen Himmel steigen. Die gegenteilige Gebetsrichtung ist eher wahrscheinlich. Also Vorsicht! Als Walther von der Vogelweide um 1212 seine „Kirchenklage“[20] (*„Ich sach mit mînen ougen“)* dem weinenden Klausner *(klôsenaere)* in den Mund legte, sahen viele Christenleute diese als berechtigt an. 1198 war im ungewöhnlichen Alter von 38 Jahren *Innozenz III.* gewählt worden, einer der jüngsten Päpste in der Geschichte.[21] Diesem Umstand schrieb der Dichter die Missstände

---

20 www.fabelnundanderes.at/reichsklage .htm. Übersetzung G. Schweikle. Vgl. Lauretta Fontaine, Kirchen- und Papstkritik bei Walther von der Vogelweide am Beispiel der Opferstockstrophen im Kammerton. München 2015.

21 In den Jahrzehnten seit 1900 sind neun von zehn (bereits verstorbenen) Päpsten im Rentenalter gewählt worden, bei Amtsverlust waren sie mit einer Ausnahme nahe an oder beträchtlich über achtzig. Aber es gab in der Papstgeschichte auch Benedikt IX., der bei seiner ersten (rechtmäßigen) Wahl (1032) – insgesamt wurde er im Lauf der Jahre dreimal gekürt – um die zwölf Jahre alt war. Johannes XII. zählte bei seiner Wahl 955 schon volle achtzehn Jahre.

| **Papst** | **Amtsbeginn** | **damaliges Lebensalter** | **Lebensalter bei Amtsende** |
|---|---|---|---|
| Leo XIII. | 1878 | 68 | 92 |
| Pius X. | 1903 | 68 | 79 |
| Benedikt XV. | 1914 | 68 | 76 |
| Pius XI. | 1922 | 65 | 82 |
| Pius XII. | 1939 | 67 | 82 |
| Johannes XXIII. | 1958 | 77 | 82 |
| Paul VI. | 1963 | 66 | 81 |
| Johannes Paul I. | 1978 | 66 | 66 |
| Johannes Paul II. | 1978 | 58 | 85 |
| Benedikt VXI. | 2005 | 78 | 85 |

in der Kirche seiner Zeit zu: *„In Rom hörte ich lügen und zwei Könige betrügen."* Entzweiung zwischen *„pfafen unde leien"*. Die Pfaffen bannten, wen sie wollten, nicht wen sie sollten. Schuld an allem, die Ursache der Klage war die altersbedingte Unfähigkeit des römischen Bischofs. Heute gilt er unbestritten als deren größter oder wenigstens als einer der bedeutendsten Vertreter im Mittelalter. Auch über die Schuldzuweisung würde man wohl heute anders urteilen.

## Atem der Freiheit

Wer über die Kirche und ihren moralischen Status befinden möchte, ist wie bei allen anderen Angelegenheiten zu größtmöglicher Objektivität verpflichtet. Das scheint selbstverständlich, ist es aber gar nicht. Der Modus der „Kirchenklage" ist zum beinahe einzigen Ton geworden, in dem sich das gegenwärtige Verhältnis auch der Christen zur Glaubensgemeinschaft artikuliert. Man blendet bewusst oder unbewusst die Fülle des Segens aus, der durch sie den Menschen immer auch zuteil geworden ist. Einer der bedeutendsten deutschen Historiker des 19. Jahrhunderts, dazu noch Dichter und Publizist von Rang, war Ferdinand Gregorovius (1821–1891). Fast ein Vierteljahrhundert lebte er in Italien. Aus der intensiven Beschäftigung mit dem Sehnsuchtsland der Deutschen erwuchsen die monumentale *„Geschichte der Stadt Rom im Mittelalter"* und Reisebeschreibungen wie die *„Wanderjahre in Italien"* – noch immer Standardwerke in ihrem Genre. Gregorovius war ein deutsch-national gesinnter Protestant, der katholischen Kirche und sonderlich dem Papsttum gegenüber kritisch eingestellt. Er hat letzterem nie verziehen, dass ein Papst kräftig zum Untergang der Hohenstaufen beigesteuert hatte. Er war aber auch nach Kräften objektiv: So hat er ohne Scheu die mannigfachen positiven Beiträge der Religion auf die mittelalterliche Kultur gewürdigt.

Insbesondere verweist er auf die künstlerischen Leistungen, die von ihr inspiriert sind und essenziell zur Entstehung des Abendlandes beigetragen haben. In den „Wanderjahren" findet sich ein tiefsinniger Essay über Palermo, entstanden 1854, und in diesem eine begeisterte Reflexion über den herrlichen Dom von Monreale auf Sizilien. Zusammenfassend bemerkt Gregorovius:

> *„Hier macht weniger der ungeheure Aufwand mühsamster Kunst als die Vorstellung des religiösen und künstlerischen Gedankens erstaunen, der das ganze christliche Religionssystem erfassen, das unendlich Vielfache konzentrieren und darstellen konnte. Solcher universellen Auffassung der geistigen Menschheitsgeschichte ist unsere Kunst gar nicht mehr fähig.“*[22]

Der Autor weist auf Genies, die von der Religion Christi inspiriert sind wie Giotto, Dante und Michelangelo – und *„das System des Christentums in großartiger Einfachheit aufgefasst“*[23] haben, und die in gleicher Weise Höhepunkte menschlicher Genialität sind.

Es ist nicht von ungefähr, dass gerade die beiden Florentiner als Vertreter der bildenden Künste aufgerufen werden. In ihren Hauptwerken, der *Divina Comedia* und dem (unter deren Einfluss stehenden) *Freskenzyklus* (hauptsächlich von Michelangelo) in der vatikanischen *Cappella Sistina* bringen sie genau jene *„universelle Auffassung“* der Menschengeschichte zur Erscheinung, die zur bleibenden Herausforderung für die biblische Religion geworden ist. Es handelt sich beide Male um eine Darstellung der Weltgeschichte als Gottesgeschichte. Versucht man das leitende Motiv ihrer Verkündigung zu bestimmen, so muss man den Begriff der *Freiheit* nennen. Nach der Urgeschichte ist das Schöpfungsziel in letzter Aufgipfelung der gottebenbildliche doppelt-eine Mensch. Seine Abbildlichkeit besteht in der ihm geschenkten Vernunft und Freiheit. Sie freilich führt dazu, dass er ebendiese in der Versuchung zur Gottgleichheit verliert. Ohne Freiheit jedoch ist er versklavt, unterdrückt, entmachtet. Aber die Folge ist nicht die eigentlich logische Verwerfung durch Gott, sondern dessen unerschütterlicher Wille, seine Kreatur wieder in den ursprünglichen Status zurückzubringen. Umschreibende Begriffe in der Heiligen Schrift sind *Erlösung, Rettung, Befreiung.* Jesus von Nazareth ist der *Heiland,* d. h. der, welcher das Heil, die Ganzheit, die Selbstbestimmung, kurz die Freiheit wiederherstellt.[24] Das geschieht zu seinen irdischen Lebzeiten durch sein Wort, Tun und Leiden bis zum Tod. Er setzt seinen Auftrag ab Pfingsten mittels der

---

22 F. Gregorovius, Wanderjahre in Italien. Mit einer Einführung von H.-W. Kruft, München, [5]1997, 779.

23 Ebd.

24 Gängiger Begriff dafür ist *reparatio* – „Reparatur“ des Urstandes, also Neuerrichtung des Freiheitsstatus. Vgl. die alte Jahreszählung „anno XX reparatae salutis“.

von seinem Heiligen Geist geleiteten Kirche fort. Das Christentum in seiner Kirchenform ist Atem der Freiheit.[25] Ist sie zu reformieren, vollzieht sich dieser Weg als Befreiung aus jeglichen Gestalten der Unfreiheit.

Die Kirche hat in ihrer Geschichte durchaus mit Erfolg ihren Basisauftrag unermüdlich zu erfüllen versucht. Wenige Daten müssen zum Beleg dessen genügen. Bereits in der ersten Generation proklamiert Paulus die Gleichheit der Getauften und die Überwindung des versklavenden Gesetzes.[26] Die Auseinandersetzungen binnen- wie außerchristlich um die sachgerechte Formulierung des christlichen Glaubens (Christologie und Trinitätslehre) lösen die Kirche aus einem starren Biblizismus und machen sie fähig, die *logoi spermatikoi,* die allenthalben verborgenen Samen der Wahrheit, in den großen Acker der christlichen Weisheit zu integrieren. Als durch die aggressive Form der Ausbreitung des Islams das Südufer des Mittelmeeres verloren geht, öffnen sich die Verantwortlichen wie z. B. Papst Gregor d. Gr. der Kultur der Germanen und integrieren sie ins Leben der Glaubensgemeinschaft. Desgleichen wirkt die weströmische Kirche, z. B. in der Form des abendländischen Mönchtums, als effizienter Stabilisator der antiken Kultur.

Freiheit und Befreiung sind aber nicht nur doktrinaler Natur. Das Heil des Menschen ist stets auch von seinem körperlichen Wohl, vom Heilungsprozess körperlicher Beschwerden abhängig. Neben der Glaubenslehre *(martyria)* und der Gottesverehrung *(leiturgia)* ist die dritte Säule im kirchlichen Freiheitsgeschehen die Sorge für das Wohl des Körpers in allen Dimensionen *(diakonia).* Von Anbeginn an kümmern sich die Mitglieder der Glaubensgemeinschaft im Namen des Herrn um die Siechen, die Gefangenen, die ungerecht Behandelten, die Hungernden, die Ausgebeuteten, die Unterdrückten jeglicher Art. Sie sind die ersten, die ihre Sorge über den Kreis der eigenen Familie auf unterschiedslos alle Menschen erweitern, die auch die Langzeitkranken, die bisher aus jedem Sozialsystem herausgefallen waren, lebenslang betreuten. Dieser ganz ursprüngliche Dienst an den Menschen ist das Tätigkeitsfeld der Kirche, welches auch in der Gegenwart höchstes Ansehen besitzt, für nicht wenige der Grund, ihr nicht für immer den Rücken zu kehren. Es darf behauptet werden: Ohne

---

25 W. Beinert, Das Christentum – Atem der Freiheit, Freiburg – Basel – Wien [2]2000.
26 Vor allem im Galaterbrief.

das christliche Gebot der Nächstenliebe wäre der moderne Sozialstaat, wie wir ihn kennen, kaum denkbar, kaum zu ermöglichen gewesen.

Eine schwierige Frage erhebt sich bei der Betrachtung der Leitungsform der Kirche. Wie keine andere Religion hat das Christentum zu großen Teilen eine autoritär-zentralistische Struktur. Sie wird uns noch beschäftigen. Historisch gesehen entspricht sie dem Leitungsschema der Welt, in die hinein es entstanden ist: *„Nicht gut ist es, wenn viele herrschen, einer soll Herr sein."*[27] Die heutige menschliche Gesellschaft neigt mehrheitlich zum demokratischen, föderalistischen Modell. Interessanterweise kommt die 2024 zum sexuellen Missbrauch in der evangelischen Kirche erschienene „ForuM-Studie"[28] zum Schluss, dass eine fördernde Instanz dafür *„die Verantwortungsdiffusion in den föderalen Strukturen"* derselben sei.[29] Demokratie scheint *nicht immer* nur eine Wohltat zu sein.

Zieht man den unbestreitbaren Segen, den das Christentum für die menschliche Gesellschaft bedeutet, in Betracht, dann erweist sich das Wort von der *Ecclesia semper reformanda* nicht nur als strenge Forderung für ihre Existenzberechtigung als Kirche Christi, sondern auch als Hilfeschrei. Wir brauchen die Kirche. Sie muss anders werden – eben darum. Sie kann sonst ihren Auftrag nicht ausführen, sie versagt im Dienst an den Menschen, der ihr Existenzgrund ist. Ihre Sakramentalität verblasst. Damit verbunden ist das Erfordernis, was sie zu sagen hat, auch in einer adressatenorientierten Sprache zu sagen. Es genügt nicht allein, die elementaren Lebensanforderungen und Lebenshilfen der Religion aufzulisten; es genügt ebenso wenig, sie nur in einer verständlichen Sprache zu vermitteln[30] (wie immer diese aussieht). Darüber hinaus muss die allgemeine Lebensbedeutung der jesuanischen Botschaft vermittelt werden:

---

27 Homer, Ilias 2, 209.

28 Forschungsverbund ForuM (Hg.), Abschlussbericht: Forschung zur Aufarbeitung von sexualisierter Gewalt und anderen Missbrauchsformen in der Evangelischen Kirche und Diakonie in Deutschland. Abrufbar im Internet, 733–744.

29 H. Dressing *(Psychiater, einer der Autoren der Studie)*, „Jeder Missbrauch läuft nach demselben Muster ab", Frankfurter Allgemeine Sonntagszeitung vom 14. Februar 2024 (Nr. 7), 7.

30 Das 2. Hochgebet des aktuellen Messbuches ist das kürzeste, das relativ einfachste, das meistverwendete. Tragende Worte darin, die kaum ein normaler Gottesdienstteilnehmer versteht: *Heiligkeit, Heil, heiligen – erlöst – Bund – Reich Gottes – Gnade – Gottesmutter – entschlafen.*

*„Tua res agitur, proximus cum paries ardet,*
*et neglecta solent incendia sumere vires."*

*„Deine Sache ist es, wenn des Nachbarn Wand brennt,*
*und lässt man ohne Acht das Feuer, so pflegt es seine Kraft zu mehren."*[31]

Nur wenn jemand das Christentum als ihn selber vital angehend, betreffend und hilfreich erkennt, kann er es annehmen, allen konkreten Mängeln zum Trotz. Es wäre der Überlegung wert, ob und wie weit der Verfall des Glaubens, der weit fortschreitende Verlust seiner kulturprägenden Valenz zu der gegenwärtig grassierenden Brutalisierung im privaten wie öffentlichen, im regionalen wie weltweiten Bereich fördernd beiträgt. Wenn es so ist, geht es wirklich bei der Befassung mit dem Evangelium um *mea res*, um meine Sache. Voltaires Wunsch: *„Ècrasez l'infâme"*, die missliebige Kirche auszurotten, wäre das Dümmste, was der Menschheit passieren könnte.[32]

Allerdings erweist sich das Bleiben in der Kirche, der Zugang zu ihr mehr und mehr und für mehr und mehr Leute als Überforderung. Die Kirche beansprucht in ihrem Glaubensbekenntnis die Heiligkeit als Wesensmerkmal. Man soll sie daran erkennen. Aber wie denn? Im *Jüngsten Gericht* des Michelangelo Buonarotti steht im Zentrum der apollinisch gestaltete Richter Christus. Unmittelbar rechts (vom Betrachter aus gesehen) unter ihm erblickt man den „Apostelfürsten" Petrus. Nur sieht er alles andere als fürstlich aus. Er ist als alter Mann, verhärmt, fast nackt, angstvoll, gebrochen dargestellt in dem Augenblick, da er Christus die Schlüssel zurückgibt.[33] Der hatte sie ihm einst als Zeichen seiner Amtsgewalt in seiner Kirche überreicht, wie uns das Gemälde Peruginos an der Südwand der Sixtinischen Kapelle zeigt: Es waren zwei prächtige Schlüssel. Jetzt, am Ende der petrinisch bestimmten Kirchengeschichte sind sie nicht mehr zu gebrauchen. Die Reide fehlt, der obere Teil, der die Hebelwirkung erzielt, die für den Gebrauch unerlässlich ist. Petrus hat die Schlüssel irgendwie missbraucht. Dieses Detail in dem personenreichen Fresko wird nur selten beachtet – was gewiss gewollt gewesen ist. Doch es ist da. In der zentralen Szene im

31 Horaz, epistulae I, 18, 83 f.. Übersetzung B. Kytzler: Quintus Horatius Flaccus, Sämtliche Werke lateinisch und deutsch, Ditzingen 2021.

32 G. R. Schmidt, Voltaires Kritik am Christentum: Glaube, Freiheit, Diktatur in Europa und den USA (FS. G. Besier), Göttingen 2007, 379–394.

33 Vgl. Abb. 2, S. 37.

Gewölbe eines Bauwerkes, das wie kein anderes das Papsttum verherrlicht; über dem Altar, dem Mittelpunkt christlich-sakramentaler Frömmigkeit, zeigt sich nachdrücklich Kritik am Oberhaupt und damit zugleich Kritik an seinem Herrschaftsgebiet. Sie überdauert alle noch so prunkvolle Entfaltungen der Macht und Herrlichkeit in der Sistina. Diese sollte eine Apologie des Katholizismus sein, der zur Zeit des Wirkens Michelangelos von einer säkularen Krise geschüttelt wird, die, so der Vorwurf der Reformatoren, wesentlich gerade durch dessen Lebensform und Organisationsgestalt hervorgerufen worden war. Man braucht sich nur ins Gedächtnis zu rufen, dass der Neubau von St. Peter, begonnen von Julius II., dem gleichen Papst, der den Meister mit der Gestaltung der Kapellendecke beauftragt hatte, mit den Geldern aus dem anrüchigen Ablasshandel in Deutschland finanziert wurde. Die Heiligkeit der Kirche ist erschüttert, unkenntlich, manchmal augenscheinlich zerrüttet. Sie als Attribut der Kirche zu glauben, ist schwierig. Sie ist allein dialektisch einzuordnen.

## Die andere Seite der Medaille: Kirchengeschichte als Kriminalgeschichte

So gut wie man Kirchengeschichte als heilschaffende Heilsgeschichte beschreiben kann, kann man sie auch als Kriminalgeschichte verfassen. Lässt sich ein menschliches Verbrechen aufrufen, das nicht auch Verbrechen von Christgläubigen gewesen ist? Ehedem hat man versucht, dem Dilemma zu entkommen, indem man unterschied zwischen der Makellosigkeit der Institution und der Befleckung ihrer Mitglieder. Doch das ist Augenwischerei. Es gibt kein in sich stehendes Kirchenwesen und außerdem auch Leute, die ihm irgendwie verbunden sind. Kirche bedeutet: die Gemeinde der Leute gleichen Glaubens an ihren Herrn. Gewiss gehört zu diesem „Leib" untrennbar Christus als das Haupt. Von ihm allein rührt erstlich und letztlich die Möglichkeit, von einer *heiligen Kirche* zu reden. Aber Christus allein ist so wenig die ganze Kirche wie das Haupt der ganze Mensch ist. Beides ist untrennbar verbunden. Wenn also Menschen sündigen, ist *die Kirche sündig.*[34] Das zeigt sich ganz deutlich dann, wenn die Sünder in beson-

34 Das gilt in etwa sogar für Christus. Er partizipiert auch an der Sünde: Vgl. 1 Petr 2,24: *„Er hat unsere Sünden mit seinem eigenen Leib auf das Holz des Kreuzes getragen".*

**Abb. 2: Petrus legt beim Jüngsten Gericht Rechenschaft ab. - Michelangelo, Jüngstes Gericht, Sixtinische Kapelle im Vatikan, zwischen 1536 und 1541**

In apollinischem Glanz erscheint Christus als Weltenrichter. Unmittelbar zu seinen Füßen fast unbekleidet der „Apostelfürst" Petrus. Er blickt angstvoll, ein alter Mann im Elend, und will die ihm einst vom Herrn überreichten Kirchen-Schlüssel zurückgeben. Sie sind offenbar zu ihrer Funktion unfähig geworden: Die Reide, der obere Teil mit der Hebelwirkung, ist nicht zu sehen. Petrus hat sie kaputt gemacht - dessen Nachfolger bei feierlichen Gottesdiensten ganz unten in der Kapelle präsent ist. Das Fresko ist in den ersten Jahren der lutherischen Reformbewegung entstanden. Man weiß, dass der Künstler einem spirituellen Kreis um Vittoria Colonna zugehörte. Seine Theologie war nicht allzu weit weg von der des Wittenbergers.

derer Weise deren Repräsentanten sind, also bei sündigen Amtsträgern. In den Missbrauchsstudien der letzten Jahre stellt sich heraus: Viele Täter machten die Opfer sich gefügig, indem sie auf die eigene Christusverbindung, auf ihre persönliche Moralität rekurrierten und sogar manchmal behaupteten, die sexuelle Verletzung des Opfers im Auftrag Jesu vorzunehmen. Unweigerlich erschienen solche Kirchenleute den Objekten ihrer Begierden als Personifizierung der Kirche selbst und schläferten deswegen deren eventuelle Bedenken ein. Hier ist auch der Grund zu suchen, weshalb die Geschehnisse in den Kirchen zu solchen katastrophalen Folgen führten wie den Massenaustritten. Bald war es doch sonnenklar: Was man den Kirchenleuten vorwarf, hatte man auch zahllosen anderen Personen anzulasten, die mit Kirche und Religion wenig bis nichts zu tun hatten: Lehrern, Sporttrainern, ganz besonders Familienangehörigen, angefangen bei den Vätern. Die Zahl der kriminellen Fälle hielt sich dazu noch bei sämtlichen Gruppen mehr oder weniger die Waage. Dabei übersahen die selbsternannten Kirchenverteidiger, dass niemand sonst einen so hohen Moralstandard lehrte und verlangte wie die Kirchen, voran die katholische. Wer Heiligkeit beansprucht, beansprucht den höchsten sittlichen Verpflichtungsgrad. Und wer ganz hoch sich stellt, kann auch sehr tief fallen. Aber wie können die Menschen dann den An- und Aufruf aus dem Evangelium, das diese Kirche verkündet, noch erkennen? *Ecclesia ergo reformanda.*

In diesen Jahren ist es nachgerade unvermeidlich, dass sich derlei Überlegungen an den erschütternden sexuellen und anderen Übergriffen geistlichen Missbrauchs festbeißen. Es mag sie wohl irgendwie zu allen Epochen gegeben haben, nur standen zu anderen Zeiten andere Sünden im Vordergrund. Das war natürlich vor allem dort der Fall, wo es sich nicht um „alltägliche Sünden“ drehte, sondern um in dieser oder jener Weise „kirchengenerierte“. Zwar sind alle Übertretungen gegen die Gebote Gottes letzten Endes und angesichts der Heiligkeit Gottes schwerwiegend, auch wenn sie nur der menschlichen Schwachheit im Allgemeinen entspringen. Doch je mehr das Böse mitten im Heiligtum sich ausbreitet, um so tragischer ist es. Es würde zu weit führen, die entsprechenden Übergriffe im Einzelnen aufzulisten. Sie haben wohl auch einen Zeitindex. Über zu junge Kirchenleute brauchen wir uns nicht zu beschweren. Über kriegerische Verwicklungen der Bischöfe und Päpste zwecks Mehrung des eigenen Reichtums einschließlich aller so verursachten Kriegsgräuel desgleichen nicht. Da besteht die Tugend heute schlicht aus Mangel an Gelegenheit. Über Ämterhandel (Simonie) kann man gegenwärtig kaum diskutieren.

Gibt es aber eine durchgängige Ur- und Grundverfehlung ekklesiogener Veranlassung? Hier wird man rasch fündig. Jesus hatte seinen Nachfolgern in ganz besonderer Weise als Straße des Nachfolgens den Kreuzweg anempfohlen. Auf der Reise nach Jerusalem, seiner letzten Wanderung, erklärt der Herr: *„Wenn einer hinter mir hergehen will, verleugne er sich selbst und folge mir nach"* (Mk 8,34; vgl. Mt 16,24; Lk 9,23). Also kein Egoismus, sondern Ausrichtung auf Jesus. Was das gerade für die Leiter der Jesusgemeinschaft bedeutet, schärft er mit diesen Worten ein:

> *„Ihr wisst, dass die, die als Herrscher gelten, ihre Völker unterdrücken und ihre Großen ihre Macht gegen sie gebrauchen. Bei euch aber soll es nicht so sein, sondern wer bei euch groß sein will, der soll euer Diener sein, und wer bei euch der erste sein will, soll der Sklave aller sein".*

Das ist nicht einfach eine Frage der politischen Sittsamkeit, sondern begründet in der Mission des Herrn selber:

> *„Denn auch der Menschensohn ist nicht gekommen, um sich dienen zu lassen, sondern um zu dienen und sein Leben hinzugeben als Lösegeld für viele" (Mk 10,42–45; Mt 20,24–28; Lk 22,24–27).*

Es geht also um die Macht. Damit wird selbstredend nicht jedwede Macht und deren Ausübung abgelehnt. Gemeinschaftsleben in jeglicher Form setzt eine geregelte Ordnung voraus; diese ist aber nur möglich, wenn jemand sie auch aufrecht erhält und bewahrt. Man sollte vielleicht diese Form der Ordnungswahrung besser als *Autorität* bezeichnen: Das lateinische Verbum *augere* bedeutet *mehren, fördern.* Indem jemand, notwendig auch sanktionsbewehrt, das Zusammenleben aller moderiert, ermöglicht er erst dieses als friedliches, heilsames Existieren in der Gemeinschaft. Macht ist egozentrisch, Autorität wesentlich altruistisch. Macht zerstört daher von Natur aus das Heil der Menschen. Ist dieses das Ziel der messianischen Sendung, ist Macht kaum zu bewahren vor Missbrauch. Andererseits ist der postlapsarische Mensch ganz offensichtlich und augenscheinlich unausweichlich von Machtbegier geradezu durchtränkt. Sie droht die Liebe zu ersticken: *„Nach deinem Mann hast du Verlangen und er wird über dich herrschen",* schildert Gott der Herr den Zustand des gefallenen Menschen (Gen 3,16).

Ein Blick in die Kirchen-Kriminalgeschichte ergibt, dass man wohl die meisten, wenn nicht alle schadenden Verhaltensweisen und Vollzüge der und in der Kirche als Formen des Machtmissbrauchs ansehen muss. Da laufen zwei Papstprätendenten buchstäblich um die Wette, um die Laterankirche zu okkupieren und damit ihre Legitimität zu beweisen – Ursinus und (der Sieger) Damasus 366. Da besticht Augustinus Papst Innozenz I. 417 mit edlen Rossen, damit Rom gegen die Pelagianer vorgehe und seine eigene Stellung gefestigt werde. Im Mittelalter zeichnet sich die Kirche aus durch die Förderung der Mystik (Franz von Assisi, Gertrud von Helfta, Hildegard von Bingen), aber sie verliert auf erschreckende Weis den Bezug zur jesuanischen Barmherzigkeit – sattsam bekannt sind die Übergriffe der Inquisition, die Brutalität der Kreuzzügler, die Grausamkeit der Hexenjagden, die schrecklichen Judenpogrome. Die Rivalität der geistlichen Parteiungen zusammen mit den politischen Streitigkeiten führt am Ende des 14. Jahrhunderts zum unseligen „Abendländischen Schisma" mit drei Männern, die den römischen Bischofsstuhl gleichzeitig einfordern. Anfang des 15. Jahrhunderts behebt das Konzil von Konstanz zwar die kanonistische Verfahrenheit der Lage, aber verweigert sich den damit verbundenen Missständen und verschiebt die „Reform an Haupt und Gliedern" auf den St. Nimmerleinstag. Weil sie eine Beeinträchtigung ihrer Primatsstellung fürchten, verharren die nachkonziliaren römischen Bischöfe in ihrer Immobilität. Statt der Reform kommt die Reformation. Da steht bei den Päpsten des 15. und 16. Jahrhunderts als erster Regierungspunkt die Mehrung der eigenen Familie auf der Agenda.[35] Sie sind meist schon betagt und müssen sich beeilen, um möglichst viele Reichtümer zusammenzuraffen – und das tun sie ungeniert. Derweil mutiert in Deutschland der reformatorische Gedanke zum Machtspiel der Fürsten und zum Dreißigjährigen Krieg. Die Bischöfe leiten sehr oft die gleichen Denkmuster. Es geht um Einfluss, Herrschaft, Vorrang. Bedenkenlos setzen sie gegebenenfalls rein geistliche Mittel wie Exkommunikation, Interdikt, die Todesstrafe gegen Abweichler ein, um ihre Ziele zu erreichen. Was nicht viel gilt, sind die Fakten. Bis in die neueste Zeit betrachten die Kirchenoberen die Ergebnisse von Naturwissenschaften und Technik mit Misstrauen.

---

35 Gleichsam in Reinform beim Borgia-Papst Alexander VI. (1492–1503). Vgl. V. Reinhardt, Alexander VI. Borgia. Der unheimliche Papst – eine Biographie, München 2011.

Die Verbrennung von Giordano Bruno (1600) kann sich schwerlich auf das Evangelium berufen.

Man kann lange fortfahren mit dieser Faktenaufzählung, die wieder und wieder die Machtgier der Kirchenleiter belegen. Der Verdacht ist kaum von der Hand zu weisen, dass religiöse Sinnsysteme vielleicht generell dazu neigen, eine „Sakralmacht" zu werden – der Katholizismus ganz gewiss.[36] Der Hildesheimer Bischof Heiner Wilmer sprach sehr plastisch, der Machtmissbrauch gehöre zur DNA der Kirche![37]

Wiederholen sich also immer wieder die nämlichen Sünden der Kirche? Man braucht sich nicht um die Frage zu kümmern, ob sich die Geschichte wiederholt. Wohl eher nicht. Nur die Menschen bleiben im Grund die gleichen – und sie sind Sünder und damit eminent machtgeil. Doch die Situationen, die diese Menschen zu bewältigen haben, sind unterschiedlich. In diesem Sinn wiederholt sich die Geschichte nicht. Damit stehen wir an dem Punkt, an dem die neuzeitlichen, die uns unmittelbar betreffenden Momente zu nennen und zu untersuchen sind, die die heutige Glaubensgemeinschaft in die Krise gebracht haben. Erst dann lassen sich Wege zur Reform hier und jetzt aufspüren.

## Neuzeitliche Wurzeln der Kirchenkrise

Weiter oben war die Rede von der Leistung der Kirche, die sich mit den jeweiligen Kulturen ihres Lebensraumes auf eine für beide Seiten fruchtbare Weise zu amalgamieren verstand. Doch was mit den Griechen und mit den Germanen gelang, blieb ihr in der Neuzeit bei den Naturwissenschaften und der Technik versagt. Mit deren Ergebnissen schienen zahlreiche traditionelle Glaubensaussagen und Bibelbefunde unvereinbar – ein Generalangriff auf das Lehrsystem fand statt. Die resultierende Unzeitigkeit des überkommenen Christenglaubens zur Moderne manifestierte sich auf schreckliche Weise in der Französischen Revolution von 1789, welche mit dem Zusammenbruch der gesamten europäischen Ordnung und ihren Stützen, also

36 G. M. Hoff, Sakralisierung der Macht. Theologische Reflexionen zum katholischen Missbrauch-Komplex (Vortrag vor der DBK am 13. 3. 12019, S. 3. Pressemitteilung der DBK).

37 Bischof Heiner Wilmer, Interview vom 14. 12. 2018 mit dem Kölner Stadt-Anzeiger.

auch der unterschiedlichen Kirchen, zu enden schien. Sie reagierten auf verschiedene Weise:[38]

1. Produktive Übersetzung der Herausforderungen in die zeitgenössische Kultur (Kulturprotetantismus, Modernistische Strömungen); Dialog mit den naturwissenschaftlichen und philosophischen Strömungen.
2. Traditionalismus als bewusste Entscheidung für eine bestimmte Interpretation der Überlieferung und gleichzeitige Absetzung von allen Neuerungen (Konfessionalismus);
3. Rückzug auf Innerlichkeit. Kennzeichen sind Erwachen bzw. Neubelebung der Volksfrömmigkeit, Sehnsucht nach Heiligkeit in der heutigen Lebenswelt (z. B. starkes Sündenbewusstsein im Protestantismus, „marianisches Zeitalter" mit Hinwendung zu „Marienerscheinungen" wie Lourdes im Katholizismus);
4. Kompromissloser Wiederstand gegen alles Moderne: Katholisch äußert sich diese Haltung in der Konstruktion des Feindbildes „Modernismus" für alles Ungewohnte, dessen Vernichtung erstes Ziel ist; im reformatorischen Bereich wächst der „Fundamentalismus" (z. B. im Widerstand gegen den Darwinismus).

Der Angriff der Neuzeit gegen die Religion wurde besonders bei den Katholiken als so furchtbar empfunden, dass es den Verantwortlichen gar nicht in den Sinn kam, dass man zu einem Ausgleich kommen könnte, ja musste, und dass dieser irgendwie auf dem Weg des Dialogs, der Verständigung, der Rezeption der innersten Intentionen kommen musste. Stattdessen packte die Glaubenden das schiere Entsetzen. Nur durch konsequenten Rückzug aus der Moderne schien man ihren Angriffen Paroli bieten zu können. Wenn sich die Übel der Gegenwart samt und sonders als Modernismus charakterisieren ließen, dann war das Heilmittel dagegen einzig ein konsequenter und radikaler Antimodernismus. Unter den lehramtlichen Verdammungsurteilen damals nimmt die erste Stelle der sogenannte *Syllabus* Papst Pius' IX. von 1864 ein. Er besteht aus einem Anhang zur Enzyklika *Quanta cura* und enthält achtzig bereits in vorangegangenen päpstlichen Dokumenten zensurierte Sätze.[39] Der abschließende verurteilt folgende These:

---

38 J. Lauster, Das Christentum. Geschichte – Lebensformen – Kultur (= beck wissen 2933), München 2022, 49–51.

39 Enzyklika: DH 2890–2896, Syllabus: DH 2901–2980.

*„Der Römische Bischof kann und soll sich mit dem Fortschritt, mit dem Liberalismus und mit der modernen Kultur versöhnen und anfreunden".*

Aus der ehedem gesprächsoffenen, lernbereiten Kirche wurde eben jene schon genannte Wagenburg. Wie ein Igel seine Stacheln, so streckte die Kirche ihre antimodernistische Mentalität gegen alle als Gegner disqualifizierten Denkrichtungen aus, praktisch beinahe gegen alles bisher nicht oder nur ansatzweise Gedachte. Die Meinung kam auf, dass die Konzentration des Kampfes durch die Generalbevollmächtigung einer einzigen Person am erfolgreichsten erreicht werden würde. Diese konnte nur der römische Bischof sein, der sich schon bisher als Protagonist der Abwehr qualifiziert hatte. Wenn man ihm alle Leitungs- und Lehrvollmacht übertrüge, ließen sich alle Pfeile schnell, wirksam, mit höchster Autorität und am Ende erfolgreich lenken. Käme also eine falsche Doktrin auf, verurteilte er sie umgehend und in der Kirche bräche der Frieden aus, außerhalb der Schrecken ob der *„bis zum Himmel ragenden Erhabenheit der Kirche"*[40].

Das dogmatisch-kanonistische Ergebnis sind die beiden Papstdogmen des Ersten Vatikanischen Konzils (1869–1870)[41]:

1. Der Römische Bischof *„besitzt die volle und höchste Jurisdiktionsvollmacht über die gesamte Kirche, nicht nur in Angelegenheiten, die den Glauben und die Sitten, sondern auch in solchen, die die Disziplin und die Leitung der … Kirche betreffen."*[42]
2. Wenn der Römische Bischof *„‚ex cathedra' spricht, d. h., wenn er in Ausübung seines Amtes als Hirte und Lehrer aller Christen kraft seiner höchsten apostolischen Autorität entscheidet, dass eine Glaubens- oder Sittenlehre von der gesamten Kirche festzuhalten ist, dann besitzt er … jene Unfehlbarkeit, mit der der göttliche Erlöser seine Kirche bei der Definition der Glaubens- oder Sittenlehre ausgestattet sehen wollte; und daher sind solche Definitionen des Römischen Bischofs aus sich, nicht aber aufgrund der Zustimmung der Kirche unabänderlich (irreformabiles)."*[43]

---

40 Vatikanum I, Konstitution *Pastor aeternus,* Vorrede (DH 1051).
41 Vgl. Abb. 3, S. 156.
42 Vatikanum I, Konstitution *Pastor aeternus,* Canon (DH 3064).
43 Ebd., Kapitel 4 (DH 3074).

Vor allem die zweite Erklärung war heftig umstritten, obschon sie eigentlich nur die Fokussierung des Jurisdiktionsprimats (Punkt 1) auf das Gebiet der Lehre darstellt. Eine starke Minderheit, zu der vornehmlich die deutschen Bischöfe zählten, hatte verhindert, dass dem Papst die absolute und schrankenlose Macht zuerkannt wurde. In der Definition von 1870 ist er strikt auf die Gesamtkirche verwiesen, die die eigentliche oberste Instanz bleibt. Er ist deren authentischer und verbindlicher Sprecher. Ausdrücklich wird festgehalten, dass er über keine außerordentlichen Mittel wie Erleuchtung, Inspiration und dergleichen verfügt, sondern sich nur auf den Glauben der universalen Kirche stützen kann. Er muss mit allen verfügbaren Mitteln erkunden, was er *„mit Gottes Hilfe* als mit den heiligen Schriften und apostolischen Überlieferungen übereinstimmend erkannt" hat.[44] Bei Licht besehen, trägt die Konstitution *Pastor aeternus* einem Erfordernis Rechnung, das sich für jede geordnete menschliche Vielheit stellt: Es muss eine Instanz geben, welche mit letzter und letztlich irreformabler Vollmacht die Streitfragen entscheidet, welche den Seinsgrund eben dieser Gemeinschaft betreffen. In Deutschland nimmt diese Funktion das Bundesverfassungsgericht innerhalb der unter der gemeinsamen Grundordnung (Grundgesetz) stehenden Gemeinschaft „Bundesrepublik Deutschland" wahr. Insofern stellt das vatikanische Dogma eine Selbstverständlichkeit dar.

Allerdings wurde seine Materie auf dem Konzil und vor allem danach sehr kontrovers dar- und ausgelegt. Die Maximalisten (aber keineswegs alle Bischöfe der Majorität) wie die Bischöfe Manning und Senestrey wollten dem Papst eine barrierefreie, im wahren Wortsinn absolute Entscheidungsgewalt in der Kirche zuerkennen. Diese Interpretation ist dank des Einflusses der Minorität nicht definiert worden. Aber sie hat sich nahezu komplett in der Folgezeit durchgesetzt und gegen Ende des 20. Jahrhunderts ihre Blütezeit erlebt. Wir werden uns im Verlauf dieser Studie an gegebenem Ort mit den Details befassen. Im Moment sei auf die Folgen hingewiesen. So sehr die Kirchengeschichte bis 1870 als Prozess der Machtkonzentration auf den Papst beschrieben werden muss – zu einem uneingeschränkten Absolutismus hat sie nicht geführt. Wenigstens im Gedächtnis ist stets das synodale und konziliare Prinzip als untilgbares Verfassungselement der Glau-

44 Ebd., Kapitel 4 (DH 3069).

bensgemeinschaft geblieben. Auf der einen Seite anerkannten Theologen wie z. B. Thomas von Aquin die Entscheidungsinstanz der Rezeption:[45] Eine oberinstanzliche Verlautbarung galt als unmaßgeblich, wenn sie von den Rechtssubjekten abgelehnt wurde. Auf der anderen Seite hatte sich auch gezeigt, dass es Fälle geben kann, in denen die beanspruchte Gewaltenfülle des Papstes an den Fakten scheiterte. Im „Abendländischen Schisma" war einzig und allein das Konzil (von Konstanz) imstande, die Ordnungsgestalt der Kirche wiederherzustellen. Jetzt aber, als das Konzilsprinzip dem Papalismus geopfert wurde, kam es zur ungebremsten Konzentration aller kirchlichen Lebensäußerungen auf den Papst. Am Ende galt nur mehr, was er sagte, war verbindlich allein sein Urteil. Autoritarismus, Zentralismus, diktaturaffine Verfassungsstrukturen kennzeichnen jetzt die Kirche. Die Kirchenkrise unserer Tage erweist sich mehr und mehr als logische Folge. Diese Lebensform entspricht nicht der Form, welche die Kirche gemäß der Lehre und Weisung Christi besitzt. Wie bereits festgestellt, besteht diese in der Proklamation der Freiheit der Kinder Gottes.

Man kann das an zwei scheinbar widersprüchlichen Dicta zeigen. *„Wer nicht mit mir, der ist gegen mich; wer nicht mit mir sammelt, der zerstreut"*, steht Mt 12,30. Das ist ein Absolutheitsanspruch. Dem steht das Logion Mk 9,40 entgegen: *„Wer nicht gegen uns ist, der ist für uns."* Der Anlass: Da wirkt einer Wunder, empören die Jünger sich, der nicht eingetragenes Mitglied unserer Kirche mit allen Rechten und Pflichten ist. Jesu Wort ist die Ansage der Freiheit. Das Paradoxon löst sich auf: Das absolute Gebot des Herrn ist eben die relativierende Freiheit. Wer sie missachtet, steht frontal gegen ihn. Das Grundmotiv jedweder Reform ist mithin die Freiheit.

## Am Scheideweg

Damit stehen wir unausweichlich am Scheideweg – hoffentlich noch wirklich davor. Entweder reformiert sich unter diesem Vorzeichen die Kirche – dann wird die leuchtende Kraft ihrer Botschaft die Menschen ganz neu faszinieren. Oder sie bleibt in der Wagenburg – dann kann sie im optimalen Fall nur noch als Großsekte vegetieren. Will sie wirklich

45 Dazu ausführlich Kapitel 14.

Christi *Kirche* bleiben, hat sie keine Alternative als die erstgenannte. Auch wenn man keine umfassende Detailanalyse im Auge hat, fallen doch hauptsächlich drei Folgen ins Auge, welche der kirchliche Absolutismus zeitigt.

Er führt zum ersten zu einer *Meinungsdiktatur.* Nicht mehr alle verfügbaren Erkenntnisquellen werden beachtet, ja nicht einmal zugelassen, sondern nur noch solche, die den Interessen der Zentrale dienlich sind. Wenn diese verfügt, dass die Sonne sich um die Erde dreht, sind Leute zu kriminalisieren, die aus den astronomischen Erkenntnissen (Naturwissenschaft) und mittels Fernrohren (Technik) mit Sicherheit erkennen, dass das falsch ist. Es besteht die erhebliche Gefahr, dass aus ideologischen (dogmatischen) Interessen die Realität manipuliert wird. Der Mut zur Wahrheit und Wahrhaftigkeit ist nicht mehr da. Damit aber ist auch die Glaubwürdigkeit der Lehre und des Lehramts dahingestellt. Das Ergebnis: Ein verhängnisvoller Vertrauensverlust. Vertrauen aber ist das größte Kapital der Kirche. Droht es, wie derzeit, in Verlust zu geraten, ist ein vorrangiges Reformanliegen die *Wahrhaftigkeit.*

Zum Zweiten: Absolutismus führt zu *Partikularismus,* Abschottung, Angst und Enge. Daseinsrecht in der Kirche bekommen nur die mit der obersten Meinung voll gleichsinnigen Thesen. Es kann nur *eine* Liturgie, *eine* theologische Konzeption, *eine* geistliche Lebensform, *eine* Form des Brauchtums geben. Die Kirche wird als „Weltkirche" ausgegeben, doch in einem der Wirklichkeit widersprechenden Sinn. *Welt* ist ein Begriff für die Vielfalt, die Buntheit, die Unterschiedlichkeit der Menschen. Es gibt unterschiedliche Realisierungen: viele Ethnien, Kulturen, Denkformen, Sprachen, Lebensweisen – und sie alle haben ihr Lebensrecht, eine wie die andere. Im heutigen lehramtlichen Verständnis hingegen steht *Welt* gerade für das Uniforme, Einförmige, Gleichgestaltete. Etwas überspitzt gesagt: *Welt* ist ein Synonym zu *vatikanisch.* Es ist leicht einsichtig, dass und wie dadurch die ekklesiale Wesenseigenschaft der *Katholizität* beeinträchtig wird. Wenn Kirche wieder Kirche Christi voll und ganz werden soll, muss ihre Einheit in diesem Sinne *katholisch* werden.

Schließlich führt, drittens, der Absolutismus zum Verlust der Grundeigenschaft aller Jüngerinnen und Jünger Jesu Christi – zum Verlust der *Liebe.* In ihr erfüllen sich alle Gebote, in ihr konzentriert sich jede Diakonie, sie ist der Anbruch des Reiches Gottes in der Gegenwart. *„Die Liebe hört niemals auf. … Für jetzt bleiben Glaube,*

*Hoffnung, Liebe, diese drei; doch am größten ist die Liebe"* (1 Kor 13,8.13). Gerade sie aber ist in schier unbegrenztem Maß der Auslöschung durch absolutistisches Agieren ausgesetzt. Da es in jedem Moment als vollkommener Machtanspruch der eigenen Person/Instanz gefährdet ist, kann es nur auf den eigenen Nutzen und Vorteil hin ausgerichtet sein. Der Andere als Anderer, als eigenes und einmaliges Geschöpf Gottes hat in dieser Konzeption keinen Raum – oder besser: nur den Platz des Gegners. Wenn nach Jesus die Menschen und auch ihre Gemeinschaften am Maß der Liebe gemessen werden, ist eine lieblose, eigensüchtige, machtbesessene Kirche nicht mehr jesuanisch. Reform bedeutet also in hervorgehobener Weise Leben und Wirken aus dem *Format der Liebe.*

# 3

# JA, JA – NEIN, NEIN

## Wahrhaftigkeit

Wie das Judentum und der Islam ist auch das Christentum eine Offenbarungsreligion. Seine Anhänger sind überzeugt, dass sich Gott selber den Menschen kundgetan hat, durch die Thora, welche Mose von Jahwe entgegengenommen hat, bzw. durch den Koran, dessen Urschrift bei Gott ist oder eben – nicht durch das *Buch* Bibel, sondern durch die *Person* des Gottessohnes Jesus Christus, dessen Taten, Worte und Passion in der „Heiligen Schrift" aufgezeichnet sind. Der klassische Ausdruck des christlichen Verständnisses ist die Eröffnung des Hebräerbriefes:

> *„Vielfältig und auf mancherlei Weise hat Gott einst zu den Vätern gesprochen durch die Propheten; am Ende dieser Tage hat er zu uns gesprochen durch den Sohn." (Hebr 1,1 f.)*

Daraus ergibt sich die selbstverständliche Pflicht der in seinem Namen sich sammelnden Gemeinschaft, sein Wort genau zu hören, sorgsam zu beachten und in der Zeit zu befolgen. Das ist die Voraussetzung, um der göttlichen Verheißungen teilhaft zu werden. Die Kirche hat das auch im Prinzip immer zu tun unternommen. Allerdings auf eigentümliche Art und Weise.

### Zum Umgang mit den Weisungen Jesu

Manchmal hat sie versucht, ihre eigenen Auffassungen Jesus unterzuschieben. Bestimmte Handlungen oder Äußerungen hat sie solange zurechtgebogen, bis sie auf Thesen passten, die ursprünglich aber ganz und gar nicht ihren Ursprung in der Offenbarung belegen können. Aus der offenkundigen Tatsache, dass dem vom Herrn berufenen Zwölferkollegium (Lk 6,13) keine Männer zugehörten, schloss man den grundsätzlichen Ausschluss der Frauen von den kirchlichen Leitungsämtern. Eine sorgfältige Exegese hingegen sieht die Zeichenhandlung in der Zwölfzahl des Gremiums, nicht im Geschlecht der Berufenen: Jesus beansprucht, das neue Gottesvolk zu begründen. Mit dem Wort *Volk* verbinden die Zeitgenossen natürlich Israel – und Israel besteht aus zwölf Stämmen, die durch die Söhne (nicht Töchter) Jakobs bezeichnet sind. Hätte Jesus von Nazareth z. B. 14 oder sechs Personen, je 50 % davon Männer und Frauen, zu sich gerufen, hätte er seine Absicht wirkungsvoll selbst karikiert.[46]

In anderen Fällen haben die Gläubigen das Wort ihres Meisters bis zum Äußersten zugespitzt und es dadurch gerade ins Gegenteil verkehrt. Am deutlichsten zeigt sich das im Umgang mit dem Ehescheidungslogion (Mt 5,31 f.; 19,3–12; Mk 10,2–12). Es ist eine der ganz wenigen Aussagen zum Themenbereich Sexualität, Ehe und Familie in den Evangelien.[47] Aber wie lautet sie? Das Wort ist dreimal zitiert (einmal bei Paulus 1 Kor 7,1–9), doch stets in einer anderen Form. Es ist nicht sicher zu erschließen, wie es eigentlich gelautet hatte. Erkennbar sind die Tradenten bemüht, seine vermutliche ursprüngliche Schärfe – Scheidung absolut ausgeschlossen – entsprechend den konkreten Adressaten abzumildern. Die spätere Kirchenleitung hingegen zeigte gewöhnlich ihr Interesse, jede Aufweichung möglichst auszuschließen.[48] So blieb von der Botschaft der Barmherzigkeit wenig übrig.

Eine dritte Weise des Umgangs mit Jesuszitaten besteht umgekehrt in deren Abschwächung. Eine wesentliche Weise der Jesusnachfolge ist die Armut (Mt 19,16–30). Ihr wird in nachdrücklicher Weise im Mönchtum entsprochen. Zu den drei Essentials gehört neben Ehelosigkeit und Gehorsam eben die freiwillige Besitzlosigkeit. Im Abendland ist man dieser Forderung nachgekommen, aber nur bezüglich des einzelnen Mönches. Die Mönchsgemeinschaften, die Klöster, unterlagen praktisch keinerlei Einschränkungen. Die Folge waren Monasterien, welche im Überfluss schwammen und sogar Herrschaftsfunktionen sehr irdischer Art über andere Leute ausübten (Reichs-

46 Vgl. dazu eingehender Kapitel 9.

47 Näheres Kapitel 6.

48 Geblieben sind das sogenannte Privilegium Paulinum und Privilegium Petrinum, die aber nur die bei Glaubenswechsel eines Partners entstehenden Probleme betreffen, nicht die menschliche Seite wankender Eheverhältnisse.

abteien). Sollte Armut eigentlich Hingabe und Machtlosigkeit sichern, wurde die tatsächliche Lebensform zur Ermöglichung des direkten Gegenteils.

Endlich sind Jesuslogien zu nennen, die von der Kirche nie wirklich befolgt worden sind. Vom Macht-Problem haben wir schon gesprochen. Keines ist so wenig in der bisherigen Kirchengeschichte von den Kirchenleuten missachtet worden wie dieses (Mt 20,10–28). Man erinnert sich der Weisung, die Christusnachfolger sollten sich nicht *Vater* oder *Lehrer* nennen lassen (Mt 23,9 f.). De facto ist aber *Vater (Pater)* zum Normaltitel der kirchenleitenden Personen vom obersten, dem Papst, bis zum Seelsorger im hintersten Amazonasgebiet geworden.

Zu diesen umsonst gesprochenen Mahnungen des Herrn gehört auch das Schwurverbot. Es steht in der Gesamtverkündigung an sehr prominenter Stelle, in der Bergpredigt, die die Verfassungsurkunde des Reiches Gottes bildet. Im Kontext stellt Jesus die „neuen Thesen" auf, Weisungen, die für das neue Gottesvolk ab sofort gelten. Sie sind nicht etwas bislang Unerhörtes, sondern das Ernstnehmen des schon vorher geltenden Gottesgebotes. Die dritte der fünf Thesen lautet:

> *„Ihr habt gehört, dass zu den Alten gesagt worden ist: Du sollst keinen Meineid schwören, und: Du sollst halten, was du dem Herrn geschworen hast. Ich aber sage euch: Schwört überhaupt nicht. … Eure Rede sei: Ja ja, nein nein; was darüber hinausgeht, stammt vom Bösen."*
> *(Mt 5,33–37)*

Ich habe in meinem Leben aufgrund verschiedener Dienstverpflichtungen in Staat und Kirche mehrfach Jesu Weisung übertreten müssen – aber nirgendwo so oft wie im kirchlichen Bereich. Während meiner Ausbildungszeit galt noch der sogenannte *Antimodernisteneid*, der von Pius X. mit dem Motu Proprio *Sacrorum antistitum* am 1. 9. 1910 vorgeschrieben worden war.[49] Unter anderem hatte man ihn zu leisten vor der Übernahme eines kirchlichen Amtes oder eines kirchlich verliehenen akademischen Grades. Während meines Studiums war der eine oder andere Fall insgesamt neunmal gegeben.[50] Im Vatikan wollte man voller Angst auf diesem Weg sichern, dass Führungspersonen unbeirrt

49 DH 3537–3550. Wieder aufgehoben bzw. durch eine andere Formel ersetzt von Papst Paul VI. im Jahr 1967.

50 Über die näheren Umstände habe ich berichtet: W. Beinert. Dem Ursprung Zukunft geben. Autobiografische Skizzen, Regensburg ²2023, 161 f.

an den Thesen einer theologischen Schule festhielten, die nicht einmal mehr an den römischen Universitäten gehalten wurde. *In rigore* genommen, haben wir damals lauter Meineide abgelegt. Doch das nur zur Illustration.

Seit eh und je haben Menschen gelogen. Manchmal konnte man ihnen das nachweisen, oft auch nicht. Es gibt aber Situationen, in denen man sicher sein muss, dass eine Aussage wahr ist, also mit den Fakten übereinstimmt. Beispielshalber wenn es in einem Strafprozess um Leben oder Tod geht oder wenn man sich der vollen Loyalität bestimmter Personen gewiss sein muss, bei Soldaten oder Beamten als Vertreterinnen oder Vertretern des Gemeinwesens. Dass man die Notwendigkeit nicht abstreiten kann, beweist zugleich die Probleme, die sich jemand einhandelt, wenn er immer und je und ganz und gar die Wahrheit sagt. Wahrheit kann auch ziemlich beleidigend sein und andere Nebenwirkungen haben. Mit anderen Worten: Die Tatsache, dass es den Eid gibt, ist eine Folge der Sündhaftigkeit der Menschen.

Jesus verlangt von seinen Anhängerinnen und Anhängern die Treue zur Wahrheit ohne Wenn und Aber. Dann aber ist Schwören überflüssig und stellt keinen Mehrwert zur Wahrheit dar. Wenn jemand aus dieser Einstellung heraus lebt, nennen wir ihn wahrhaftig: Er besitzt ein durch und durch positives Verhältnis zur Wahrheit. Denn in letzter Tiefe ist ihr Herr und Meister die Wahrheit selber (Joh 14,6). Die Wahrhaftigkeit gehört also wesentlich und fundamental zur christlichen Lebensform – nicht nur, was die Individuen, sondern auch, was ihre Vergemeinschaftung angeht, und damit insbesondere deren Leitung. Des Weiteren ergibt sich daraus, dass sie ein wesentliches Element der Form der Kirche im oben geschilderten Sinn ist: Sie macht Kirche aus. Wo also ein Defizit an Wahrhaftigkeit besteht, ist die Notwendigkeit der Kirchenreform gegeben. Denn Glauben kann man nur selber leben und von anderen einfordern, wenn man es in der Haltung und Gesinnung jenes Gottes tut, welcher sich nicht irren und welcher nicht täuschen kann. Erst aus dieser Haltung ist ferner der bedingungslose Einsatz eines Christenmenschen möglich, der im Martyrium aufgipfelt. Das Muster für echtes Gottesvertrauen aber kann nur die Wahrhaftigkeit seiner Verkünder sein. Man kann nicht abstreiten: Davon ist die Kirche weit entfernt. Und zwar nicht nur hinsichtlich der Mitglieder, die als Sünder sowieso von keiner Sünde *a priori* ausgenommen sind, sondern ebenso und vornehmlich durch die Weise, wie sie als Ganze mit ihrer Botschaft umgeht.

## Sprache und Wahrhaftigkeit

Der Freund, von dem ich hier erzählen will, war von einer herben, sehr männlichen Art der Frömmigkeit, dabei eine *anima candida,* wie man sie sich vorstellt: ein hervorragender, man muss geradezu sagen heiligmäßiger Sohn der katholischen Kirche. Anlässlich eines runden Geburtstag oder eines Ehejubiläums im Herbst 1963 beschloss er, mit seiner Frau eine Rheinreise zu unternehmen. Höhepunkt sollte ein Hochamt im Kölner Dom sein. Um diese Zeit war das Tagesgespräch in Deutschland das schreckliche Grubenunglück von Lengede. Neunundzwanzig Kumpel waren zu Tode gekommen. Vierzehn weitere wurden vierzehn Tage danach auf geradezu wundersame Weise gerettet. Auch bei der Messe im Hohen Dom sprach der predigende Domkapitular von diesem Ereignis. In salbungsvollen, aber hohlen Worten pries er die Güte Gottes für die Geretteten; von den Toten war nur im Nebensatz die Rede. Mein Freund war erschüttert – und grenzenlos wütend. Kaum war die Feier zu Ende, stürmte er ins Erzbischöfliche Haus, um beides los zu werden, Leid und Zorn. Der Kardinal war zum Glück nicht da. Zu seinem Glück. Der Riss im Kirchenbild meines Freundes aber ist geblieben. Bis zu seinem Ende.

Die ungute Begebenheit illustriert, was mit der Unehrlichkeit der Kirche gemeint ist. An der Rechtgläubigkeit des Predigers war gewisslich nicht zu zweifeln. Gott ist, so bekennt die Kirche, so erkennt der Nachdenkliche, absolut und in höchstem Maße gut. Diese Eigenschaft ergibt sich aus dem Begriff *Gott* ebenso wie aus zahllosen Zeugnissen der Schrift und der Erfahrung. Und doch hatte der Prediger irgendwo und irgendwie glaubenslos gesprochen. In Lengede war Gott gegen die 29 Toten eben nicht gut gewesen – er hatte es gefügt, dass Frauen ihre Gatten, Kinder ihre Väter, die Opfer selber ihr Lebensglück verloren hatten. Warum sind lediglich die 14 gerettet worden? Die Güte Gotte ist offensichtlich alles andere als Nettigkeit. Das Theodizeeproblem drängt sich wahrscheinlich in eines jeden Leben einmal auf, damals in Lengede packte es unzählbar viele Glaubende. Der Prediger hatte es ausgerechnet in dieser Situation verdrängt, ausgelassen, vielleicht auch gar nicht gesehen. Wie auch immer – seine Worten waren in einem tiefen Sinne unwahrhaftig. Sie bekannten sich nicht zur ganzen Wahrheit.

Im gleichen Jahr 1963 gab der reformierte Pfarrer Kurt Martti seine „Leichenreden" heraus. Dort setzt er sich mit den Bestattungskonventionen auseinander. Bekannt sind seine Zeilen:

*„Dem herrn unserem gott*
*hat es ganz und gar nicht gefallen*
*dass gustav e. lips*
*durch einen Verkehrsunfall starb*

*Erstens war er zu jung*
*zweitens seiner frau ein zärtlicher mann*
*drittens seinen kindern ein lustiger vater*
*viertens den freunden ein guter freund*
*fünftens erfüllt von vielen Ideen*

*was soll jetzt ohne ihn werden?*
*was ist seine frau ohne ihn?*
*wer spielt mit den kindern?*
*wer ersetzt einen freund?*
*wer hat die neuen ideen?*

*Dem herrn unserem gott*
*hat es ganz und gar nicht gefallen,*
*dass einige von euch dachten*
*es habe ihm solches gefallen*

*im namen dessen der tote erweckte*
*im namen des toten der auferstand:*
*wir protestieren gegen den tod von gustav e. lips."*[51]

Der Dichter versucht die eigentliche Problematik des Bösen im Rahmen des christlichen Gottesbildes kantig, beunruhigend, aber sachgerecht vorzustellen. Er zwingt den Leser geradezu, sich ihr zu stellen – ausfluchtlos. So aber wird er den Fakten und dem Fühlen der Menschen gerecht. Er kommt der Wahrheit nahe. Zum mindesten zwingt er zur Auseinandersetzung mit ihr – und zur Wahrhaftigkeit.

Solches versäumt die Kirche oftmals schon deswegen, weil ihre Verkündigung sich einer Sprache bedient, die nicht oder nicht mehr verstanden wird, sei es wegen der unzugänglichen Diktion, sei es wegen des dahinterstehenden ebenso unzugänglichen Sachgehaltes. Ein Beispiel dafür ist die Lehre von der *Erbsünde*. Auf der Basis eines unverstandenen Pauluswortes hatte sie im ausgehenden 4. Jahrhundert der Bischof Augustinus entwickelt. Demnach sind alle Menschen durch

51 Kurt Martti, Leichenreden, Frauenfeld 2001.

die Sünde des Stammvaters Adam befleckt worden, weil sie alle in seinem Samen enthalten waren, der natürlich als Adams Same ebenfalls sündig ist. Durch die Geschlechtslust bei der Zeugung wird die Sünde von den Eltern auf die Kinder übertragen. Diese sind darum aufgrund der göttlichen Gerechtigkeit zur ewigen Verdammnis (Höllenstrafe) verurteilt. Der einzige Ausweg aus diesem entsetzlichen Schicksal ist die Taufe. Im 19. Jahrhundert definierte im Anschluss an diese Doktrin Papst Pius IX. 1854 das Dogma von der *Unbefleckten Empfängnis der Jungfrau Maria;* sie allein wurde in ihrer (passiven) Empfängnis davor und in Folge auch vor späteren Sünden bewahrt.

Seit langem ist klar, dass diese Aussagen heute nicht mehr verantwortet werden können. Sie setzen voraus, dass die vorgeschichtliche Menschwerdung monogenistisch stattfand, was nicht sicher ist. Sie nehmen eine Degeneration des moralischen Zustandes eines Menschen an, die unverschuldet, aber strafbar (mit der Höchststrafe Hölle) ist. Wie ist sie mit Gottes Gerechtigkeit vereinbar? Sie betrachten die Sexualität je und immer als sündhaft – das ist nicht biblisch begründbar. Solche Fragen stellen die Existenz des Bösen keineswegs in Frage, sie machen es höchstens entsetzlicher. Die Welt ist voll von Sünden – personalen wie kollektiven: Nicht einmal die heilige Kirche kann dem Unheil entrinnen. Aber es ist kein unentrinnbares Verhängnis, sondern in jedem Fall rückführbar auf personale Ursachen. Das trifft auch auf die sogenannten *strukturellen Sünden* zu, also solche, die wie ein Netz über der Menschheit liegen, aber im einzelnen eben aus der Beteiligung einer Vielzahl generiert werden. Man kann an die Verwicklung in einen Krieg denken.

Es geht hier nicht um theologische Spitzfindigkeiten. Die augustinische, im Großen und Ganzen gesamtkirchlich übernommene Vision hat unsäglich viel Leid für Christinnen und Christen generiert. In den Zeiten großer Kindersterblichkeit konnten fromme Eltern zwar Trost darin finden, dass sie ihre getauften Sprösslinge einst im himmlischen Jenseits wiederfinden würden; falls sie aber das Sakrament aus welchem Grund auch immer nicht gespendet bekommen hatten, war das für ewig ausgeschlossen – obwohl ganz sicher die Kinder, meistens auch die Eltern völlig schuldlos daran waren. Heute sieht man mit Entsetzen, wie die Höllendoktrin insgesamt und auch dieses Kapitel lebensbedrohende Ängste bei den Gläubigen erzeugt haben. Der Kirche kam das letzten Endes gut zu Pass: Es war ein Motor zur Christendisziplinierung. Das Erbarmen Gottes wurde verhehlt. Die Wahrhaftigkeit blieb somit auf der Strecke. Sieger war der Wille zur Macht. So brachten die Seelsorger die Leute sehr erfolgreich in ihre Kirche.

Nun wird man wahrscheinlich heute nahezu kein theologisches Lehrbuch mehr finden, in dem die Erbsündenlehre unkritisch in der obigen Version dargelegt wird. Doch wie steht es mit den Predigten, wie mit den im Volk verbreiteten Anschauungen? Gehörte es nicht zur Wahrhaftigkeitsforderung, dass auch ganz offiziell eine Korrektur des strengen Augustinismus verordnet würde? Man darf sagen: Anfänge sind gemacht. Seit dem Ende des 12. Jahrhunderts suchten die Theologen die rigorose Grausamkeit der ewigen Verdammnis für die ungetauften Säuglinge durch die Erfindung des *Limbus puerorum, („Vorhölle“)* zu mildern: Danach kamen sie zwar nicht zur beseligenden Gottesanschauung, aber genossen doch nun eine „natürliche Seligkeit“. Papst Benedikt XVI. hat am 20. April 2007 diese Theorie als „nicht vom kirchlichen Lehramt unterstütze ältere Meinung“ disqualifiziert.

Es ist kein Geheimnis mehr, dass noch eine ganze Reihe ähnlicher Theologumena im kirchlichen Glaubensbewusstsein, durchaus auch mehr oder weniger deutlich lehramtlich vertreten, existieren. Sie machen es zahlreichen Kirchenmitgliedern mehr und mehr unmöglich, sie in ihr eigenes Glaubensbewusstsein zu integrieren, und haben einen beträchtlichen Anteil am allgemeinen Missbehagen der Glaubenden. In besonderer Weise müssten hier die Inhalte der katholischen Sexual- und Familienlehre unter die Lupe genommen werden.[52]

## Wahrhaftigkeit und Transparenz

Wahrhaftigkeit ist stets gekoppelt an *Transparenz*. Darunter versteht man die Nachvollziehbarkeit von Vorgängen und Vollzügen. Es muss verständlich werden, warum jener Beschluss gefasst, dieses Verfahren eingeleitet, eine Zielsetzung angestrebt wird. Denn erst daraus ergibt sich, ob oder dass die tätige Instanz wahrhaftig ist und tatsächlich sachbezogen handelt. Die katholische Kirche erfreut sich nicht unbedingt immer einer solchen Durchsichtigkeit. Das liegt an sich schon in ihrer hierarchischen Verfassung begründet. Sie generiert eine schwer verständliche Doppelung der obersten Leitung und Lehrkompetenz,

---

52 Dazu unten Kapitel 6.

die wenn nicht widersprüchlich, so jedenfalls dilemmatisch ist. So betont das Zweite Vatikanische Konzil in seiner Kirchenkonstitution einerseits, dass dem Bischofskollegium die oberste Gewalt über die ganze Kirche zukommt, diese jedoch *„nur unter Zustimmung des Bischofs von Rom ausgeübt werden kann"*. Aber auch schon allein besitzt der Papst *„kraft seines Amtes als Stellvertreter Christi und Hirt der ganzen Kirche volle, höchste und universale Gewalt über die ganze Kirche und kann sie immer frei ausüben"*[53]. In der dem Text beigegebenen *„Erläuternden Vorbemerkung" (Nota explicativa praevia)* wird die Lehre an dieser Stelle dahingehend präzisiert:

> *„Der Papst als höchster Hirte der Kirche kann seine Vollmacht jederzeit nach Gutdünken (ad placitum) ausüben, wie es von seinem Amt her gefordert wird."*

Wird dann aber das Bischofskollegium überhaupt noch für die Leitung und Lehre der Kirche substanziell benötigt? Was es leisten kann, kann auch der Papst allein und eigenständig tun. Die Einschränkung der Vorbemerkung *„wie es von seinem Amt her gefordert wird"* ist nur scheinbar. Weil der Papst die Kompetenz der Kompetenz besitzt, mithin selber, unkontrollierbar und niemandem rechenschaftspflichtig feststellen kann, was er können kann, sind seine Entscheidungen ihrer Natur nach intransparent. Wie weit er eine Nachvollziehbarkeit herstellt oder zulässt, bleibt ihm überlassen. Immer gilt: *„Prima Sedes a nemine iudicatur – der Papst kann von niemandem vor Gericht gezogen werden."*[54]

Die vorgestellte Multiplikation der obersten Vollmacht ist nirgendwo offiziell erläutert und einsichtig gemacht worden, obschon in der bisherigen Kirchengeschichte deutlich geworden ist: Sie bewährt sich nicht immer. Die neue und neueste Zeit hat wiederholt gezeigt, dass der Jurisdiktionsprimat segensvoll für die Kirche ist und ganz essenziell zu deren Einheit beiträgt. Dem steht die Wende vom 14. zum 15. Jahrhundert entgegen: Die im „Großen Abendländischen Schisma" heraufbeschworene Autoritätskrise mit drei gleichzeitigen Päpsten, deren Legitimität niemand hieb- und stichfest klarstellen konnte, ließ sich faktisch nur dadurch lösen, dass ein Konzil *ohne Papst* sich versammelte und Höchstgewalt beanspruchte (Konstanz 1415–1418). Es entfernte die bisherigen Prätendenten und wählte aus seiner Mitte Otho

53 *Lumen gentium* 22,2.
54 Can. 1404 CIC/1983.

Colonna/Martin V. zum Bischof von Rom. Auf diesem Akt und seiner kirchlichen Anerkennung beruht die Legitimität aller folgenden Päpste bis zum heute regierenden. Und deren Angst vor jedem weiteren Konzil. Aber wer kann ausschließen, dass derlei Konstellationen sich wiederholen?

Das Fehlen einer einforderbaren Transparenz kirchlicher Entscheidungen und der dadurch unvermeidliche Kratzer an der kirchlichen Wahrhaftigkeit zeigt sich aber nicht nur an der obersten Spitze, sondern auch an untergeordneten Leitungsebenen. An dieser Stelle soll auf die Stellung der wissenschaftlichen Theologie im Gesamtgefüge der Kirche der Blick gerichtet werden. Auch da offenbart sich die Unentschiedenheit der amtlichen Position. In der gängigen Theologischen Erkenntnislehre, die zur besseren Glaubensfeststellung in der Reformationszeit entwickelt wurde, ist die akademische Theologie einer der heute gewöhnlich fünf sogenannten *loci theologici*. An diesen „theologischen Orten“ insgesamt ist, so die These, der christliche Glaube mit Sicherheit auszumachen.[55] Sie hat damit eine eigenständige Aufgabe, die sie im Zusammenklang mit allen anderen Bezeugungsinstanzen zum Wohl der Glaubenserkenntnis einlösen muss. Demzufolge ist sie eine kritische Instanz auch für das kirchliche Lehramt. Doch das ist freilich umgekehrt genauso. Es beansprucht in allen Fragen der Glaubens- und Morallehre das letzte Wort. Denn nach dem Kirchenrecht sind *alle* Gläubigen (also auch die katholischen Theologen) verpflichtet, (1) die kirchlichen Dogmen und (2) alle damit verbundenen Lehrpräzisionen absolut für wahr zu halten sowie (3) *„religiösen Verstandes- und Willensgehorsam“* den Lehren des Lehramtes entgegenzubringen, *„die der Papst oder das Bischofskollegium in Glaubens- oder Sittenfragen verkündigen, wann immer sie ihr authentisches Lehramt ausüben, auch wenn sie diese Lehre nicht definitiv als verpflichtend zu verkündigen beabsichtigen“*[56]. Damit wird jedoch im Prinzip von vornherein jedwede kritische Funktion der wissenschaftlichen Glaubenslehre verunmöglicht. Es gibt somit der Lehre gegenüber lediglich zwei gegensätzliche Positionen: Das Lehramt, dem ausschließlich die Verkündigung zusteht, und der Rest der Christenmenschen, die ihm einschränkungs- und bedingungslos gehorchen müssen.

---

55 Siehe unten Kapitel 10.
56 Cann. 750 §§ 1–2; can. 752/CIC 1983.

Der hier klaffende Widerspruch wird noch dadurch unerträglich verschärft, dass zwar ausdrücklich kirchenrechtlich gesichert sein soll:

> *„Die sich den theologischen Wissenschaften widmen, besitzen die gebührende Freiheit der Forschung und der klugen Meinungsäußerung in den Bereichen, in denen sie über Sachkenntnis verfügen, dabei ist der schuldige Gehorsam gegenüber dem Lehramt der Kirche zu wahren"*[57]

– dass aber in der Wirklichkeit die Forschungs- und Lehrfreiheit ganz und gar nicht gesichert ist. Zunächst stellen wir fest, dass die angebrachte Einschränkung nicht grundsätzlich gegen die Freiheit steht. Die Kirche ist ein „Tendenzbetrieb", der nur aufgrund bestimmter ideologischer Voraussetzungen agieren kann – nicht anders als etwa eine Partei oder ein Sportverein. So wenig jemand einem Fußballclub zugehören kann, der Fußball für sittenwidrig ansieht, so wenig kann einer die kirchliche Lehre vertreten, der nicht an die göttliche Natur Jesu von Nazareth glaubt. Es ist jedoch so, dass im Rahmen und in den Grenzen der Institution sehr unterschiedliche Thesen zu einzelnen Lehrpunkten legitim vertreten werden können. Ganz gewiss ist das dort so, wo die Prämissen der Wissenschaft nicht die physikalischen oder kulturellen Gegebenheiten sind, sondern personale, auf (begründeten) Überzeugungen von Denken und Erfahrung beruhende. Da diese verschieden und verschiedenartig sein können, kann auch ihre wissenschaftliche Darbietung unterschiedlich sein. So hat es auch stets in der Glaubensverkündigung diverse Äußerungen innerhalb der kirchlichen Lehre gegeben, die nicht selten in erbittertem Streit (nur wer *so* glaubt, glaube wirklich) verfochten bzw. zurückgewiesen worden sind (wer *so* glaubt, glaubt nicht wirklich). Freiheit der Wissenschaft bedeutet in diesem Rahmen: Bis zum Erweis des Gegenteils oder der definitiven Entscheidung der Kirche kann die eine wie die andere Auffassung als kirchenkonform gelten. Solches ist in der Theologiegeschichte wieder und wie-

---

57 Can. 218/CIC 1983. Ebenso Johannes Paul II. ausdrücklich bezüglich der Katholischen Universitäten. Die Apostolische Konstitution *Ex corde Ecclesiae* (1990) garantiert den dort Tätigen die volle Beachtung der Gewissensfreiheit (Art. 2, § 4) und erklärt ausdrücklich: *„Eine Katholische Universität besitzt die nötige Autonomie, das ihr eigene Wesen zu entfalten und ihre Aufgabe zu erfüllen. Die Forschungs- und die Lehrfreiheit ist anzuerkennen und zu wahren je nach den Grundsätzen und Methoden einer jeden Disziplin, wenn nur die Rechte der einzelnen Person und die der Gemeinschaft geschützt werden, innerhalb des Anspruchs der Wahrheit und des Gemeinwohls" (Art. 2, § 5).*

der passiert. Im späten Mittelalter stritten sich Dominikaner und Franziskaner um die Tatsächlichkeit der Unbefleckten Empfängnis Mariens. Die ersteren (vertreten von heiligen Theologen wie Bernhard von Clairvaux, Thomas von Aquin, Albertus Magnus und von Päpsten wie Johannes XXIII. und Benedikt XII.) nahmen eine Reinigung der Mutter Gottes nach der Empfängnis an *(Sanctificatio Mariae)*, die anderen platzierten sie im Moment ihrer Empfängnis durch ihre Eltern. Die dogmatisch verbindliche Entscheidung zugunsten der Söhne des hl. Franziskus traf erst Pius IX. im Jahr 1854.

Soweit die Theorie und der Hintergrund hinsichtlich der Stellung und Bedeutung der akademischen Theologie. Und die Praxis? Um sie nachvollziehen zu können, sind einige Kenntnisse des Berufungsverfahrens für Theologieprofessoren erforderlich. In der Regel erstellt die Fakultät, in der ein Lehrstuhl frei geworden ist, eine Dreierliste mit geeigneten Kandidaten bzw. Kandidatinnen. Schon dabei sollte sie sich in vorauseilendem Gehorsam Gedanken machen, ob die kirchlichen Überprüfungseinrichtungen bezüglich des einen bzw. der anderen die Augenbrauen heben wird: erste, inoffizielle Instanz der Kirche. Die Terna geht dem zuständigen Minister zu; der wählt die ihm am geeignetsten erscheinende Persönlichkeit aus und informiert den für die Hochschule kompetenten Bischof unter Zusendung sämtlicher Akten. Kirchliche Kontrollinstanz Nr. 2. Dreht es sich um eine Erstberufung, muss eine Dreier-Kommission, bestehend aus drei Oberhirten, ein Votum anfertigen (sozusagen Instanz 2a). Bis zum Pontifikat von Johannes Paul II. gab nun der Bischof seine Beurteilung ab, und im positiven Fall erging seitens des Ministeriums die Berufung. Seitdem aber hat der Bischof alle anfallenden Akten einschließlich seiner eigenen Qualifizierung und des Dreier-Votums an das vatikanische *Dikasterium für die Kultur und Bildung* zu übersenden. Dort fällt die endgültige Entscheidung nach sorgfältiger Prüfung. Kirchen-Instanz Nr. 3. Im Glücksfall geht das Konvolut an den Bischof, vom Bischof an den Minister, vom Minister an die Fakultät und an eine strahlende Theologenpersönlichkeit: *Nihil obstat!*

Anfang 2024 hat die Theologin Regina Elsner im Portal „Feinschwarz“ dieses Verfahren glasklar beurteilt. Es sei

> *„der Ort, an dem missliebige Theologien aussortiert werden, hochqualifizierte Theolog:innen erpresst werden, Bischöfe ganze theologische Fakultäten an staatlichen Universitäten lahmlegen können, Denunziatio-*

> *nen und Willkür blühen, und ein inniges Netz an aufrichtiger Dankbarkeit, erzwungenen Schuldigkeiten und Abhängigkeiten dafür sorgen, dass niemand darüber spricht."*[58]

Der Tenor einer fast gleichzeitig veröffentlichten Umfrage des Katholischen Fakultätentages zum Thema unter über 200 Angefragten beklagte vehement die Intransparenz und Willkür der Entscheidungen. Vielfach zeigt sich, dass es sich bei den kirchenamtlichen Bewertungen absolut nicht um die Kirchlichkeit der in Frage stehenden Personen handelt, sondern einfach darum, dass die Qualifikanten eine andere theologische Schule vertreten als die Qualifikatoren oder dass diese sie schlicht und einfach nicht mögen – aus einem kirchliche Dinge betreffenden Grund oder auch aus einem sehr persönlichen. Mit Wahrhaftigkeit hat das alles sicherlich nichts zu schaffen. Eher schon mit unverhüllter Macht.[59]

Es geschah 2023/24. An einer deutschen Theologischen Fakultät werden mit einem Male sechs von vierzehn Lehrstühlen vakant: Berufungen, Emeritierungen sind der Grund. Die Berufungsausschüsse sind erfolgreich, aber sie setzen auf die Listen nur Laien. Sie allein erfüllen ihrer Ansicht nach alle Voraussetzungen. Der Bischof allerdings will ausschließlich Priester, also lehnt er ab, wen das Ministerium ihm zur Kenntnis bringt. Und sendet die Unterlagen nicht weiter an das vatikanische Dikasterium. Die Existenz des Lehrbetriebs, der Fakultät, die Ausbildung der Studierenden selber ist akut bedroht. Der Bischof kann sich für sein Vorgehen rein formal auf die vatikanische *Ratio fundamentalis institutionis sacerdotalis* von 1958 berufen, die sagt: *„Pro disciplinis sacris Professores sint communiter sacerdotes."*[60] Das ist allerdings keine Vorschrift, sondern ein Wunsch. Er ist wohl begründbar. Es ist sicher angemessen und hilfreich, wenn bei der Priesterausbildung in allen Fächern auch Geweihte mitwirken. Es ist aber nicht unbedingt

58 Hier zitiert nach St. Orth, Nichts spricht dagegen. Die Nihil-Obstat-Vergabe an Theologinnen und Theologen sorgt weiterhin für Unruhe: HK 78 (2024), 3/März 2024, 7. Vgl. im selben Heft Th. Schüller, Hausaufgaben für alle: Ein kirchenrechtlicher Blick auf Berufungsverfahren und das Nihil obstat, 31–33.

59 Vgl. auch die überzeugende Argumentation bei N. Katsuba – G. Werner – M. Zimmer, Die Befürchtungsschere. Fakten zum Nihil-Obstat-Verfahren: Herder-Korrespondenz Spezial, Theologie. Warum das Fach Zukunft hat, April 2024, 14–16.

60 Nr. 33,1.

erforderlich und vor allem heute gar nicht durchführbar: Es hat sich doch wohl herumgesprochen, dass es Priester überhaupt kaum mehr gibt. Und nicht jeder Kandidat (seine Lust auf „Uni lebenslänglich" einmal angenommen) hat auch automatisch Professorenqualitäten. Vor allem aber ist nicht auszumachen, welche zusätzliche Qualität zur theologischen Kompetenz das Ordo-Sakrament geben oder wie die Wissenschaftsfreiheit dadurch gefördert werden kann. Ersetzt das Sakrament – Hand aufs Herz – schlechte oder mäßige wissenschaftliche Befähigung? Begründen verpflichtete zu Dank!

Da ist noch etwas. Wenn man sich unbewaffneten Auges die Fakten anschaut; müssten im Vatikan eigentlich alle Alarmglocken erschallen, wenn sich ein Priester einem Lehrstuhl nähert. Der Kirche kommt es berechtigterweise auf den Schutz und die Verteidigung ihrer Lehre an. Die Geschichte zeigt unwiderleglich: Alle einigermaßen bedeutenden Häresien sind durch Geweihte vom Zaun gebrochen worden, die bedeutendsten (im kirchlichen Altertum) von Hochgeweihten, von Bischöfen.[61] Auch die Apostolische Sukzession, in welcher sie gewöhnlich unbestritten standen, war kein Schutz.

Dieses Kapitel ließe sich schier endlos ausweiten. Es könnte auch mit ganz persönlichen Erlebnissen angereichert werden. Sie würden nur weiter belegen, wie die fundamentale Tugend der Wahrhaftigkeit häufig mit Füßen getreten wird. Über die Folgen kann man sich nur bei grenzenloser Naivität noch wundern.

61 So wie zu sehen ist, gab es unter den Bestreitern der großkirchlichen Trinitätstheologie und Christologie nur einen einzigen Nichtbischof, den alexandrinischen Presbyter Arius. Einen dem Laienstand zugehörigen Ketzer von Rang und Namen gibt es höchst selten – man kann an Petrus Waldes im Mittelalter denken, nach welchem die Waldenser benannt sind.

# 4

# ALLEN ALLES

## Katholizität

Das Kirchenbild, welches unbestritten das ganze 19. und sehr umstritten das 20. Jahrhundert und vielfach noch im laufenden Saeculum beherrschend ist, lässt sich ziemlich mühelos veranschaulichen – im Wortsinne.[62] Wir verdanken es einem zeitgenössischen unbekannten italienischen Künstler. Man schreibt den 18. Juli 1870, den Tag, an welchem das Erste Vatikanische Konzil die Unfehlbarkeit des römischen Papstes zum Dogma erklärte. Unser Blick fällt auf einen Teil des nördlichen (rechten) Querschiffs der Vatikanischen Basilika. Dutzende mitra-gezierter Bischöfe, die Konzilssekretäre und – auf einer Empore – nicht näher identifizierbare Gestalten, wohl die geistlichen und weltlichen Begleiter der Episkopen. Ganz rechts in der Apsis der päpstliche Thron mit Baldachin. Der Blick fällt aber erst einmal nach oben. Das Dach von St. Peter scheint geöffnet. Der Betrachter sieht oben im Himmel Christus den Auferstandenen (mit bloßem Oberkörper, um die Wundmale sehen zu lassen). Er breitet segnend die Hände aus und ist umgeben von den Zwölf Aposteln, Maria und Paulus, die ihm huldigen. Der Herr steht auf dem Globus. Unterhalb seiner Füße schickt sich die Taube des Heiligen Geistes an, auf einem goldenen Strahl wie auf einer Rutschbahn nach unten zu fahren, direkt zu Pius IX. auf dem Thron. Durch diesen Strahl wird das ganze Gemälde in helles Licht gesetzt, d. h. genau genommen nur die Bischöfe. Die Empore liegt in tiefem Schatten.

### Kirchenbilder

Die Botschaft ist denkbar eindeutig, knapp und präzise: *Der Papst ist die Kirche.* Deren Herr in der Glorie und deren von ihm gesandter

---

62 Abb. 3, S. 156.

Gottesgeist sind ganz und gar auf ihren Vikar auf Erden ausgerichtet. Ihr Wirken bezieht sich unmittelbar ausschließlich auf ihn. Je totaler und je näher andere Getaufte auf den Papst orientiert sind, um so größeren Anteil empfangen sie aus den Schätzen der Gnade und den Worten der Lehre. Aus sich selber haben sie daran nicht den mindesten Anteil.

Uns mag die Aussage unschwer einsichtig sein. Doch für einen Christen oder eine Christin des dritten oder vierten Jahrhunderts, auch für einen Papst dieser Zeit wäre das Gemälde ziemlich unverständlich geblieben. Wie sah *sein* Kirchenbild aus? Schauen wir uns die Schriften des noch ganz jungen Neuen Testamentes an. Die Kirchengemeinschaft hatte sich inzwischen ausgebildet. Seit Leo d. Gr. klärt sich auch die hohe und einzigartige Bedeutung des Papstes als des Vikars des Apostelfürsten Petrus. Gleichwohl ist es die absolute Überzeugung aller, dass ihre Zusammengehörigkeit, ihre Gliederung und ihre Aufgabe einzig und allein in der von ihnen allen empfangenen Taufe begründet ist. Das Kurzwort lautet im Griechischen *laós*, Volk. Im Profangebrauch versteht man darunter einfach eine Menschenmenge, aber oft im Blick auf eine sie verbindende Gemeinsamkeit. Die neue Religion Christi übersetzt damit das hebräische Wort *am*. Das heißt auch *Volk*, aber wird[63] lediglich auf ein einziges Volk bezogen, auf das heilige Bundesvolk Jahwes. *Laós* wird gleichsam zum *Singulare tantum*: Es kann nur mehr auf DAS VOLK bezogen werden. Es ist zum religiösen Wort geworden.[64] Obschon das Neue Testament auch die gemeingriechische Bedeutung kennt, kristallisiert sich als theologisch bedeutsam der alttestamentliche Sinn heraus. *Laós* ist das von Christus zusammengerufene, am Kreuz erlöste neue Gottesvolk, eine Gnadeninitiative Gottes. Im Unterschied dazu werden die Völker im politischen Sinne *éthne* (Singular *ethos*) geheißen. Die Kirche ist nun nicht mehr ein beliebiges Volk, sie ist auch nicht mehr begrenzt auf die „Ethnie" Juden/Israeliten, sondern sie versteht sich als Volk *(laós)* aus allen Völkern *(éthne)*. Jeder der zur Kirche gehört und nur, wer dies tut, ist laikós, Volksmitglied. Christ-Sein und Laie-Sein ist dasselbe – und wer kein Laie ist, kann den Christennamen nicht

63 In der Septuaginta, der seinerzeitig verbindlichen griechischen Übersetzung unseres Ersten (oder Alten) Testamentes.

64 Nur an ganz wenigen alttestamentlichen Stellen (z. B. Ex 19,24; Jer 26,7) sind „die Leute" im Unterschied zu den Führungspersönlichkeiten (Priestern) gemeint – aus diesen Ausnahmen hat sich dann der spätere Wortsinn entwickelt.

führen. Sein Charakteristikum ist die Anteilhabe aller an allen Gaben, mit denen der Herr seine Gemeinde auszeichnet. Alle Getauften sind Kinder Gottes, ein heiliges Volk, eine erwählte Priesterschaft, ein heiliger Stamm, ein königliches Volk (vgl. 1 Petr 2,9; Offb 18,4; 21,3). Es gibt natürlich Unterschiede bei den Mitgliedern, aber sie liegen jenseits der Eigenschaften, die das Kirche-Sein ausmachen. In klassischer Weise spricht es Paulus im Galaterbrief aus:

> *„Alle seid ihr durch den Glauben Söhne Gottes in Christus Jesus. Denn ihr alle, die ihr auf Christus getauft seid, habt Christus angezogen. Es gibt nicht mehr Juden und Griechen, nicht Sklaven und Freie, nicht männlich und weiblich; denn ihr alle seid einer in Christus Jesus" (Gal 3,26–28).*

Besonders beachtenswert ist das Binar „männlich/weiblich". Die beiden anderen beziehen sich substantivisch auf äußere, soziologische Besonderheiten – den Stand, die Herkunft. Hier aber geht es um die innerste anthropologische Befindlichkeit des konkreten Menschen, also nicht bloß um seine biologische Unterschiedlichkeit, sondern um alles und jedes, was die menschliche Persönlichkeit aufgrund der Sexualdifferenz besondert. Der Apostel spezifiziert nicht. Er entwirft keine Geschlechteranthropologie. Die kann aussehen wie sie mag – sie ist unter dem Aspekt der Taufe und aller ihrer Folgen völlig unerheblich. Dies zu betonen, ist im Blick auf die Diskussionen um die Stellung der Frau in der Kirche von großem Belang. Die Differenzen zum anderen Geschlecht mögen so groß, so tief, so unüberbrückbar sein wie sie mögen, eben „männlich" oder „weiblich" – ekklesiologisch sind sie belanglos. Alle sind als Mitglieder des „Volkes" *(laós)* mit allem, was sie wie auch immer ausmacht, „Laien" *(laikoí)* gleicher Würde, gleichen Ranges, gleicher Reich-Gottes-Fähigkeit.

Damit fällt eine Bezeichnung dahin, die für die Religionen (auch die jüdische) gemeinhin eine wichtige Rolle spielt – die Unterscheidung zwischen heilig und profan. Das Heilige ist synonym mit dem Göttlichen. Denn nur Er, nur er allein ist heilig – dreimal heilig, heißt es in der Bibel (Jes 6,3). Und alles, was zu ihm gehört. Das kann auch ein Volk sein, das dadurch von allen anderen Völkern unterschieden ist. Diese anderen befinden sich *„vor dem Heiligtum Gottes"* – lateinisch *pro fano*. Sie haben mit Gott nichts zu tun. Die christliche Religion weist auf einen verhängnisvollen Denkfehler hin: Wenn und weil Gott Schöpfer, Herr und Erhalter aller geschaffenen Dinge ist und weil außerhalb der

Schöpfung nichts existiert außer eben Gott, darum haben alle Dinge ausnahmslos an der schöpfungsvermittelten Heiligkeit Gottes einen Wesensanteil. Das bedeutet gerade nicht, dass alles gleich ist. Die Freude der Schöpfung, die Lust, welche sie bereiten kann, ist gerade durch die sie kennzeichnende Vielfalt und Vielgestaltigkeit bedingt. Sie beweist gerade dadurch ihre göttliche Abkünftigkeit, denn auch der Herr ist unendlich reich und ewig unergründlich und in seiner naturalen Einheit personale Vielheit („Trinität"). So gibt es absolut nichts in der Schöpfung, das nicht aus der einen und gleichen Wurzel hervorgegangen ist: dem „bunten Gott". Darin nun aber besteht auch der Grund ihrer Einheit an Wert und Würde. Was aber für die Welt insgesamt zutrifft, sollte nicht für die Kirche gelten, die doch in hervorragender Weise Gottes Werk ist?

Die Antwort hat schon Paulus in dem aus der römischen Staatsphilosophie stammenden Bild vom Gemeinwesen als Leib verständlich und eindrucksvoll gegeben.[65] Der Körper des Menschen besteht aus zahlreichen Gliedern und Organen. Jedes einzelne ist verschieden in Aussehen und vor allem Zweck, keines kann durch ein anderes vollwertig ersetzt werden, jedes ist für den Organismus und sein Funktionieren notwendig. Ein unversehrter und schöner Leib existiert nur mit und in und durch die einzelnen Bestandteile. Damit aber besitzen sie jedes für sich und alle mitsammen eine unvergleichliche Bedeutung, Würde und Sinnhaftigkeit. Sie werden nicht hinreichend konstituiert durch je sich selber, sondern erst als Organe eines Ganzen. So steht es auch mit dem Volk Gottes. Nach Paulus werden die Differenzen durch die verschiedenen Gnadengaben oder Charismen konstituiert, die einer hat – im Singular oder (wie beim Apostel selber) im Plural. Das Charisma versteht sich als eine von Gottes Heiligem Geist für die Gesamtgemeinde verliehene Befähigung. Charismen sind prinzipiell untereinander gleich strukturiert und gleich gewichtig für die Gemeinschaft, auch wenn sie je und je gerade als dieses Charisma wichtig und notwendig sind. Dennoch gibt es so etwas wie eine „charismatische Struktur". Es gibt die „höheren Gnadengaben". Genau genommen ist es nur eine: die Liebe! Aber die ist das Fundament und die Legitimation aller anderen (vgl. 1 Kor 12,31b–13,13).

65 Vgl. vor allem 1 Kor 12,1–28.

Wir stehen mitten im Thema dieses Kapitels: Katholizität als essenzieller Form-Ausdruck der Kirche. Halten wir uns die beiden Kirchenbilder vor Augen, die wir nach der Ekklesiologie des Ersten Vatikanischen Konzils und nach jener der Schrift zu entwerfen hatten, wird auch schlagartig klar: 1870 ist die Kirche außer Form geraten! Dass die Kirche *catholica* sei, steht in den beiden universalen Glaubensbekenntnissen und hat theologisch die Qualität einer Wesensaussage. So wie die Kirche bei nachhaltigem Verlust ihrer Einheit, ihrer Heiligkeit oder ihrer Apostolizität aufhörte, sie selber, also Volk Gottes, Kirche Christi, Tempel des Gottesgeistes zu sein, so verlöre sie ihre Ekklesialität in dem Moment, wo sie die Katholizität preisgibt. Wo eines dieser vier Attribute nur noch im Modus der Defizienz realisiert wäre, wäre sie verwundet. Sie hätte ihre Integrität verloren.

Das griechische Adjektiv *katholikós* leitet sich vom adverbialen *kath' holou* her: dem Ganzen gemäß.[66] So kann etwa eine *„katholiké historía"* mit „Weltgeschichte" übersetzt werden: Sie handelt nicht nur von der Vergangenheit eines einzelnen Volkes oder Kontinents, sondern jener der ganzen Erde. Eine *„katholische Wassersucht"* hat nicht bloß die Beine, sondern den ganzen Körper ergriffen.

Theologisch sind zwei Wirklichkeiten gemeint, die in der Catholica ineinander aufgehen. Zunächst ist die Ganzheit die Fülle aller irdischen Wirklichkeiten, die darin übereinkommen, dass sie alle je und völlig von Gott geschaffen worden sind. Katholisch meint in dieser Bedeutung *die Fülle der Schöpfungswirklichkeit.* Sodann ist die Fülle des Göttlichen bezeichnet, wie sie in sich in der Trinität konkretisiert, wie sie sich aber auch der geschaffenen Welt zuwendet als Fülle der Gnade. Sie ist nichts anderes als genau dieses: Gott in seiner Totalität, also auch als Schöpfer, wendet sich der Schöpfung zu und erfüllt sie mit seinem Leben: Gnade ist *Gott in der Welt.* Diese wird daher ganz und gar von Gott, wie er ist, erfüllt. Katholizität lässt sich somit kurz beschreiben als *die Fülle der Gottesgnade für die Fülle der Schöpfung.* Ekklesiologisch gewendet besagt sie, dass beide Wirklichkeiten in der Glaubensgemeinschaft zusammentreffen – begegnend, einander vermittelnd und sich so in der Geschichte realisierend. Die Katholizität der Kirche entlässt in diesem Sinn die Einheit und Gemeinschaftlichkeit („alle")

66 *Holos* steckt auch im englischen *whole = ganz* und in der Redewendung *heilfroh = ganz froh.*

ebenso wie die Heiligkeit („Gnade“) der Glaubensgemeinschaft aus sich, die in der Lebensform des Apostolischen („Einheit in der Geschichte“) existieren.

## Von der paulinischen Leib-Christi-Ekklesiologie zur Dichotomie von Klerus und Laien

Die primäre und folgenreichste Beeinträchtigung der kirchlichen Katholizität war der Verlust der originalen paulinischen Leib-Christi-Ekklesiologie. Für den Apostel ist der Leib der Kirche an erster Stelle eine Einheit und Ganzheit aus Personen, die hinsichtlich ihrer geschöpflichen („Kinder Gottes“) wie sakramentalen (Taufe) Würde gleichen Ranges und Rechtes, gleichen Wertes und gleicher Würde sind. Wie jede organisierte und sozial geordnete Gemeinschaft aus Menschen ist also Kirche notwendig gegliedert – gerade so wie ein Leib: Wie dort das Auge eine andere Aufgabe hat als der Magen oder die Beine, aber alle Organe dem ganzen Körper zu dessen Integrität dienen und mithin auch für einander gleichermaßen und gleicherweise vital wichtig sind, so existieren verschiedene Aufgaben oder Ämter[67] in der Glaubensgemeinde, doch diese Unterschiedenheit verursacht keine Hierarchie, sondern lediglich das Funktionieren des institutionellen Organismus. Mit anderen (traditionell gern verwendeten) Begriffen: Es muss Amtsträger geben, sie müssen auch Autorität besitzen (sonst sind sie wirkunfähig) – aber sie unterscheiden sich nicht auf der Ebene des Seins („ontologisch“), sondern der Funktionen. Die fundamentale, essenzielle Gleichheit (wenn man will: ihr Laientum!) wird nicht beeinträchtigt.

Für die frühe Kirche sind das Selbstverständlichkeiten. In ihrer Welt gibt es christlich gesehen nur eine einzige „rote Linie“. Sie wird mit der Taufe gezogen. Der getaufte Mensch wird aus den Völkern *(éthne)* ins Gottesvolk *(laós)* hineingenommen: Er ist dadurch *laikós* und so gibt es nur mehr Laien = Christenmenschen und Nicht-Laien = „Heiden“. Alle

67 Unter *Amt* versteht man gemeinhin eine mit Würde und Verantwortung verbundene offizielle, grundsätzlich auf Dauer angelegte und alimentierte Aufgabe bzw. einen Aufgabenkomplex in einem Sozialgefüge. Etymologisch hängt das Wort mit dem gallolateinischen *amb(i)aktos* zusammen, welches einen Diener oder Gefolgsmann bezeichnet. Demnach kann man nicht von einem „Dienstamt“ reden, das wäre ein weißer Schimmel, aber auch nicht vom „Ehrenamt“ – dem eignet in sich normalerweise keine Dauer; es wird auch nicht besoldet.

Laien aber sind gleich, wenn auch nicht mit gleichen Aufgaben betraut. Die richten sich nach den Charismen, die der fragliche Christ und die gemeinte Christin besitzen. So kann es binnenkirchlich so wenig einen sinnvollen Sammelbegriff für die nicht leitenden Christenmenschen geben wie für die leitenden Amtsträger, die nun auftreten. „Laien" sind, wie gesagt, alle Getauften; sie können auch *kleros* genannt werden, also „alle, die einen Losanteil für das Gleiche" bekommen haben (1 Petr 5,3).[68]

Das ändert sich spätestens im 4. Jahrhundert, d. h. mit der Einbeziehung der Kirche ins römische Reichsgefüge durch Kaiser Konstantin I.[69] Die Bischöfe werden nun Reichsbeamte, deren Chef der Kaiser ist. Er steht konsequenterweise den (bischöflichen) Ökumenischen Konzilien des ersten Jahrtausends vor, er erhebt deren Dekrete zu Reichsgesetzen – er ist nach seinem Verständnis „der Bischof der äußeren Angelegenheiten". Darin waren auch die „inneren" eingeschlossen.[70] Denn dem Herrscher lag eigentlich gar nichts an christologischen oder trinitätstheologischen Subtilitäten. Doch weil diese Unruhen und Spaltungen im Imperium veranlassten, musste er in Wahrung seiner kaiserlichen Pflicht für Ruhe und Ordnung sorgen. Die Eigenständigkeit der kirchlichen Ordnung ist dahin. Vielleicht genauer: Sie wird eine ganz andere.

Man übertreibt kaum, wenn man diese Wendung der Dinge als eine Kehre der bisherigen Ekklesiologie um 180 Grad deutet. Fast automatisch gleichen sich die Leiter der Kirchen den staatlichen Leitungspersönlichkeiten an: in der Kleidung, im Zeremoniell, in der Lebensform, in der praktischen Machtausübung. Die entscheidende „rote Linie" in

68 Klerus heißt das Los, das auf jemanden fällt und ihm Anteil an einer Realität schenkt. In den kirchlichen Sprachgebrauch kam es vielleicht durch Apg 1,17. Es geht um den Ersatz des Judas im Zwölferkreis. Petrus sagt von diesem: „Er wurde zu uns gezählt und hatte Anteil am gleichen Dienst *(kleron tous diakonias)*.

69 Erste Ansätze für die Unterscheidungsbedeutung bei Tertullian († nach 220). Aber noch sind bei ihm auch die Laien Priester – Kirche ist schon, wo es drei Gläubige gibt (De exhort. cast. 7): *„Sind nicht auch wir Laien Priester? … Das, was den Unterschied zwischen der Hierarchie (ordo) und dem Volk (plebs) ausmacht, sind die Autorität der Kirche und der Vorsitz in den Versammlungen. Da wo der Klerus nicht zugegen ist, opferst du, taufst du, bist du dein eigener Priester. Denn da, wo es drei (Gläubige) gibt, da ist die Kirche."*

70 Eusebius von Cäsarea, Vita Constantini 24: Der Kaiser zu den Bischöfen: *„Ihr seid von Gott zu Bischöfen dessen erwählt, was innerhalb des Bereiches der Kirche liegt, ich aber zum Bischof dessen, was außerhalb desselben liegt"*. Eusebius kommentiert: *„Entsprechend diesem Wort war auch seine Gesinnung: er war allen seinen Untergebenen gleichsam Bischof und trieb sie an, soweit es nur in seiner Macht stand, einem Gott wohlgefälligen Leben nachzustreben."*

der Kirche war nicht mehr die Taufe: diesseits die Kirchenangehörigen, der heilige *laós* aus den *laikoí*, alle gleicher Würde und gleichen Rechts – jenseits das *Nicht-Volk*, die *Heiden*. Jetzt lief die Linie mitten durch die Kirchengemeinschaft selber. Sie wird konstitutiert durch die Weihe *(sacramentum ordinis)*: diesseits der Klerus mit eigenen Privilegien, Befugnissen, Sanktionierungsmöglichkeiten – jenseits die ungeweihten Leute, sprich: die Laien oder auch die minder Wertigen. Weil die Geistlichen in der Regel auch eine umfassende Bildung besaßen, die Laien aber nur ausnahmsweise (noch „ausnahmsweiser" die weiblichen[71]) sich eine solche aneignen konnten, wurde „Laie" ein Gleichwort für *ungebildet, roh, unwissend, ungeschickt*. Auf der untersten Sprosse waren da die „blutigen Laien".

Es liegt auf der Hand, dass es aus der ekklesialen Perspektive heraus zu einer steten Abwertung der Nicht-Kleriker bei gleichzeitiger Erhöhung der Geistlichen kommen musste. Den absoluten Gipfel sehen wir im berüchtigten *Dictatus Papae* Gregors VII. (1075): Der Papst hat die absolute Jurisdiktion über die Bischöfe, er ist der eigentliche Kaiser, der nunmehr das Inbild des Laien, sozusagen der blutigste von ihnen, wird. Der Papst ist als Papst auch *„heilig durch die Verdienste des heiligen Petrus"*[72].

Es ist an dieser Stelle nicht möglich, der Wende und ihren Folgen im Detail nachzugehen. Es genügt, den berühmten Passus aus dem *Decretum Gratiani*[73] „Sunt duo genera christianorum" anzuführen, der über Jahrhunderte unbestritten in Geltung war:

---

71 Bildungsbeflissene Mädchen und Frauen sahen sich gezwungen, dieserhalb Nonnen zu werden. Nur im Kloster hatten sie den zeitmöglichen Zugang zur Kultur in allen Formen. Viele bedeutende Frauen haben ihn genutzt: Hrotswith von Gandersheim, Hildegard von Bingen, Gertrud von Helfta sind die bekanntesten. Zwar waren Klosterfrauen kirchenrechtlich Laienpersonen, doch irgendwie wurden und werden sie immer noch als geistliche Menschen angesehen. Sie rechnen gewissermaßen auch zu den Klerikerinnen. Zu Zeiten hatten sie Jurisdiktion über Männer, so die mächtige Äbtissin von Fontevraud nahe von Nantes.

72 Dictatus Papae 3, 8, 9, 12, 17, 23 (Bearb. v. P. Neuner, tzt/Dogmatik, Ekklesiologie I, Graz – Wien – Köln 1994, Nr. 72, S. 99 f. – Zum letzten Punkt: Die Zahl der kanonisierten römischen Bischöfe nimmt in der Gegenwart signifikant zu: Seit 1900 sind von den zehn seitdem verblichenen Päpsten fünf zur Ehre der Altäre erhoben (Pius X., Johannes XXIII., Paul VI., Johannes Paul I., Johannes Paul II.). Aus politischen Gründen wird dies vorerst Pius XII. verweigert, obwohl der Prozess positiv abgeschlossen worden ist.

73 Wir kennen die Lebensdaten des Verfassers nicht; er ist um 1140 jedenfalls greifbar.

> *„Es gibt zwei Arten von Christen. Die eine Art aber ist die, der es zukommt, dem göttlichen Dienst verpflichtet und hingegeben der Kontemplation und dem Gebet, sich von allem Getöse der zeitlichen Dinge fern zu halten, nämlich die Kleriker und die Gott durch Gelübde Geweihten bzw. die Konversen. Kleros bedeutet nämlich im Griechischen so viel wie lateinisch Los. Von daher werden derartige Menschen Kleriker genannt, d. h. durch das Los Erwählte. … Diese sind Herrscher (reges), d. h. solche, die über sich und andere in Tugend herrschen (regentes), und so in Gott Herrschaft (regnum) haben. …*
> *Es gibt aber die andere Art der Christen, nämlich die Laien. Laós nämlich heißt Volk. Diesen ist es erlaubt, Zeitliches zu besitzen, aber nur zum Gebrauch; denn nichts ist erbärmlicher als um des Geldes willen Gott zu verachten. Diesen ist eingeräumt zu heiraten (concessum est uxorem ducere), die Erde zu bebauen, untereinander Richter zu sein, Prozesse zu führen, Opfergaben auf die Altäre zu legen, den Zehnten zu bezahlen und so können sie auch zum Heil kommen (salvari poterunt), wenn sie die Laster durch Gutes tun meiden.“*[74]

Das klingt fromm und gesittet. Aber spätestens die kirchengeschichtlichen Tatsachen zeigen das reine Gegenteil. Eine bis in die tiefsten Tiefen reichende Spaltung durchzieht nun die Christenheit. Der eine Teil hat alle nur denkbare Macht und Herrschaft über den anderen, der jenem in keiner Hinsicht wirklich gleichwertig ist. Laien sind Konzessionschristen, denen die Kleriker freundlicherweise einige Dinge erlauben *(licet, concessum est)* – sogar das Vergnügen, Steuern zu zahlen. Das alles ist nicht zufällig so geworden, vielmehr wird der Unterschied ontologisiert: Gott hat einen Wesensunterschied gesetzt. In Wahrheit zeigt sich nur die Logik einer jeden Macht. Im Mittelalter und der frühen Neuzeit zum Beispiel stehen sich immer wieder die großen europäischen Mächte feindlich gegenüber. Es geht um die Vorherrschaft auf dem Kontinent (und mehr und mehr auch in den inzwischen eroberten Kolonien). Zu den entscheidenden Mitspielern gehört der Herr des „Patrimonium Petri“, des auf einer Fälschung beruhenden Kirchenstaates. Der Papst benimmt sich nicht ein Quäntchen anders als die Könige von Neapel oder Frankreich oder Spanien – und natürlich geht es immer auch um den Vorrangstreit Imperium – Sacerdotium, Kaiser des Hl. Römischen Reiches – Bischof der Ewigen Stadt Rom. Der

74 Decretum Gratiani 12,1,7.

hat immerhin eine Waffe, die die anderen nicht besitzen; und er macht regen Gebrauch davon: Kirchenbann und Interdikt. Es ist, davon einmal abgesehen, genau wie heute. Am Ende der Entwicklung steht dann die Papsttheologie des Ersten Vatikanischen Konzils, wie sie das erwähnte Gemälde (S. 156) veranschaulicht. Die „rote Linie" trennt nunmehr diesseits den einzigen römischen Bischof von jenseits dem Rest der Getauften. Wenn es ums Ganze geht, haben die Bischöfe auch nicht mehr zu sagen als die anderen Christenmenschen.[75]

Doch so bleibt es nicht lange. Die Konzentration auf den Primat wächst. Ihren Höhepunkt erreicht sie ausgerechnet nach dem Zweiten Vatikanischen Konzil, das ihr eigentlich wehren wollte. Es ließ sich nicht mehr verhehlen, dass sein Vorgänger 1870 der Kirchenverfassung nicht gerecht geworden war: Zu dieser gehören seit eh und je die Bischöfe. Die aber hatte man ausgeblendet, vergessen oder in ihrer konstitutionellen Bedeutung einfach nicht mehr wahrgenommen. Vielleicht war auch der jähe Abbruch der Kirchenversammlung Schuld, durch welchen die vorbereitete Kirchenkonstitution nicht mehr diskutiert werden konnte. Das wollte man ausdrücklich 1962 nachholen. Wie schon gezeigt, ist das aber nicht recht gelungen. In der Folge bemühten sich die Päpste mehr oder weniger kräftig darum, eventuelle Folgen einer Mehrung der Episkopalstrukturen wieder auszulöschen. Allerdings erhob sich jetzt erstmals der dezidierte Protest der Gläubigen. Ehedem gab es viele bewegliche Kinderspielzeuge, die dann in Bewegung kamen, wenn man mit einem Schlüssel die Feder im Inneren spannte. Die Kinder wurden regelmäßig gewarnt: Wenn ihr zu sehr aufzieht, wird die Feder überspannt. Dann könnt ihr sicher stundenlang den Schlüssel betätigen – es bewegt sich nichts mehr. Der Antrieb ist überdehnt.

## Klerikalisierung und Kirchenkrise

Das geschah jetzt in der Kirche. Es begann mit der Enzyklika Pauls VI. *Humanae vitae* (1968). Die von ihm einzig erlaubte Methode der Empfängnisregelung erwies sich als nicht mit einem christlichen Eheleben ohne Weiteres vereinbar, als widersprüchlich, nicht humanwissen-

75 Vgl. S. 43 f.

schaftlich gedeckt. Der Papst hatte das Thema aufgezogen, aber überspannt. Das Dokument setzte sich nicht durch, obschon Paul VI. und seine Nachfolger mit harten Sanktionen drohten.[76] Aber auch noch so deutliche Drohungen (vor allem im langen Pontifikat Johannes Pauls II., der einer der Erstautoren der Enzyklika gewesen war), gingen ins Wasser. Hand in Hand damit zeigte sich mit einem Mal, befördert noch durch andere Ereignisse, ein immenser, noch nie dagewesener Autoritäts- und Vertrauensverlust der Kirche. Wir sind noch mitten darin.

Man kann die zweifelhafte Bedeutung der Dichotomie Klerus – Laien auch sehr kurz veranschaulichen. Nach can. 290/CIC 1983 ist die Höchststrafe für einen Kleriker der Verlust des klerikalen Standes. Und dann? Das Rechtsbuch von 1917 sprach noch ausdrücklich von einer *„reductio in statum laicalem"* – das hat der neue Codex ausdrücklich vermieden, aber im Ostkirchenrecht steht es noch da: Der entlassene Kleriker ist einem Laien gleichgestellt *(aequiparatur)*.[77] Das schlimmste, das einem Geistlichen passieren kann, ist Laie sein!

Die Klerikalisierung des Volkes Gottes kann als Hauptgrund der Kirchenkrise ausgemacht werden. Sie besteht in der Implantierung eines Spaltpilzes, der die Tendenz hat, die Einheit der Kirche, ebenso wie die Katholizität eine Wesenseigenschaft der Kirche, zu zerstören. Es wird klar: Beide Begriffe sind zueinander komplementär. Von der Einheit eines Dings kann man erst sprechen, wenn dieses als Vielheit existiert. Wo diese nicht gegeben ist, gibt es allenfalls Einförmigkeit. So ist ein Goldbarren ein in sich ununterscheidbares gleichförmiges Stück Gold. Zu Geld wird er erst durch die Ausprägung vieler in sich unterschiedener Münzen. Diese Tatsache wird in der Kirche übersehen, wenn zwar häufig und Einheit beschwörend von der *Weltkirche* schwadroniert wird, darunter aber eine einförmige Institution begriffen wird, in der alles und jedes überall und immer dasselbe ist. Als in der zweiten Hälfte des 20. Jahrhunderts leidenschaftlich über die Einführung der Volkssprache als Liturgiesprache diskutiert wurde, führten die Gegner des Vorhabens an, in der Weltkirche dürfe es nur eine einzige Sprache im Gottesdienst geben. So fühle man sich auf dem ganzen Globus zu Hause: Ob im afrikanischen Busch oder

76 Das Ja zur Enzyklika war Voraussetzung für eine Ernennung zum Bischof oder auch zum Theologieprofessor durch den Vatikan.

77 Can 1433 §2/CCEO.

beim Papsthochamt in St. Peter zu Rom – da wie dort könne man die Messe „verstehen". Richtig war: Weder dort noch da verstand man als Nichtlateiner ein einziges Wort. Die Einheit war die Symphonie des Nichtverstehens. Man kann auch sagen: Die Grenzlinie bei der Feier der Liturgie lag nicht zwischen den Gläubigen (denen deutscher und denen papua-neuguineischer Zunge), sondern der tätigen Teilnahme und des passiven „Hörens" – und nur das verlangte ja das Kirchenrecht.

Da wird übersehen, dass im Wort *Welt* die Vielheit wesentlich enthalten ist. Welt ist bunt, hatten wir bemerkt. In ihr gibt es, jetzt nur anthropologisch betrachtet, Menschen unterschiedlichen Pigments, verschiedener Kulturen (von den Sprachen handelten wir gerade), Riten, Initiationsvollzüge, Denkformen, Weisen der Gottesverehrung und so weiter, und so weiter. Wenn die Kirche als Heilssakrament wirken soll, muss sie sich in alles dieses einfügen, es aufgreifen und in diesem Amalgam Gottes Gemeinschaft finden, auf den alles dieses letzten Endes zurückgeht. Wo immer also Katholizität gegeben ist, dort ereignet sich die Leben schaffende Beziehung zwischen Gott und seinen Geschöpfen. Dort geschieht Kirche.

Wie wenig in der Realität davon verwirklicht ist, zeigt die wahrhaft ironische Tatsache, dass gerade unter Berufung auf Wesenseigenschaften der christlichen Kirche deren Spaltung benannt wird. In jeder irgendwie christlichen Ekklesiologie steht, dass für die Glaubensgemeinschaft wichtig ist, die essenzielle Katholizität der Kirche zu leben, das Evangelium zu halten und den rechten Glauben (die Orthodoxie) zu wahren. Kirchenmitglied zu sein, bedeutet also katholisch, evangelisch und orthodox zu sein, der einen katholischen, evangelischen und orthodoxen Kirche zuzugehören. In unserem Sprachgebrauch sind alle diese Wesens*merkmale* zu Wesens*unterschieden* einzelner Kirchen geworden: Es gibt u. a. die Katholische, die Evangelische und die Orthodoxe Kirche als drei Institutionen, die sich durch ihre Bezeichnung gegenseitig ausschließen bis hin zur Leugnung der Kirchlichkeit der anderen schlechthin. Wobei das auch wieder nicht so ganz stimmt. Amtlich haben die Kirchen einen differenzierten Namen: Ein Christenmensch gehört entweder der *römisch*-katholischen oder evangelisch-*lutherischen* oder der *finnisch*-orthodoxen Kirche an. Die sich alle als die einzigen oder einzig wahren Kirchen proklamieren, tun dies unter amtlicher Verwendung ihrer Gespaltenheit!

## Der Mangel an Katholizität generiert einen Mangel an Dialogbereitschaft

Es besteht ein so erhebliches Defizit der Kirche in der Realisierung ihres katholischen Wesens, dass man fragen kann, wieweit es überhaupt noch unbewehrten Auges zu sehen ist. Auch hier wieder müssen wir uns versagen, eine auch nur einigermaßen komplette Liste der Vorkommnisse vorzulegen. Besonders signifikante und heute wirkmächtige Tatsachen dürfen aber nicht verschwiegen werden. Als erstes hat man sich bewusst zu sein: Liebe ist nur möglich ab dem Menschen Nr. 2. Auch Hass (und alles zwischen ihm und Liebe) gibt es ab dem Menschen Nr. 2. Wenn wir von der „bunten Welt" oder auch von der Katholizität im obigen Sinn sprechen, schließen wir die Möglichkeit der Diversität der Meinungen und Ansichten und auch des (sogar heftigen und leidenschaftlichen) Streitens unvermeidlich ein. Frieden und Einheit betreffen also anthropologisch nicht die Uniformität oder Einerleiheit der menschlichen Äußerungen. So etwas mag es allenfalls auf dem Friedhof geben, aber nicht vorher. Die Problematik beginnt nicht schon bei der Differenz, sondern erst beim Umgang der Kontrahenten mit ihr und miteinander. Grundvoraussetzung eines menschlichen und damit auch christlichen Disputes ist der symmetrische Dialog auf Augenhöhe und mit der festen Bereitschaft, sich den Argumenten auszusetzen, gegebenenfalls zu fügen, die eigenen aufzugeben. Der Weg dahin ist bei den Kontrahenten die Offenheit für die Sache, für das Problem. Er beginnt mit der „katholischen" Einsicht, dass jedes Argument richtige, edle, ethisch verpflichtende Elemente enthält. Es ist nie der reine Nonsens. Die Argumente können sich mischen mit gegenteiligen Elementen, aber sie gehen darin nie komplett auf. So wird man als primäres Moment der Auseinandersetzung das Aufspüren der wahren Ein- und Ansichten des Gegners anzusehen haben. Jeder Streit hat auszugehen von der Formel „Ja, aber" – gültig für jeden der Kontrahenten. Er sagt immer auch die Wahrheit, wenn auch nicht unbedingt die volle („Ja"). Hier hat der andere einzuhaken („Aber"). Nun hat die Klärung anzuheben. Ist sie nicht möglich, so signalisiert dies, dass die hinter der Kontroverse steckende Frage fraglich geblieben ist. Das Problem bleibt und kann nicht anders als durch neue Dialogunternehmungen aus der Welt geschafft werden.

Man könnte an der Dogmengeschichte der Christologie und der Trinitätslehre leicht zeigen, wie die verschiedenen Schritte der Dogmatisierung jeweils frühere Etappen, die problematisch waren, im Sinne einer Perfektionierung korrigierten und endlich zu dem der Antike möglichen Konsens führten. In unserer Zeit erbringt eine Betrachtung der ökumenischen Anstrengungen eine ähnliche Einsicht. In geduldiger, kenntnisreicher, entsagungsvoller Arbeit sind zahlreiche Kontroverspunkte ausgeräumt und haben sich als nicht kirchentrennend erwiesen. Selbst in einem so zentralen katholisch-reformatorischen Thema wie die Rechtfertigungsfrage ist 1999 der essenzielle Konsens erzielt worden. In kurzer Zusammenfassung: Katholizität ist Horizonterweiterung in Gemeinschaft.

Dazu gehört als ein weiteres unerlässliches Element des Kirchenattributes die Toleranz. Das lateinische Grundwort *tolerare* bedeutet *ertragen, erdulden, aushalten*. Es ist ein mühsames, asketisches Unterfangen; es fällt schwer und kann auch scheitern. Toleranz kann sich vor allem auf zwei Ebenen vollziehen.[78] Die erste ist die sogenannte *Erlaubnistoleranz*. Hier werden Gegebenheiten gesellschaftlich bis zu einer bestimmten Grenze (z. B. ihre Öffentlichkeitsbedeutung) geduldet, aber nicht an sich. Darüber hinaus reicht die *Respekttoleranz*: Vielfalt wird positiv als bereichernd für eine Gemeinschaft empfunden (z. B. unterschiedliches Verständnis von Partnerschaft). Während erstere oft auch durch äußere Nötigungen bestimmt wird, beruht die Respekttoleranz auf der Einsicht in die vorauszusetzende Stimmigkeit des Kontroverspunktes. Katholizität ist erst in diesem Fall vorhanden.

Ist dies mangels Toleranz nicht so, tritt an die Stelle der Offenheit die Abgrenzung. Sie aber hat wiederum zur Folge, dass sich die Standpunkte immer weiter verengen. Dialog kann man nur auf der Fläche führen, Streit verheißt Erfolg durch Verkürzung der Aktionsflächen. Die Argumentationsbasis wird die Nadelspitze. Damit aber wird jede Verständigung unmöglich, jeder Angriff mit vollen Kanonen unausweichlich. Die Ausbildung der Konfessionen im 16. Jahrhundert hätte anders nie geschehen können. Sie zeigte sich auch in Nebensächlichkeiten: Machten die Katholiken ein Kreuzzeichen, machten es die Protestanten aus diesem Grund nicht mehr. Hielten diese den Karfreitag als Höchstfest, machten ihn die Katholiken zum besonders intensiven Arbeitstag.

---

78 S. Mau – Th. Lux – L. Westheuser, Triggerpunkte, Berlin 2023 – R. Klein, Drei Weisen der Toleranz: StdZ Heft 3 / März 2024, 161–163.

Was ein wenig ausführlicher vom Verhältnis der Konfessionsparteien aus jener Zeit gezeigt wurde, trifft in analoger Weise auch auf das Verhältnis der Christen zu den Angehörigen anderer Religionen zu. Das triste klassische Beispiel ist der verhängnisvolle Ritenstreit.[79] Im 17. und 18. Jahrhundert fand in Asien, genauer in Indien und China, eine außerordentlich erfolgreiche Mission statt. Hauptträger war die Gesellschaft Jesu. Auch die Dominikaner und Franziskaner waren kräftig beteiligt. Zum Streit kommt es bei der Frage, welchen Wert das Christentum unter den Religionen einnimmt – ist es die einzig wahre unter lauter falschen Religionen oder sind bestimmte Elemente wie der Ahnenkult und die Lehre des Konfuzius in China mit dem Christ-Sein vereinbar? Die Jesuiten vertraten die liberalere Auffassung und wurden dafür von den anderen Missionaren in Rom denunziert. 1645 wurden die chinesischen Riten vom Vatikan erstmalig verboten. Dann gab es einiges Hin und Her, bis endlich Benedikt XIV. ein definitives Nein aussprach. Es wurde erst unter Pius XII. wieder aufgehoben. Inzwischen aber war die blühende Christianisierung total vernichtet worden. Es ist müßig sich vorzustellen, wie die Geschichte verlaufen wäre, hätte man seinerzeit katholischer gedacht. Erst das Zweite Vatikanische Konzil erkannte die Tatsache, dass zur Katholizität auch die Hochachtung anderer Kulturen und wenigstens die teilweise Anerkennung ihres theologischen Wertes gehört.[80] Denn der eine und gleiche Gott ist der Ursprung von allen Menschen und aller Menschen einziges Ziel. Und alle Religionen befassen sich mit den gleichen Menschheitsfragen. So heißt es dann in einem Kernsatz:

> *„Die katholische Kirche lehnt nichts von alledem ab,*
> *was in diesen Religionen wahr und heilig ist."*[81]

In diesem Zusammenhang muss auch ein verhängnisvolles Defizit des Lehramtes angesprochen werden, das nicht selten Schaden generiert. Ich denke an die manchmal sehr lieblose Überstürzung bei Lehrurteilen und Lehrverboten. Sie werden ausgesprochen, obwohl manchmal die Basis, auf der sie erfolgen, nicht wirklich solide ist. Der Schaden

---

79 G. Minaki, The Chinese rites Controversy from the Beginning to the Modern Times, Chicago 1985.

80 Erklärung *Nostra aetate* über das Verhältnis der Kirche zu den nichtchristlichen Religionen vom 28. 10. 1965.

81 NA 2,2.

wird noch vermehrt, wenn sie nicht korrigiert werden, sobald belastbar feststeht, dass sie kein genügendes Fundament besitzen. Hier ist nicht allein das fatale Galilei-Urteil zu erinnern. Um die Wende zum 20. Jahrhundert wurden zahlreiche Ergebnisse der wissenschaftlichen Bibelexegese abgestritten. Wie richtig sie waren, stellte sich sehr bald heraus. Dem Lehramt kam es nur selten in den Sinn, dass es das prophetische Element in der Kirche gibt und dass es ein geistgegebener Motor für das Leben des Glaubens ist. Übersehen wurde auch, dass der Jetzt-Glaube, der Glaube, aus dem die Kirche gegenwärtig glaubt, stets unvollkommen, immer ergänzungsangewiesen ist – und zwar insgesamt wie auch bei den verschiedenen Glaubensbezeugungsinstanzen der Glaubensgemeinschaft. So bedarf er je und je der Ergänzung, Vervollständigung, Wesensklärung, und dies ebenfalls insgesamt wie im Detail. Gerade darin liegt das Wirken des Geistes.

Fragen wir nach den Gründen für diese insgesamt (im ursprünglichen Verständnis) wenig katholische Haltung der sich explizit *katholisch* nennenden Kirchengemeinschaft, so lautet die klare Antwort: die Angst vor Machtverlust. Die Angst – die immer eng macht und verkürzt – zeigt sich besonders nachdrücklich in der antimodernistischen Haltung, die sie in wachsendem Maß seit dem Beginn der Neuzeit kennzeichnet; wir haben schon darauf hingewiesen. Auf die wissenschaftlichen, technischen, philosophischen, spirituellen An- und Herausforderungen reagierte sie nahezu durchgehend negativ. Sie wurden verketzert oder verschwiegen. Wenn man etwa in einer katholischen Dogmatik noch der fünfziger Jahre des letzten Jahrhunderts den Traktat Gotteslehre anschaut, fehlt bei den Darlegungen gewöhnlich jeder Bezug auf die gewaltigen Denkanstrengungen eines Kant oder Hegel oder Marx zum Thema. Sie kamen für einen Priesteramtskandidaten der Zeit schlicht nicht und nirgend vor. Die theologischen Interpretationen endeten mehr oder minder bei und mit dem Aquinaten. Auch für andere Gebiete gilt strikt und streng: *Nil novi omnino – bloß nichts Neues.*

Fast intuitiv erkannten die Leitungsträger in der Kirche: Jede Änderung im bestehenden System beschwört die Gefahr des Machtverlustes herauf. Am deutlichsten zeigte sich das beim Versuch einer Austarierung des Verhältnisses Klerus – Laien. Als der Freiburger Moraltheologe Johann Baptist Hirscher (1788–1865), ein Priester, 1849 in der Schrift *„Die kirchlichen Zustände der Gegenwart"* die Abhaltung von Diözesansynoden unter Laienbeteiligung forderte, kam sein Buch auf den Index. John Henry Newman (1801–1890), einer der bedeutendsten Denker der Zeit, wurde verfemt. Als er dem *sensus fidelium*, dem Glaubenssinn aller (also auch der laikalen) Gläubigen theologische Qualität zuschrieb, donnerte der englische Prälat Talbot gegenüber Kardinal Manning, einem der intransigentesten Vertreter der Majorität auf dem Konzil von 1870:

> *„Wenn den englischen Laien kein Dämpfer aufgesetzt wird, werden sie die Leiter der katholischen Kirche in England sein, anstelle des Heiligen Stuhls und des Episkopats."*[82]

In die nämliche Kerbe hieb in Deutschland Bischof Korum (1840–1921), eifriger Integralist, in der neu aufgekommenen Frage, wie die Kirche mit den christlichen Gewerkschaften umgehen solle:

> *„Auch wenn die Gewerkschaften nur katholische Mitglieder aufwiesen, die Leitung aber einem Arbeiter zuwiesen, müssten wir sie bekämpfen. Alles kommt darauf an, dass die katholischen Geistlichen die katholischen Arbeiter in der Hand behalten."*[83]

Man könnte derlei Dicta in Menge anführen. Unschwer lässt sich auch klar machen, dass die anderen eben benannten Fehlanzeigen der Katholizität gleichfalls ihre Wurzel in der mangelnden Bereitschaft zu einer wirklichen Verehrung der Schöpfergröße und Erlösungsliebe Gottes haben. Es gibt eine schier unendliche Vielfalt und Unterschiedenheit der Menschen wie der Dinge – sie ist Gottes Werk, nicht menschliches Produkt. Wie alles Geschaffene ist auch diese Fülle der Kreaturen in einer gewissen Zweideutigkeit gegeben – es steckt in ihnen das Potenzial der Sünde und des Bösen. Doch das Göttliche in ihnen kann nicht total und radikal ausgeschaltet werden. So gilt schlussendlich: *„So geben alle in der Verschiedenheit Zeugnis von der wunderbaren Einheit im Leibe Christi"*. Das wird in der Kirchenkonstitution des letzten Konzils unmittelbar von der hierarchischen Struktur der Kirche ausgesagt,[84] gilt aber im Prinzip universal in der Schöpfung. Katholizität nämlich ist in ihrem Vollzug das leuchtende Zeichen der Liebe Gottes zur Welt, deren Sakrament seine Kirche ist.

---

82 Zitiert nach P. Neuner, Abschied von der Ständekirche. Plädoyer für die Zukunft des Gottesvolkes, Freiburg 2015, 93.

83 Zitiert nach P. Neuner, ebd,. 104.

84 LG 32,2.

# 5

# TÖNENDE PAUKE?

## Empathie

Von Mark Twain wird folgende Anekdote überliefert. Eines Tages muss seine Frau das Bett hüten und der Schriftsteller geht am Sonntag allein in den Gottesdienst. „Worüber hat der Pfarrer gepredigt?", fragt sie den wieder Heimgekommenen. „Über die Sünde!" – „Und was hat er gesagt?" Mark Twain lakonisch: „Er war dagegen". Man könnte sich auch eine Antwort vorstellen: „Über die Liebe. Er war dafür".

### Liebe und Empathie

Sünde und Liebe – das sind wirklich die Hauptthemen des Predigtkanons; das ist weder überraschend noch sagt der Prediger in den meisten Fällen etwas Neues. Wir werden uns bemühen, möglichst wenig über die Liebe zu sprechen. Liebe ist ein Allerweltswort, kann vieles und oft nichts Genaues sagen. Man kann Schweinebraten ebenso lieben wie Briefmarken und anmutige Frauen oder Mozarts „Zauberflöte". Keine Frage, das sind sehr verschiedene Liebesweisen. In Liebe steckt meist auch und manchmal zuerst ein gewisser Egoismus – ich liebe etwas um meiner selbst willen. Jemanden wirklich und wahrhaftig lieben, ist gar nicht so leicht. Wir Menschen wollen immer alles. Wir sind programmiert auf das unendliche Haben-Wollen des Unendlichen. Liebe aber verlangt, den oder das Geliebte erst einmal vollkommen zu sich (und nicht zu mir) kommen zu lassen. Der Liebende sagt stets: Ich lasse dich sein. Gerade im Begehren eines/einer anderen entsagt er mithin seiner selbst. Das ist scheinbar paradox, auf jeden Fall schwierig.

Noch eine andere Grenze gibt es. Man kann nicht alle Menschen lieben. Dafür gibt es einfach zu viele Artgenossen, die auch beim besten Willen „Unsympathen" sind. Liebe ist ein komparativisches Wort schon bei Jesus von Nazareth. Er hat einen „Lieblingsjünger“[85] und setzt bei den Seinen ein Mehr und Weniger der Liebe zu ihm voraus (Joh 21,15–17). Das Liebesgebot bezieht sich nach seiner Lehre auf den „Nächsten“ (Lk 10,25–37). Dieser ist nicht der, der einem räumlich oder emotional ganz nahe ist. Dann hätte der Samariter im Gleichnis sich gerade nicht dem halbtot geschlagenen Juden zuzuwenden brauchen. Er war in jeder Beziehung ganz weit weg von diesem „Ketzer“. Der „Nächste“ ist der Mensch in Not, der arme Teufel. Allerdings hat Liebe in diesem Sinn gern etwas Herablassendes. Sie wird zur Barmherzigkeit, die sofort ein hierarchisches Gefälle setzt. Sie befriedigt erst einmal den Helfer selbst, ist also irgendwie ein wenig egoistisch.

Wir werden hier also sparsam mit dem Begriff Liebe umgehen. An seiner Stelle gebrauchen wir das heute ziemlich oft verwendete Lemma *Empathie.* Es ist aus den altgriechischen Wörtern *patheia* für Leid, Leiden, Leidenschaft und *en (em)* für *in, hinein* gebildet und lässt sich übersetzen mit Einfühlungsvermögen. Gemeint ist ein Mehrwert gegenüber dem ähnlichen Wort *Sympathie.* Dieses bedeutet *Mit-(syn)-Leiden* oder *Mit-Gefühl.* Jemand begibt sich in Gemeinschaft mit einem Leidenden oder seinem Leid, bleibt ihm aber äußerlich. Es ist eine Art Freundschaftsdienst. Der empathische Mensch hingegen versucht leidenschaftlich eins zu werden mit dem Leid und dessen Träger – man könnte das Verhältnis beider mit dem zwischen Mann und Frau in ihrer Vereinigung vergleichen. „Dein“ Leid ist identisch mit „meinem“ Leiden, „meinen“ Sorgen, Nöten, Bedürfnissen.

Wenn das Neue Testament von der Liebe spricht, ist diese Form angezielt. Denn sie entspricht genau dem Ur- und Grundmotiv der Liebe: der Ableitung von und die Gemeinschaft mit der allumfassenden Liebe des dreieinigen schöpferischen Gottes. Die Liebe zwischen Vater, Sohn und Heiligem Geist wird in der Theologie beschrieben als *Perichorese,* als gegenseitige Durchdringung, so dass der Vater Vater bleibt und gleichermaßen im Sohn aufgeht und diesen dadurch ganz zu sich selber (Sohn dieses Vaters) bringt. Wir haben auch oben schon erkannt, dass der Schöpfer die Geschöpfe in Liebe so aus sich entlässt, dass er ihnen verbunden bleibt in Liebe. Im Theologumenon vom *Panentheismus* sucht man dieses Verhältnis auszudrücken: Gott *(theós)* ist in *(en)* den Dingen ganz und total anwesend; er durchdringt sie allesamt *(pan).*

85 Joh 17,23–26; 19,26 f.; 20,2–10; 21,7.20.

Da die Christenmenschen aber nach der Bergpredigt in allem vollkommen sein sollen wie der himmlische Vater (vgl. Mt 5,48), muss auch ihr Verhältnis zu den Mitgeschöpfen (den menschlichen wie den nicht-menschlichen) ebenso sein – also empathisch. Kein Zweifel auch, dass solches nicht allein vom getauften Individuum gilt, sondern ebenso und in ganz spezifischer Weise von deren Gemeinschaft, von der Kirche.

Wird diese dem gerecht? Eine der eindrucksvollsten Erzählungen in der Weltliteratur ist die Erzählung vom *„Großinquisitor"*, die das fünfte Kapitel des fünften Buchs im Kriminalroman *„Die Brüder Karamasow"* von Fjodor Dostojewskij, seinem letzten Roman, bildet.[86] Sie spielt im Sevilla des 16. Jahrhunderts. Gerade hat ein blutiges Autodafé der Inquisition mit hundert Opfern stattgehabt. Plötzlich steht Jesus mitten in der Menge. *„Die Sonne der Liebe scheint in seinem Herzen"* (401). Davon geht heilende Kraft aus, die einem blinden Greis zum Augenlicht, einem toten Mädchen zum Leben verhilft. Sofort lässt der Großinquisitor ihn ins dunkle Verlies des Gerichtshauses werfen. Nachts sucht er ihn auf. In einem langen Monolog – Jesus sagt kein Wort, der Kardinal um so mehr – wirft er dem Herrn vor, er habe den Menschen die Freiheit gebracht und sie genau dadurch unglücklich werden lassen. Aber weil er glücklicherweise alle Vollmacht seiner Kirche übergeben habe, sei diese Katastrophe aufgehalten worden. So dürfe Jesus sie jetzt und hier nicht stören. Der Greis wird das zu verhindern wissen. Jesus soll am kommenden Morgen verbrannt werden. Dann werden die Menschen nicht mehr irrigerweise von dem verwirrt werden, was dem Wiedergekommenen *„das Allerteuerste"* ist – eben die Freiheit des Glaubens. Schon der große Versucher hatte es zu Recht damals in der Wüste gesagt: Die Menschen wollen lieber Brot als Freiheit, lieber beherrscht sein als eigenständig leben. *„Hast Du vergessen"*, fragt der Kardinal mit schneidenden Worten, *„dass Ruhe und sogar der Tod dem Menschen lieber sind als die freie Wahl im Wissen von Gut und Böse?"* (410). Der Mensch begnügt sich mit Wunder, Geheimnis und der entscheidungsabnehmenden Autorität – und dies genau schenkt ihm die Kirche und so

86 Fjodor Dostojewskij, Die Brüder Karamasow, Roman, aus dem Russischen von Swetlana Geier, Frankfurt a. M. ²2022: Zweiter Teil, Fünftes Buch, Kapitel V, S. 397–427. Die Ziffern in Klammern im nachstehenden Text beziehen sich auf die Seiten dieser Edition.

genau auch Seelenruhe und Liebe. *„Haben wir etwa die Menschen nicht geliebt, als wir in Demut ihre Kraftlosigkeit erkannten, in Liebe ihre Bürde erleichterten?"* (414).

Im Hintergrund des ungeheuerlichen Vorwurfs, den der Großinquisitor macht, steht die römische Kirche. Nach Dostojewskij fehlt ihr die Empathie ihres Herrn aufgrund ihres Autoritarismus, verkörpert in der päpstlichen Allgewalt. Doch eben dadurch, so der alte Kardinal, ist sie in der Lage, die Menschen zu lieben. Diese wollen ihre Ruhe, aber keine moralischen Entscheidungen. Und hat er nicht Recht? Einer alten jüdischen Legende zufolge haben die Engel vor der Erschaffung des Menschen als eines nicht-göttlichen, doch mit Freiheit versehenen Wesens Gott nachdrücklich vor Augen geführt, was dieser Mensch mit einem so köstlichen Geschenk wie der Freiheit anfangen würde. Es gäbe Unrecht, Krieg, Mord, Gewalttat ohne Maßen und ohne Zahl. Gottes Antwort: Er wirft die Mahner auf die Erde. Dann ist es so gekommen, wie sie es vorhergesehen hatten. Wenn er Wesen nach seinem Bild und Gleichnis schaffen wollte, dann mussten diese in menschlicher Weise frei sein. Wer ihnen mithin diese Freiheit – mit aller ihrer Kontingenz – nehmen will, raubt dem Menschen seine Menschlichkeit: Ein willenloser Mensch wäre nur ein besonders intelligenter Hund.

Ein Dilemma für Gott? Im Markusevangelium (Mk 11,22) steht ein merkwürdiger Satz. Die Einheitsübersetzung gibt die Mahnung Jesu an seine Jünger so wieder: *„Habt Glauben an Gott!"* Kein überraschender Appell. Nur: Im griechischen Text steht: *„Echete pistin theou"* und die Vulgata hat: *„Habete fidem Dei!"* Genau heißt es also ursprünglich: *„Habt den Glauben Gottes!"* Das erscheint uns überraschend. Gott ist ein Glaubender? Man fragt sich natürlich sofort, an was der unendlich weise, der allwissende Herr aller Dinge glauben könne. Vielleicht liegt die Antwort darin, dass Gott trotz des Engels-Einspruchs, der ja zutraf, den Menschen ins Dasein gerufen hat. Natürlich wusste er, was seine Diener wussten, aber er vertraute darauf, dass sie im allerletzten nach seinem Wollen leben und wirken würden. Glauben heißt Vertrauen. Vertrauen in Menschen setzt Liebe voraus. Ohne die Akzeptanz der Freiheit kann Liebe nicht existieren und ohne Liebe gibt es keine Freiheit.

Doch wie verhalten sich beide, der Glaube und die Liebe, zueinander? Man fährt gewöhnlich gut, wenn man sich bei solchen Fragen vom Geist der Sprache inspirieren lässt. Es ist kein Alltagswort, doch die meisten kennen es wohl noch: *der Freier.* Das ist ein Mann, der in einer sterblichen Liebe das Glück seines Lebens gefunden hat und damit ganz er selbst geworden ist; er bewegt sich auf *Freiersfüßen*, um sich für immer der Frau seiner Liebe zu schenken. Liebe macht also frei. Der Blick ins Etymologische Wörterbuch weist in der Tat auf eine enge Verwandtschaft hin. Das Adjektiv *frei* leitet sich aus der indogermanischen Wurzel **prai-* „schützen, schonen, gern haben, lieben" her und hängt zusammen mit *Freund, freien,* altindisch *Geliebte(r), Gatte.* Aus der Wurzel *„haben die Germanen ‚frei' als Begriff der Rechtsordnung entwickelt: die Personen, die man liebt und daher schützt, sind die eigenen Sippen-und Stammesgenossen, die ‚Freunde' …; sie allein stehen ‚frei', d. h. ‚vollberechtigt' in der Gemeinschaft"*[87]. Liebe und damit verbunden Empathie sind also dort und dann gegeben, wenn Menschen von anderen Freiheit zugestanden wird. Folglich ist das Maß der Empathie das Maß der Unabhängigkeit und des Selbstandes von Subjekten.

Was ist aus dieser Sicht von der Empathie in der Kirche zu sagen? Noch einmal ist zu betonen: Ziel der Empathie ist der reale Mensch, der Mensch, wie er vorkommt, nicht wie er vorkommen sollte. Da liegt der Irrtum des Großinquisitors. Er will die Christgläubigen der Verantwortungslast entheben. Er möchte ihnen ein kuscheliges Dasein schenken, indem er für alles sorgt, alles arrangiert, alles richten will – aber natürlich letztlich nach seinen Vorstellungen. Seine Liebe ist mithin nichts anderes als Gewinn und Erhalt von Macht auf Kosten der Freiheit des anderen.

## Krisensymptom Empathiemangel

Wie steht es nun damit in der Kirche? Zahlreiche Christen geben zu Protokoll, dass die Kirche in Wirklichkeit unmenschlich sei. Sie fühlen sich von ihr nicht in ihren Nöten angenommen. Sie haben kein Vertrauen mehr in ihre Bemühungen. Sie schauen mit Entsetzen auf den Ton, der selbst unter den bischöflichen sogenannten Mitbrüdern gang und gäbe ist. Er ist um so rauer, glauben sie, je frömmer sie sich ansonsten geben. Doch von alledem soll hier nicht die Rede sein. Auch nicht davon, dass es verklemmte Pfarrer, borstige Nonnen, unwirsche

---

87 DUDEN, Etymologie. Herkunftswörterbuch der deutschen Sprache, Mannheim Wien – Zürich [2]1989, 203 f.; vgl. auch 204 (freien). Das Zitat 203.

Kleriker gibt. Dass Briefe an Hierarchen nicht beantwortet werden, Hilferufe ungehört verhallen, dass kirchliche Amtsträger bei den Sorgen der Laien wegschauen, auch wenn sie sie, möglicherweise als einzige, beheben könnten. Dieses alles lässt sich abbuchen unter der Rubrik „menschlich – allzu menschlich".

Viel bedeutsamer für eine Antwort auf unsere Frage nach der Empathie der Kirche sind ihre systemischen Verhaltensweisen. Einen Übergang vom individuellen zum systemischen Modus erkennt man in den viel berufenen, skandalösen Missbrauchsfällen, die die Kirche dieser Tage bis in die Grundfesten erschüttern. Die vielen Untersuchungen zu den Ursachen haben unisono ergeben, dass an den Wurzeln der meisten Begebnisse nicht immer sexuelle Begierden der Täter standen, sondern Machtgelüste. Man spricht vom geistlichen oder spirituellen Missbrauch. Er liegt vor, wenn etwa klerikale Personen Kinder zwingen, ihr Erbrochenes zu essen, oder sie maßlos und in erniedrigenden Formen sinnlos prügeln. Die Täter demonstrieren ihre Macht, die sie in ihrer kirchlichen Würdestellung begründet und legitimiert sehen. Diese aber haben sie von Kindheit an selber verinnerlicht, und diese scheinbar sachbegründete Überlegenheit wächst selbstverständlich, wenn sie ihnen in der Weihe oder sonstigen ekklesialen Ausnahmestellungen selbst zuteil wird.

Deutlicher noch wird der systemische Empathieverlust in vielen Weisungen und Vorschriften der Kirchenleitungen. Da ist beispielshalber die Verängstigung zu erwähnen, die sie sehr oft und sehr bewusst generieren. Schon in der Kinder- und Jugenderziehung wurde sie bis in die jüngste Vergangenheit durchweg produziert. Wenn das alles galt, was es da zu hören und zu lesen gab, stand ein Katholik mit anderthalb Beinen immer in der Hölle: Ein Schluck Wasser beim Zähneputzen verschluckt; ein Kuchenkrümel stibitzt, Kommunionempfang, Tod, ewige Verdammnis; einem hübschen Mädchen wohlgefällig hinterhergeschaut, tödlicher Unfall: verdammt auf ewig; dreimal Hölle bei einem Mal Onanie; Sonntags keine Kirche, Herzschlag, Qualen ohne Ende. Zweifellos handelt es sich um problematische Verhaltensweisen, doch die angedrohten Sanktionen stärkten weniger die Macht Gottes als jene der amtlichen Kirche. Sie festigte wirksam ihre Gewaltenfülle. Wirkung aber haben sie wenig oder keine, dachte man nur einmal nach. Wenn man ohne Sonntagsmesse stirbt und dann der ewigen Verdammnis anheimfällt, dann sind 90–97 % der deutschen Katholiken unrettbar verloren. Nach den amtlichen Statistiken liegt die Zahl der

„Dominicantes“ in den deutschen Diözesen mit einer Ausnahme im einstelligen Bereich.[88] Unter anderem kann man schließen: Der Angstfaktor spielt bei den Gläubigen keine Rolle mehr. Bei den meisten. Es gibt auch Ausnahmen. Sie zittern vor Angst. Ungetröstet.

## Beispiele: Zölibat und Sexualmoral

In unserem Kontext soll noch auf eine weitere Tatsache aufmerksam gemacht werden, die die Empathiearmut der Kirche anzeigt – für manchen sicher überraschend: die Zölibatsverpflichtung im überwiegenden Teil der katholischen Kirche. Einige Vorbemerkungen sind erforderlich. Zur Debatte wird an dieser Stelle nicht die *„Ehelosigkeit um des Himmelreiches willen“* (Mt 19,12) als solche gestellt. Sie ist von hohem Wert. Sie ist ferner seit allem Anfang integraler Bestandteil der mönchischen Existenz, also einer besonderen spirituellen Lebensform, welche es wie in anderen Religionen auch in der christlichen etwa seit dem 4. Jahrhundert gibt. Zusammen mit einem Auszug aus der normalen bürgerlichen Existenz (Armut) und der Unterwerfung unter den Willen eines geistlichen Führers (Gehorsam) sollte auch die strenge Zügelung der Sexualität helfen, sein ganzes Sein und Trachten auf Gott zu richten. Der Zölibat ist mithin Teil einer bestimmten Spiritualität; wo diese gelebt werden soll, gehört er wesentlich dazu. Im Laufe der Zeit erst wurde er im christlichen Westen mehr und mehr, letztverbindlich nach 1000, zum Erfordernis der Lebensform aller höheren Kleriker (Diakone, Priester, Bischöfe), auch derer, die im Dienst der Seelsorge standen. Die wichtigsten Gründe, die dazu führten, waren die Sorge um den Kirchenbesitz (keine Vererbung = Erhaltung des Kirchengutes), eine rigorose Abwertung der Sexualität (mindere Spiritualität bei Verheirateten) und die Unvereinbarkeit zwischen Sakramentenempfang und sexueller Aktivität (keine Kommunion nach Coitus erlaubt). Nicht zuletzt war ein Klerus aus Singles für die Oberen leichter lenkbar. Wieder taucht das Stichwort Macht auf.

---

88 Laut dem von der Deutschen Bischofskonferenz für 2022 herausgegebenen Flyer ist die Ausnahme das Bistum Görlitz mit 13,1 %. An erster Stelle liegen davon abgesehen Eichstätt und Regensburg mit je 9,6 %, die rote Laterne hat das katholisch bevölkerte Trier mit 3,8 %, davor steht noch Aachen (auch „katholisch“) mit 3,9 %. Die Zahl für ganz Deutschland: 5,7 %.

Heute ist der Zölibat die unbedingte Voraussetzung für die Ordination von Priestern und Bischöfen. Die Diakone können unter bestimmten Bedingungen verehelicht sein. Diese Zwangsverbindung, das sogenannte *Junktim,* gilt in der römisch-katholischen Glaubensgemeinschaft nicht absolut. Ausgenommen sind die Geweihten der mit Rom verbundenen orientalischen Kirchen (Unierte), lutherische Pfarrer, die römisch-katholisch werden sowie ordinierte Anglikaner, die desgleichen konvertieren. Sie alle dürfen eine bestehende Ehe mit allen Rechten führen. In der Theologie herrscht die fast einstimmige Überzeugung, dass das Junktim auf einer rein kirchlichen Anordnung, also auf einer disziplinären Maßnahme beruht. Jeder Papst könnte es also abschaffen mit einem einzigen Federstrich.

Mittlerweile ist der Zölibat gewaltig in die Debatte geraten. Man hat ihn immer als Geschenk Gottes an seine Kirche gepriesen. Das ist er bestimmt. Nur gibt dieser es augenscheinlich nicht mehr her. Der Priestermangel (und in Folge auch der Mangel an geeigneten Bischofskandidaten) ist jetzt schon katastrophal: Wir erleben den Zusammenbruch der überkommenen Seelsorgestrukturen. Weder ein Ausgleich oder Ersatz noch eine Wende in den Bewerberzahlen ist auch nur im Modus der Hoffnung in Sicht – ein echtes Wunder vorbehalten. Damit entsteht ein Teufelskreis: Es gibt keine missionarischen Priester – darum gibt es keine kirchlich sozialisierten Jugendlichen – darum fällt es ihnen nicht ein, ein Kirchenamt anzustreben – darum gibt es keine Priester ... Die Folgen lassen sich nicht mehr rechtfertigen. Nach beständiger kirchlicher Lehre ist die Eucharistie für Existenz und Leben der Glaubensgemeinschaft absolut notwendig. Sie ist die Quelle und die Mitte ihres Seins. Diese Überzeugung fasste Papst Johannes Paul II. in seiner Enzyklika *Ecclesia de Eucharistia* eingehend und konzis zusammen.[89] Wenn die *Eucharistia* nicht mehr hinreichend bezüglich Ort und Anzahl vollzogen werden kann, gerät die *Ecclesia* in Not: Sie verhungert elend. Es steht fest, dass der vorgeschriebene Eheverzicht ein Hauptgrund des Mangels an Priesteramtskandidaten ist. Ihn zu beheben, ist jederzeit und ohne Rückgriff auf die Sakramententheologie möglich. Das zeigen die ebenfalls problemlos möglichen und von der Autorität auch gewährten Ausnahmen.[90] Wie

---

89 Vom 17. April (Gründonnerstag) 2003. Greifbar im Internet unter dem Initium.

90 Deswegen verfängt der Einwand nicht, der Zölibat sei aus spirituellen Gründen (Hochform der Christusnachfolge, Verfügbarkeit) für den Priester essenziell nötig: Dann könnte es keine Ausnahmen geben.

aber kann sich dann Kirche vom Vorwurf dispensieren, sie verweigere den Glaubenden den Zugang zur Hochform der Liebe Christi? Kann man noch von Empathie der Kirche sprechen? Kann man sie (genauer: ihre Leitung) freisprechen vom Vorzug der Macht vor der Liebe? Erfüllt sie noch ihren Grundauftrag, das Wort Gottes zu verkünden und die Sakramente zu spenden?

Aber auch die überkommene Sexual- und Familienmoral der Glaubensgemeinschaft weckt diesen Verdacht ganz unmittelbar. Sie ist Thema des nächsten Kapitels, kann aber an dieser Stelle nicht völlig ausgespart werden. Denn gerade in deren Vollzug zeigt sich vielfach die Unbarmherzgkeit der Kirche. Niemand hat aufgeschrieben, welches und wie großes Leid ihre diesbezüglichen Theorien bei den Glaubenden ausgelöst haben. Wenn jemand wirklich kirchlich war, schien sein Leben mit seiner Güte, mit seinen leiblichen Freuden, mit der geschlechtlichen Zuneigung und Hingabe vergiftet. Wer kann sich noch über die Austrittswellen wundern? Der tschechische Priester und Philosoph Thomas Halík stellt fest:

> *„Die Kirche bekam jetzt die Quittung für ihre Tendenz, aus dem sechsten Gebot das erste und wichtigste zu machen. Nach peinlichen Verhören der Gläubigen in den Beichtstühlen müssen jetzt die Beichtväter und Richter vor dem Gericht der Öffentlichkeit und manchmal auch vor Zivilgerichten beichten.“*[91]

Die Reform erscheint unumgänglich. Die Form ist klar: Paulus hat sie klar und unmissverständlich und in zeitloser Gültigkeit auf den Punkt gebracht (1 Kor 13,1 und 8):

> *„Wenn ich in den Sprachen der Menschen und Engel redete,*
> *hätte aber die Liebe nicht,*
> *wäre ich ein dröhnendes Erz oder eine lärmende Pauke…*
> *Die Liebe hört niemals auf.“*

Das Zweite Vatikanische Konzil hat in großartiger Weise des Apostels Gedanken in die Kirchen-Sprache für heute übersetzt: „Freude und Hoffnung, Trauer und Angst der Menschen von heute, besonders der Armen und Bedrängten aller Art, sind auch Freude und Hoffnung,

91 T. Halík, Der Nachmittag des Christentums. Eine Zeitansage, Freiburg – Basel – Wien 2022, 96.

Trauer und Angst der Jünger Christi. Und es gibt nichts wahrhaft Menschliches, das nicht in ihren Herzen seinen Widerhall fände."[92]

Immer noch finden sich junge Laienchristen bereit, dieser Aufgabe ihr Leben zu widmen, etwa indem sie Theologie studieren und ihr Leben dem Ziel der Kirche angleichen. Dann freilich kommt einem in den Sinn und leuchtet doch nicht ein, wie klerikalistisches Denken pur (Priester stehen immer höher) mit Pauken und Trompeten deren Lebensplan und Lebensziel stark beeinträchtigt, ja zerstört. Die Glaubensgemeinschaft schreit nach Erneuerung. Die Kirche Jesu Christi im Vergleich mit der real existierenden Institution Kirche: Quantum obstat!

92 Pastoralkonstitution *Gaudium et spes* 1.

# 6

# SCHNELLTEST

## Kirche blickt auf Körper

Was ein Schnelltest ist, haben wir in den letzten Jahren nahezu alle erfahren: ein rasch anwendbares diagnostisches Verfahren zur Feststellung einer Infektion. Wir fragen: Existiert auch in der und für die Kirche ein treffsicheres Indiz, welches auf deren aktuellen Status hinsichtlich unserer Frage nach ihrer Form treffende Auskunft gibt? Man kann nicht so ohne weiteres bloß auf dieses oder jenes maligne Geschehen blicken. Es kann auf das Fehlverhalten eines einzigen Kirchenmitglieds zurückgehen, der damit aus den Reihen der Glaubensgemeinschaft ausschert. Wenn eine Frau abtreibt, die ein engagiertes Mitglied ihrer Pfarrgemeinde ist, tat sie das nicht deswegen (lateinisch: *qua membrum – als Glied)*, sondern aus Angst vor der Schwangerschaft; zufällig ist sie auch getauft (lateinisch: *qui membrum – die auch noch Glied ist)*, dazu jedoch noch Veganerin, Sachbearbeiterin, Mozartkennerin … – nichts davon hat mit ihrer Qualität als Christin zu tun. Sie könnte zu ihrer Entscheidung auch gelangt sein, weil sie meint, das Selbstbestimmungsrecht über ihren Körper einzig und allein lasse sie bedingungslos zu.

### Kirche und Sexualität

Gibt es also, soll hier diskutiert werden, Symptome, an denen man auf systemisches Fehlverhalten der Institution Kirche als solcher stößt?[93] Meine Ansicht lautet: Ja. Es handelt sich um das theoretische und prak-

93 Es braucht nicht hervorgehoben zu werden, dass kirchliche Vollzüge natürlich immer durch Personen realisiert werden. Es wird aber unterstellt, dass sie im gegebenen Fall nicht als Privatleute handeln (qua Kirchenmitglieder), sondern als (wirkliche oder selbsternannte) kirchliche Vollmachtsträger (qua Kirchenautorität).

tische Grundverhältnis der (hier allein untersuchten) römisch-katholischen Glaubensgemeinschaft zur Leiblichkeit der Menschen, also um die Einzelthemen Sexualität, Ehe und Familie. Keiner bestreitet, dass sie zu den wichtigsten, jeden Menschen zutiefst beeinflussenden Tatsachen rechnen. Jeder ist sexuell. Die Ehe, bzw. andersgestaltete Partnerschaftsverhältnisse mit eheähnlichen Konnotationen sind für die meisten Personen selbstverständliche Lebensgestalten, welche auf mancherlei Weise belastet sein können. In starker Art ist Ehe ausgerichtet auf Familie, also auf die Zeugung und auf das Aufziehen von Kindern – zweifellos nicht selten ein schweres Kreuz für die Eltern. Mit einem Wort: Wer immer erklärt, er sei für die Menschen da und sei in einer vorrangigen Weise mit ihrer Rettung beauftragt, muss zu diesem Komplex Stellung nehmen – zu jeder Zeit, in allen Fällen und ohne Eigeninteresse. Dazu bekennt sich die Kirche Christi auch.

Und die Wirklichkeit? Wir müssen uns zuerst in Erinnerung rufen, was Geschlechtlichkeit ist und bedeutet. Man versteht darunter einen Trieb, also einen inneren Motor, welcher die Befriedigung starker, manchmal auch lebenswichtiger Bedürfnisse anzielt. Neben dem Sexualtrieb existiert u. a. der Lebenstrieb, der Nahrungstrieb, der Schlaftrieb.[94] Mit der sexuell binären Ausformung der Säugetiere verbindet sich das heftige Verlangen nach der körperlichen Vereinigung, die sowohl Lust und Gemeinschaft der beiden Individuen wie auch ihre Ausrichtung auf deren Dauer in ihrem Nachwuchs als Zweck hat.[95] Während dieser Trieb bei den nichtmenschlichen Säugetieren zeitlich determiniert ist („Brunft"), verfügt der Mensch über stete Triebermöglichung. Damit wird seine Sexualität ethisch und moralisch relevant; in vielen Fällen hat sie auch eine religiös-spirituelle Bedeutung. Sie bildet beispielsweise die Beziehung der Götter zueinander ab[96] oder wird unter deren Schutz gestellt.[97]

94 Man spricht auch von einem Todestrieb, dem Verlangen nach Aufgabe des Lebens.

95 Gegenwärtig wird heiß diskutiert über andere sexuelle Prägungen und deren Implikationen. Das soll bei diesen Überlegungen außen vor bleiben: Bisher erregte lediglich die binäre Sexualität in theologischem und ethischem Zusammenhang Aufmerksamkeit. Was daraus folgte, der heutige Umgang damit, steht allein hier zur Debatte.

96 So in der griechisch-römischen Religion der Antike.

97 Wahrscheinlich sollte die verschiedentlich belegte Tempelprostitution die Geschlechtlichkeit unter den Schutz einer Gottheit stellen.

Aus der Existenz des Sexualtriebes ergibt sich auch wesentlich die Gestalt der Ehe als deren konkreter und beständiger Ausformung sowie der Familie als Vollform binärer Sexualität.

Sexualität, Ehe und Familie werden konkret immer im Präsens aktuell. Es gibt sie nicht abstrakt, auch wenn man darüber abstrakt reden muss. Das bedeutet, dass alle drei Größen eine Zeitgestalt besitzen. Es gibt nicht „die Ehe", sondern „Ehe im Mittelalter" oder „Ehe im Kommunismus" und so weiter. Darin einbeschlossen ist die Tatsache, dass diese Größen Änderungen unterliegen. Sie können beträchtlich sein. Die für unser Thema relevanten Epochen sind wenigstens anmerkungsweise zu berücksichtigen.[98]

## Sexualität, Ehe und Familie in der Antike

Bereits in der griechisch-römischen Antike waren Sexualität, Ehe und Familie vielgestaltig ausgeprägt. Das Grundmuster der Gesellschaft war ausgesprochen patriarchalisch. Frauen waren wie Sklaven *res – Sache*, dem Gatten absolut verfügbar. Die Ehe galt als heilig, aber Ehebruch, ein Kapitalverbrechen, konnte der Mann nur begehen, wenn er in die Ehe eines anderen Mannes eindrang, die Frau aber beging ihn bei jedem außerehelichen Verkehr. Dieser hingegen war dem Mann (mit der eben registrierten Ausnahme) beliebig und straffrei möglich. Sexgespielinnen konnten die eigene Frau, die Haussklavinnen und Haussklaven, Knaben, Prostituierte, Frauen aus der Bekanntschaft sein. Ovid schrieb in klassischen Hexametern die *Ars amatoria*. Die „Liebeskunst" ist nichts anderes als eine kenntnisreiche Frauenverführungsanleitung:

> *Scilicet excuties omnis, ubi quaeque, puellas,*
> *cuilibet ut dicas haec quoque nostra fuit.*

> *„Versteht sich: Du wirst alle Mädchen, wo sich nur eine findet, durchprobieren, um jedem Beliebigen sagen zu können: Auch diese hat mir gehört."*[99]

---

98 Eine hervorragende Übersicht bei A. Angenendt, Ehe Liebe und Sexualität im Christentum Von den Anfängen bis heute, Münster 22015, 11–53.

99 P. Ovidius Naso, Ars amatoria II, 627 f.. Übersetzung M. von Albrecht: Ovid, Ars amatoria – Liebeskunst. Lateinisch/Deutsch, Stuttgart 2016, 109.

Doch es gibt auch genau gegenteilige Stimmen. Der Staat brauchte Kinder – schon um die ewigen Kriege führen zu können. Kinder aber entstehen sexuell und wachsen im Schutz der Eltern auf. Folglich muss die Ehe geschützt werden. Kaiser Augustus erließ die ersten Familiengesetze, eine schier revolutionäre Maßnahme.[100] Die philosophische Unterstützung lieferte die Stoa. Die Verbindung von Mann und Frau war nicht mehr wie bisher selbstverständlich eine Familienangelegenheit, sondern Ergebnis der freien Zustimmung *beider (!)* Partner. Damit war eine erste Stufe der Gleichberechtigung beider Geschlechter erreicht. Der Grundsatz hielt sich dann in der Zukunft durch: *Consensus facit matrimonium* (Ehe stiftet die Zustimmung der Nupturienten). Aber der Grundsatz war die eine Schwalbe, die noch keinen Sommer macht. Auch ein so überzeugter Stoiker wie Seneca war felsenfest überzeugt, dass allein der Mann zum Herrschen geboren ist und die Frau als „unverständiges Tier" zu qualifizieren ist.[101]

## Die Bibel

Die Heilige Schrift des Alten Testamentes fügt sich in vielem den Ansichten der Umweltkulturen ein. Doch wie ein Trompetenstoß erfolgt gleich zu Beginn eine Ansage, die damals absolut unerhört ist: Mann und Frau sind absolut gleichbürtig, gleichwertig, mit der gleichen Aufgabe betraut. In der ersten Schöpfungserzählung (Gen 1,27–2,4a) werden beide im gleichen Vorgang ins Dasein gerufen als Ebenbild des Schöpfers und also als Höhepunkt seines Werkes. Abgesehen von ihrer sexuellen Ausstattung unterscheiden sie sich in nichts Wesentlichem. Im zweiten Mythos von den Anfängen (Gen 2,4b–24) existiert zunächst der namenlose „Mensch" (hebr. *adam*). Bald aber gibt ihm Jahwe ein Wesen zu, das des gleichen Wesens, der gleichen Würde und wiederum für die nämliche Aufgabe und mit gleichen Vollmachten ausgestattet ist.[102] Es geht aus seiner Rippe hervor – es gibt wiede-

---

100 P. Joers, Die Ehegesetze des Augustus (1912), EHV History-Verlag 2012.

101 Seneca, Dialogi 2,14,1.

102 Was Adam braucht, ist ein „Helfer". Die Tiere taugen dazu nicht. Dazu braucht es jemand qualitativ anderen. Eva übernimmt diese Funktion. Sie ist Adam deswegen aber nicht untergeordnet, sondern im wörtlichen Sinn Mit-Arbeiterin, die die gleiche Verantwortung hat. Die erste Erzählung bringt das genau zum Ausdruck.

rum außer der unterschiedlichen Sexualität absolut nichts, was nicht von Adam kommt, also wie Adam ist. Ganz am Ende weist der Verfasser darauf hin, dass das Paar in voller Harmonie und Unbefangenheit miteinander lebt. Das signalisiert die als ganz normal empfundene Nacktheit (2,25).

Der Verlust eben dieser Natürlichkeit seinerseits (3,7 f.) signalisiert desgleichen den Zusammenbruch der paradiesischen Ordnung – weil es keine andere gibt, mithin der Weltordnung überhaupt. Er ist die Schuld des Menschen. Die von Jahwe proklamierten Folgen sind nicht eigentlich ein von ihm nach Belieben verhängtes Urteil, sondern die logische Folge der Tat:[103] Wie die Schlange versprochen hatte, erkennen die Stammeltern, was gut und böse ist mit aller Brutalität. Selbst die ganz banale Ansicht des Menschen, wie er halt aussieht, ist zum Problem geworden.

Schon hier wird sonnenklar, welche anthropologische Bedeutung die Sexualität und ihre Konsequenzen (Ehe und Familie) für die biblische Religion besitzen. Geschlechtlichkeit ist von Ursprung und Anfang des göttlichen Heilswerkes eine wesentliche Grundlage des Menschen und seiner Geschichte. Hier entscheidet sich, was aus ihm wird und was er bewirken kann. Das aber besagt konkret: Dass die Liebe Gottes Grund der Kreaturen und ihrer Bestimmung ist, zeigt sich daran, dass die Liebe der Menschen zueinander Grund und Form ihres Schicksals und ihrer Aufgabe ist. Wo und wenn also jemand eingeschaltet ist in die Vermittlung des menschlichen Wohlergehens, gehört es zu den absoluten Notwendigkeiten, allem anderen voran die Liebe der Menschen zueinander zu fördern, zu unterstützen, bei Misslingen, wenn möglich, wiederherzustellen. Die Kirche Christi kraft ihrer Sakramentalität[104] hat haargenau diese Aufgabe. Fazit: Wenn ihre Empathie hier nicht oder nur ungenügend da ist, hat sie versagt: Sie ist außer Form geraten und muss zu ihrer Wesensform zurück. Man vermag, mit anderen Worten, an ihrer Sexuallehre zu erkennen, wie weit sie tatsächlich Kirche Jesu Christi ist.

Das geht überdies aus der Verkündigung ihres Herrn einwandfrei hervor. Als erstes fällt freilich auf, denkt man an die manchmal geradezu pathologische Fixierung der Kirche über die Jahrhunderte auf die Sexualität, wie nebensächlich das Thema für den Herrn gewesen ist.

---

103 Vgl. Gen 3,4.

104 Siehe oben S. 22 f.

Die meisten der verbissenen und verklemmten Thesen der Kirchenoberen und auch der Moralisten – wir belegen die Aussage gleich – kommen in den Evangelien gar nicht vor. Eigentlich gibt es nur ein einziges einschlägiges Lehrkapitel für Jesus: Die Scheidung (vgl. Mk 10,6–12 parr.). Ihr Verbot ist schöpfungstheologisch begründet – was sich aus der eben geschilderten Relevanz der Sexualität ergibt. Allerdings ist strittig, was Jesus eigentlich gesagt hat. Sein Trennungsverbot erscheint mehrmals im Neuen Testament, aber niemals in der gleichen Form. Einmal ist es absolut, dann kennt es Ausnahmen, aber an verschiedenen Stellen verschiedene. Es ist auch nicht klar, ob die Untersagung absolut (Gebot für jetzt) oder als Zielgebot (eschatologischer Zweck der Ehe) zu verstehen ist. Ihr Grund liegt für Jesus in jedem Fall in der Schöpfungsordnung. Solange diese durcheinander ist, lassen sich offenbar kaputte Ehen nicht vermeiden. Erst wenn Gott herrscht, ist es damit vorbei. In diesem Fall kann man aber auch sagen: Immer wenn Ehe gelingt, ist das Gottesreich bereits Tatsache. Praktisch bedeutete die Unlösbarkeit der Ehe damals eine Aufwertung der Frau. Wir konstatierten bereits: Nur der Mann konnte ihr – und dies ohne Schwierigkeiten – den Scheidebrief zustellen. Dann aber war die Frau gewöhnlich wirtschaftlich wie gesellschaftlich ins Elend gestürzt. Sie stand buchstäblich auf der Straße.

Viel mehr als die Scheidungsfrage hören wir vom Herrn in puncto Sex nicht. Aber wir können in einem gewissen Maß sein Denken aus seinem Tun und Lassen erschließen. Die vielen Ehr- und Unreinheitsvorstellungen der frommen Juden fegt er beiseite, ganz einfach dadurch, dass er sich nicht einen Deut um sie kümmert. Er isst und trinkt fröhlich mit den Outlaws (Sünder, Zöllner), er hat Umgang (bis hin zu Berührungen) mit Huren und unrein machenden Kranken. Über eine Prostituierte verlautet er: *„Ihr sind ihre vielen Sünden vergeben, weil sie viel geliebt hat"* (Lk 7,47). Adressaten sind die Pharisäer, die sie als ehrlos, sich selber aber als höchst ehrwürdig erachteten.

Leider ist zu konstatieren, dass diese Hochaussagen schon in der Heiligen Schrift selber nicht immer befolgt worden sind. Ein außerevangelischer Schlüsseltext für die völlige Gleichstellung von Mann und Frau ist Gal 3,28: Es herrscht dank der Taufe völlige Gleichheit zwischen „dem Männlichen" und „dem Weiblichen", will sagen in jedweder Beziehung, weit hinaus über die biologische Kennzeichnung. Von der kultur- und religionsgeschichtlich so grundstürzenden Gleichheitsansage der Genesis ist aber schon im 1. Korintherbrief nicht mehr viel übrig geblieben. Im Galaterbrief existiert keine sexuell bedingte Hierarchie, hier ist sie wesentlich: Christus ist das Haupt des Mannes, der Mann das Haupt der Frau (1 Kor 11,3). Der Mann ist Bild und Abglanz Gottes, die Frau nur Abglanz des Mannes (1 Kor 11,7). Immerhin verwendet er die Brautmetaphorik, um seine Relation zur Kirche zu markieren (2 Kor 11,2). Ein Wandel zeigt sich unverkennbar an.

Während Jesus augenscheinlich praktisch nichts über den Missbrauch der Sexualität außerhalb des Ehehorizonts verlautet hat, holen dies die außerevangelischen Autoren im Neuen Testament nach. Bemerken wir bei Paulus noch ein gewisses Schwanken, so verliert sich dieses sofort in der nächsten Generation, in den Pastoralbriefen. Die Minderwertigkeit der Frauen feiert fröhliche Urständ. „Ordnet euch euren Männern unter", dekretiert der Kolosserbief (3,18). Basta!

## Die Zeit der Kirche Christi

Damit ist der Grundton angestimmt, der in den folgenden Jahrhunderten beinahe ausschließlich zu vernehmen ist. Im „Jüngsten Gericht" Michelangelos in der Sixtinischen Kapelle sehen wir unterhalb des Weltenrichters zwei Engel dem Betrachter nahen. Sie haben je ein Buch in Händen. Das des einen ist ein dicker Foliant; dort sind die bösen Taten der Menschen festgehalten. Der andere hält nur ein schlankes Taschenbuch – das Register der guten Taten.

Diese bleiben sicher nicht leer. Die positive Grundeinstellung der Bibel zeitigt Früchte – einige wenige. Sie werden sichtbar unter anderem in der spirituellen Hochschätzung der Ehe. Bis ins Mittelalter kam sie schlicht und einfach durch das gegenseitige Ja-Wort der Heiratswilligen zustande, wo immer es ausgetauscht wurde (im Wald bei einem Schäferstündchen vielleicht). Später konnte jeder Partner es aber auch bestreiten. Das war vor allem für den weiblichen, der das Gegenteil kaum erweisen konnte, sehr schwer. Im Lauf der Jahrhunderte setzte sich dann mehr und mehr die Forderung nach der Öffentlichkeit des Ehewillens durch. Der Gipfelpunkt war mit der Erhöhung der Verbindung zu einem Sakrament der Kirche erklommen.[105] Gleichzeitig aber

105 Eigentlich aufgrund eines Übersetzungsfehlers. Nach Eph 5,32 ist die Ehe ein „großes Geheimnis", griech. *mysterion*, lateinisch *sacramentum*, deutsch *Geheimnis*. Für lateinische Ohren war dann die Ehe eben ein Sakrament wie Taufe oder

machten sich die sexualkritischen Elemente der kulturellen Tradition in wachsendem Maß geltend.

Sie wurden stärkstens ausgebaut bereits durch Augustinus († 430) und wegen seines nicht zu überschätzenden Einflusses auf die gesamte Folgezeit bis jetzt zur selbstverständlichen Doktrin gemacht. Der spätere Bischof im nordafrikanischen Hippo hatte persönlich eine radikale Wandlung vom jugendlichen Playboy zum alternden Asketen mitgemacht. Etwas vom sprichwörtlichen Konvertiteneifer mochte bei seinen fanatischen Äußerungen gegen alles Sexuelle mitgespielt haben. Theologisch untermauerte er sie mit der von ihm entwickelten Erbsündenlehre. Die Adamssünde mit ihren Folgen übertrug sich auf alle seine Kinder, die ja in seinen Hoden bereits da waren, sprich auf jeden Menschen. Übertragen wurde sie durch den Intimverkehr, genauer durch die damit unablöslich verbundene Wollust. Nun war der Auslöser seiner Bekehrung ausgerechnet das Pauluswort gegen Unzucht und Ausschweifung (Röm 13,13). Wer sich mithin, schloss der Afrikaner, nicht alles Sexuelle aus der Seele reiße, der wird verdammt. Das bedeutet: Es kommt allein auf den Willen an, dass man sich der Gnade öffnet. Aber das ist auf dem bewussten Gebiet gewaltig schwer. Da erlebt er Erektionen und kann ihrer nicht Herr werden … Für den alternden Bischof wird Sex zum Trauma. Das nicht nur seiner selbst, sondern generell. Also wird er auch generell tabuisiert. Ehe ist dann eigentlich sündhaft, ehelicher Verkehr ein Express zur Hölle. Leider kann er nicht umhin zur Kenntnis zu nehmen, (a) dass Gott die Vermehrung der Menschen will, (b) diese nur koital gewollt hat,[106] man also Gott nur mittels Unkeuschheit gehorsam sein kann. So konzediert er die Ehe seufzend – ihr Vollzug ist so etwas wie eine genehmigte Sünde.

Die augustinische Meinung wurde in der Folge Maßstab und Mainstream. Freilich gab es auch Gegenstimmen, so die These vom „Eheorden", wie sie der Dominikaner Wilhelm Peraldo († 1721) propagierte: Der von Gott selber im Paradies eingesetzte heilige Orden ist über den Fall hinaus letztlich unversehrt aufrecht erhalten geblieben.[107] Ehe ist also gut.

---

Eucharistie. So ging es im 12. Jahrhundert in das Septenar der Heilszeichen ein und blieb dort: Seitdem ist die Ehe ein Sakrament.

106 Jetzt, in der nachparadiesischen Zeit. Im Garten Eden genügten Küsse.

107 Guilelmus Peraldus, Matrimonium ex XII commendatur, ed. N v. Paulus (HPBl 1908), 1012.

Wir übergehen die Entwicklung im einzelnen und werfen einen Blick auf die unmittelbare Vergangenheit. Nicht nur sind wir in dieser Zeit alle groß geworden, auch die konkrete Reform muss ja ins Lot bringen, was jetzt außer Form geraten ist.[108] Wenn heute die Kirche an die Wand zu fahren droht, ist in erster Linie ihre Sexualmoral in der Moderne verantwortlich. Von Sex sollte man möglichst nicht reden – aber alle dachten doch daran. Sie war das heimliche Thema der Christenheit, deswegen auch mit den härtesten Sanktionen bedroht. In den Lehrbüchern der Moraltheologie stand gnadenlos: *„In sexto mandato non datur parvitas materiae."* Alle Sünden gegen das sechste Gebot sind „Todsünden". Im Katechismus des *„Opus Dei"* heißt es noch heute:

> *„Da die Sexualität eine zentrale Dimension des menschlichen Lebens ausmacht, sind Sünden gegen die Keuschheit aufgrund ihrer Materie immer schwer und führen folglich zum Verlust des Erbes des Gottesreiches (vgl. Eph 5,5). Sie können lässlich sein, wenn die volle Aufmerksamkeit und Zustimmung fehlt."*[109]

Daher wurde in den Manualien das „Sextum" des Langen und Breiten abgehandelt. Allerdings wurde diese „Liberalität" sofort gedämpft. Die betreffenden Kapitel waren auch in volkssprachlichen Büchern lateinisch abgefasst![110] Wenn es freilich auf Deutsch sein musste, waren die heiklen Worte und Begriffe vornehm umschrieben oder bis zur Unkenntlichkeit verfremdet. Maria war nicht *schwanger*, wie es in der Liturgie heißt, sondern guter Hoffnung, in anderen Umständen, gesegneten Leibes oder ähnlich. Im Alten Testament sagt David zu Abigajil: *„Wärest du mir nicht so schnell entgegengekommen, dann wäre von Nabals Männern bis zum Morgengrauen keiner mehr übrig gewesen"* (1 Sam 25,34). So die katholische Einheitsübersetzung von 2016. In der fast gleich-

---

108 Nach D. Bogner, Liebe kann nicht scheitern. Welche Sexualmoral braucht das 21. Jahrhundert?, Freiburg – Basel – Wien 2024, 69, musste 1995 der damalige Münchener Jugendpfarrer demissionieren, weil er die kirchliche Sexualmoral als überholt bezeichnet hatte.

109 Katechismus des Opus Dei, Kapitel 35 Nr. 6, Abs. 2 (opusdei.org.de-de/article/35-das-sechste-gebot/: Abgerufen am 11. 4. 2024.

110 So das im deutschsprachigen Raum weit verbreitete Handbuch des Franziskaners Heribert Jone mit dem barocken Titel „ Katholische Moraltheologie auf das Leben angewandt unter kurzer Andeutung ihrer Grundlagen und unter Berücksichtigung des CIC sowie des deutschen, österreichischen und schweizerischen Rechtes", Paderborn [19]1964.

zeitigen Lutherbibel wäre in diesem Fall *„nicht ein einziger übriggeblieben, der an die Wand pisst"*[111].

Die hier bemerkliche Verdrucktheit und Verklemmtheit erreichte eines mit Sicherheit: Das Thema war angstbesetzt wie kaum ein anderes. Mich baten einmal Eltern, ich möge doch ihren Pfarrer einmal bitten, er solle nicht immer den Erstkommunikanten mit der Hölle drohen, wenn die Kinder etwas „Unkeusches" sich hatten zuschulden kommen lassen. Das konnte etwa darin bestehen, dass die Mädchen sich „unten herum" wuschen (6. Gebot). Da wurden sie auf ewig verdammt. Auf ewig verdammt wurden sie allerdings desgleichen, wenn sie den Weisungen der Mutter zur Ganzkörperwaschung nicht folgten (4. Gebot).

Eine vernünftige Information über das ganze Gebiet des „Sextum" bekam kaum ein Kind. Zwar konnten die Eltern ihm mehr oder weniger verstohlen ein Heftchen über „das Geschlechtliche" aus katholisch-priesterlicher Feder in sein Zimmer legen. Nur wusste es nach der Lektüre zwar einiges mehr über Blumen und Bienen, aber nicht wirklich, wie Buben und Mädchen entstehen und warum sie untereinander „so anders" sind. Eine heute hochbetagte Witwe erzählte mir erst kürzlich, sie und ihr Mann seien am Hochzeitsabend dagestanden und hätten nicht gewusst, was sie nun tun sollten. Aber über eines wussten sie alle, besonders die Jungen, Bescheid: Über das Schrecklichste, Belastendste, Leib und Seele für ewig Zerstörende: die Selbstbefriedigung.[112] Man könnte mit der Literatur darüber einige Regalmeter füllen – nicht allein aus theologischer Feder, sondern auch von Medizinern.[113] Was konnte dabei nicht alles passieren: Austrocknung des Gehirns oder Schwund des Rückenmarks. Wer tat, was alle taten, verspielte seine Gesundheit und das ewige Leben. Dann siegte doch der Trieb. Wahrlich ein teuflisches Geschehen.

Die Angst vor dem „Unkeuschen" wurde oft unerträglich im Gedanken an die (gewöhnlich alle vier Wochen abzulegende) „Schülerbeichte".

---

111 So auch die Elberfelder Bibel, die Zürcher Bibel, die Gute Nachricht (pinkeln). – Ähnliche Stellen auch 1 Sam 15,22; 1 Kön14,10; 21,21.

112 „Durch den Samenerguss begeht ihr ein Verbrechen, das unvergleichlich schlimmer als Ehebruch und Hurerei ist" (A. Bodenstein v. Karlstadt, Super coelibatu, monachatu et viduitate axiomata perpensa Wittenbergae, Wittenberg 1521).

113 R. Battenberg, Die Kulturgeschichte der Onanie & Masturbation in obszönen Photographien & Illustrationen, Frankfurt 2021.

Unterließ man ein Bekenntnis an dieser Stelle, fragte beinahe unvermeidlich der Beichtvater nach. Legte man es ab, rief man beinahe ebenso unvermeidlich Nachfragen hervor, was man und wie man „es" getan habe. Im Zusammenhang mit dem Missbrauchsskandal wurde bekannt, dass die einschlägigen Täter oft das Bußsakrament einschlägig einsetzten. Man kann aber gewiss nicht behaupten, dass jede Nachfrage darauf zielte. Der in der Regel absolut unverdächtige Beichtiger wollte dem Beichtkind lediglich zur vollständigen Beichte verhelfen, die in diesem Fall verpflichtend war, handelte es sich doch um Todsünden.

## Zentrales Reformanliegen: Sexualmoral

Wenn dieses Kapitel so umfangreich ist, dann deswegen, um deutlich zu machen, dass, wenn irgendwo, die Kirche auf dem Gebiet von Sexualität, Ehe und Familie von der von Jesus vorgegebenen Form abgewichen ist. Er führt an der einzigen ausführlichen Stelle, wo er davon spricht, bei der Ehefrage, diese grundlegende anthropologische Gegebenheit auf den anfänglichen und ursprünglichen Liebeswillen Gottes zurück. In der ehelichen Liebe soll sich die überströmende Liebe Gottes widerspiegeln, sogar dergestalt, dass die Menschen aus ihr auch etwas vom Geheimnis der göttlichen Trinität erspüren können. Im Leben der Kirche Christi war davon fast seit den Anfängen und fast immer wenig zu merken. Statt in der ehelichen und familialen Hingabe und Geborgenheit die Hingabe und Geborgenheit Gottes erfahren zu lassen, wurde Sexualität ein drohendes Schwert zu Häupten der Glaubenden, nicht selten ganz wörtlich genommen. Nach Ansicht der jeweiligen kirchlichen Obrigkeit konnte sündhaftes Verhalten auf diesem Gebiet zum Todesgrund werden. Nicht nur die männliche Homosexualität wurde mit Hinrichtung quittiert. Damit gab die Kirche den ihr gebotenen Gewaltverzicht auf. Obwohl in der Bibel sonnenklar die Gleichwertigkeit der Geschlechter ausgesagt ist, diffamierte sie das weibliche Geschlecht. Bis zur Stunde. Eva war die Erstsünderin, Adam hatte eigentlich seine Liebe zu ihr zeigen wollen, wenn er wie sie die verbotene Frucht verzehrte. Seine Sünde war recht verstanden Liebe, die ihre wirkliche Untat.[114] In der letzten Zeit hat sich zwar der Ton der

114 Auf vielen Darstellungen ist der Mann beim Verführungsakt gar nicht anwesend. Charakteristisch J. Milton, Das verlorene Paradies. Da lässt er den Adam

Dokumente gewandelt. Die Päpste können die Frau nicht genug preisen, loben und erheben – aber nur in Worten. Die Gleichberechtigung der Frau bedeutet solange eben nicht Besitz der gleichen Rechte, wie das Ordinationsverbot besteht.

Unser Schnelltest hat ergeben: Wenn es irgendwo der Erneuerung bedarf, dann ist es in der Thematik Sex und Liebe. Wenn sie nicht an dieser Stelle vor sich geht, sind alle anderen Bemühungen jedenfalls in der Praxis umsonst. Denn die Liebe ist die absolute Grundlage des Glaubens an Gott, von dem Johannes schreibt: „Gott ist Liebe." Daraus ergibt sich logisch: „Wer in der Liebe bleibt, bleibt in Gott und Gott bleibt in ihm" (1 Joh 4,16). Wo aber auf Erden ist der eigentliche, der überzeugende Ort der Liebe, wenn nicht dort, wo Menschen sich liebend einander und für ihre Familie auch mit ihrem Leibe lieben?

Die Sexualmoral der Kirche ist zerbrochen. Sie bedarf der dringenden Rückkehr zu ihrer jesuanischen Form. Dazu bedarf es einer echten Umkehr im Denken. Menschlich-leibliche Liebe ist nicht Minderung der Gottesliebe, sondern ihr in der Schöpfung angelegter Ort. Nicht von ungefähr werden in vielen Kulturen, auf jeden Fall in der biblischen, Bilder für das gelungene Gott-Menschen-Verhältnis aus dieser Thematik genommen, die erotische nicht ausgenommen. Beleg: das Hohelied des Alten Testamentes. Bilder aber wirken entsprechend der Realität des abbildenden Momentes. Damit das gelinge, bedarf es eines anderen kirchlichen Verhaltens. Es muss der Heiligen Schrift entsprechen. Dort ist die Sexualität und alles, was damit positiv zusammenhängt, ein Ausdruck der Schöpferliebe Gottes. Die Liebe zwischen Mann und Frau, die Elternsorge, die sexuelle Lust sind die kreatürlichen Abbildungen seines Wesens bis ins Mysterium der Dreifaltigkeit. Die Relation Gott – Mensch entspricht der bräutlichen Beziehung: *„Wie der Bräutigam sich freut über die Braut, so freut sich dein Gott über dich"*, erklärt der Prophet Jesaja seinem Volk (Jes 62,5). Sexualität ist also nicht die Verleiblichung des Bösen, sondern Vergegenwärtigung Gottes. Martin Luther bringt es in einem Brief an seinen Freund Spalatin aus dem Jahr 1525 auf den Punkt: *„Du sollst, wenn*

---

vor Gott über seine Frau sagen: *„Und alles was, sie tat, was es auch war, / Nur schon, weil sie es tat, gerecht erschien:/ Sie gab mir von dem Baume und ich aß"* (10. Buch, VV. 177–190. Übers. H. H. Meier, John Milton, Das verlorene Paradies, Stuttgart $^{2}$1986, 299).

*du mit deiner Catharina schläfst und sie umarmst, dabei so denken: Dieses Menschenkind, dieses wunderbare Geschöpf Gottes, hat mir mein Christus geschenkt.“*[115] Aber das war nicht das allgemeine Denken, auch das des Reformators nicht.[116]

Nicht nur aus Quellentreue muss die Kirche ihre Sexuallehre ändern, sondern ebenso aus pastoraler Sorge. Wegen der vitalen Bedeutsamkeit der Sexualität hat die Verweigerung der Rezeption beträchtliche Folgen für das generelle Vertrauen der Kirchenmitglieder zur Kirchenautorität.[117] Es schmilzt, wie jeder weiß, wie Schnee im Frühling. In Rechnung zu stellen ist überdies die Tatsache, dass sich wesentliche Eckpunkte in den letzten zwei Jahrhunderten erheblich geändert haben. Es hat Folgen, wenn die Pubertät wie im 18. Jahrhundert mit achtzehn oder wie heute mit zwölf Jahren einsetzt.[118] Es ist konsequenzenreich, ob der Ehebeginn durchschnittlich im 16. Lebensjahr oder bei Dreißig plus liegt und ob die durchschnittliche Lebenserwartung der Verheirateten bei 55 oder bei 78 Jahren liegt. Für die Kinderzahl ist jenseits aller emotionalen Einstellungen Gegenstand der Überlegungen, ob einem Paar der Nachwuchs bis zum fünfzehnten (Berufsbeginn) oder bis zum dreißigsten Lebensjahr (Ausbildungsabschluss) auf der Tasche liegt. Beim Kapitel Scheidung muss man berücksichtigen, dass die Frau ökonomisch nicht mehr total vom Partner abhängt, wie bis ins 20. Jahrhundert hinein, sondern auf eigenen Beinen steht. Die Neugestalt der Ehe ist schließlich nicht mehr wie seinerzeit die Familien-, sondern die Liebesheirat. Nicht mehr die potenziellen Brauteltern ermöglichen durch ihren Segen die Partnerschaft ihrer Kinder,[119] sondern diese selber sagen Ja zum Ehegespons – übrigens eigentlich ganz im Sinn der Kirche, die das schon im Mittelalter durch die Lehre vom Konsens erst möglich und notwendig gemacht hat. Liebe aber ist zerbrechlicher als es materieller Besitz ist.

---

115 Martin Luther, WA Briefe 3, 635.

116 A. Angenendt, Ehe, Liebe, Sexualität im Christentum von den Anfängen bis heute, Münster 2015, 157 ff.

117 Zur Relevanz der Rezeption siehe Kapitel 15.

118 In den Knabenchören Bachs in Leipzig gehörten Siebzehnjährige zu den Knabenstimmen.

119 Der Grund für die Wahl gerade dieses Partners durch die Eltern war meist die durch die Ehe eintretende Mehrung des Besitzes: „Wenn Hans die Grete ehelicht, sind wir die größten Bauern.“

Noch ein Wort zu dem „schlimmsten Laster“. Die Onanie war deswegen so schrecklich, weil sie als Tötung betrachtet wurde. Da bereits Aristoteles glaubte, im Samen sei schon der ganze spätere Foetus enthalten, war Samenvergeudung ebenso wie Abtreibung, Verhütung und männliche Homosexualität[120] Mord. Die gleichgeschlechtliche Orientierung war außerdem von Paulus verboten. Alle diese Begründungen sind nicht mehr aufrechtzuerhalten: Die Natur selber „vergeudet“ den Samen in Mengen. Die Exegese versteht die Ansicht des Paulus anders und die Anthropologie sieht in der Homosexualität eine naturgegebene sexuelle Orientierung.[121]

## Vorrang der Liebe

Selbstverständlich liegt es außerhalb unserer Möglichkeiten und Kompetenz sowie außerhalb des Themas unserer Arbeit, im einzelnen eine neue Ehelehre zu entwerfen. Wir wollen uns aber nicht davon dispensieren, einige Hinweise für die Richtung der Reform zu geben. Vor allem ist da zu nennen Empathie im Verstehen der Realitäten. Gerade die heutige Gestalt der Ehe ist eminent, so wie vorher kaum je, gefährdet. Gerade der Vorrang der Liebe in der Gemeinsamkeit macht ein Scheitern um so schlimmer. Mann und Frau haben sich einmal geliebt mit Leib und Seele, sie spiegeln sich und ihr Miteinander in den Kindern. Dann zeigt sich mit einem Male, oft sehr plötzlich: Wir passen ganz sicher nicht zueinander. Oder: Wir haben uns auseinander entwickelt, vielleicht wegen des Altersunterschiedes. Oder: Ich habe erst jetzt den Mann/die Frau meines Lebens gefunden, mit dem/mit der ich glücklich werde. Mit einem Wort: Du bist nicht jene personale Ergänzung, die ich gesucht habe. Wenn jemand sich glücklicherweise von solchem Unglück nicht betroffen weiß, so kann er doch genügend Zeugnisse aus dem eigenen Bekanntenkreis oder aus der Literatur zur Kenntnis bekommen, die ihn mit erschütterndem Leid konfrontieren.[122] Nicht

---

120 Die weibliche nicht: Die Frau war nur zum Schutz und zur Ernährung der Leibesfrucht da. Zu deren Körper und Seele trug sie nichts bei.

121 Onanie: M. Theobald, Römerbrief. Kapitel 1–11 (SKK.NT NF 6,1), Stuttgart 1992, 70 – Homosexualität: U. Rauchfleisch, Art. Homosexualität I. Anthropologisch: LThK $^{3}$5, Sp. 254 (1996)

122 Z. B. D. Bogner, Liebe kann nicht scheitern. Welche Sexualmoral braucht das 21. Jahrhundert?, Freiburg – Basel – Wien 2024.

eben selten empfinden solche Menschen eine Front der Kälte und Empathielosigkeit bis hin zur Gleichgültigkeit, wenn sie mit Kirchenvertretern oder deren Doktrin in Kontakt geraten. Die verweisen gern mit höflichem Bedauern auf die Canones des Kirchenrechts. „Da kann man nichts machen, leider".

Vielleicht ist das nicht von ungefähr. Die Ehemoral der Kirche wird entworfen von mehr oder minder betagten Männern; Ehelose sind es, die den Glaubenden Eheeinsicht vermitteln. Was die scheiternden Eheleute durchmachen, liegt vollkommen außerhalb des eigenen Lebens- und Erlebnisbereichs. Aber müssten sie nicht trotzdem verstehen können, dass im Fall des Falles die konkrete Ehe nicht mehr ohne Schaden für die Partner gerettet werden kann? Oder dass jemand wirklich unter seiner Geschlechtsausprägung leiden kann und man ihn bei seinem Coming out liebevoll begleiten muss?

Barmherzigkeit also im Nachgang zur jesuanischen Barmherzigkeit mit den weshalb auch immer Gescheiterten ist das erste Gebot im Bereich, von dem wir sprechen. Sie kann schon darin liegen, dass nicht das Gesetz den Primat hat, sondern dessen Interpretation. Selbst für das Kirchenrechtsbuch steht sie, räumlich zwar an letzter, sachlich jedoch (als universale Vorschrift) an erster Stelle.[123] Anders als die lateinische haben die Orthodoxen Kirchen diese Norm in ihrem Eherecht verankert. Zwar halten auch sie sich an das Scheidungsverbot „kat'akribeian", also an sich, von Rechts wegen. Wenn sich aber im Einzelfall das irreparable Scheitern einer Verbindung nach einer entsprechenden Untersuchung herausstellt, kann sie „kat'oikonomian", auf dem Weg barmherzigen Urteilens kirchlich gelöst und der Weg für eine weitere sakramentale Hochzeit geebnet werden.[124]

Wir haben bisher den Versuch unternommen, angesichts der prekären Lage der Kirche auf der Basis ihres Wesens eine Analyse der funda-

---

123 Can. 1752/CIC1983: Die Vorschriften sind anzuwenden *„unter Wahrung der kanonischen Billigkeit und das Heil der Seelen vor Augen, das in der Kirche immer das oberste Gesetz bleiben muss"*.

124 Das ist nur ein einziges Mal gestattet. Die zweite kirchliche Zeremonie ist gegenüber der ersten liturgisch reduziert. Zum Oikonomia-Prinzip allgemein R. Reichman – B. Müller-Schauenburg, Oikonomia und ihre Grenzen im Orthodoxen Kirchenrecht: Ancilla Iuris 2019, 73–84. Das Resümmé lautet: Das Seelenheil des Täters bedarf der Flexibilisierungsverfahren wie die Oikonomia, *„die dem Einzelfall Vorrang geben und jeden einzelnen Menschen als prosopon, als Ebenbild Gottes wahrnehmen"* (84).

mentalen wie praktischen Defizite des Systems Kirche im angehenden 21. Jahrhundert zu erheben. Im zweiten Teil der Arbeit soll der Versuch durch einige Feinbohrungen präzisiert werden, indem bestimmte Thesen und Vorgaben der Ekklesiologie im Zusammenhang mit der heutigen Situation auf ihre Schlüssigkeit und Stimmigkeit kritisch abgehorcht werden.

# II. AUSFORMUNGEN

# 7
# FREIHEIT

Missbrauchen kann man nicht nur Menschen, sondern auch Wörter. So in der philosophischen Anthropologie. An sich positive Begriffe haben plötzlich einen negativen Beigeschmack. Sie verfälschen die gemeinte Sache ins Gegenteil. Solche Begriffe sind *Recht, Gerechtigkeit, Demokratie, Ordnung, Liebe* – und eben *Freiheit*. Führten die Herrscher ehedem einen Krieg, um Land und Macht zu mehren – und das sagten sie frank heraus –, so suggerieren sie heute, er sei nötig, um unterdrückte Völker oder Volksgruppen zu „befreien", sie „heim ins Reich zu holen", um den „versklavenden Faschismus" auszurotten – gleichgültig, ob diese das wirklich wollen oder nicht. Das Wort *Freiheit* ist wie eine Hure, die sich jedem hingibt. Es wird denn auch missbraucht in allen Richtungen, Dimensionen und Perspektiven. Das aber kann die Menschheit nicht dulden. Denn alle diese Begriffe gehören zum Grundbestand von Kultur, Ordnung, Zivilisation – kurz von Menschlichkeit. Diese wird zweifelhaft, werden diese Begriffe es. Zweifelhaft wird dann auch das Christentum, insofern es integraler Teil unserer Kultur, unserer Verwirklichung von Humanität ist. Überlegungen über die christliche Freiheit sind somit ein Beitrag zur Ideengeschichte, zur Realisierung des Humanum, gegenwärtig von besonderer Dringlichkeit: Es ist global bedroht. Auch in der Kirche.

## Was ist Freiheit?

Wir suchen die Frage zuerst allgemein zu beantworten, ehe wir die speziell mit der biblischen Religion verbundene Form der Freiheit analysieren. Für Begriffsbestimmungen ist stets ein Blick ins Etymologische Wörterbuch von Nutzen. Die indogermanische Wurzel von *Freiheit* ist *prai-* für *gern haben*. Verwandte Begriffe sind *Freund, Friede, Freier.* Im Althochdeutschen ist davon abgeleitet *frihelsi = Freiheit.* Gemeint ist wörtlich die Unantastbarkeit des Halses beim freien Menschen. Die Urbedeutung verbindet sich also mit Liebe, Wertschätzung und Achtung der anderen. Welche Perspektiven sich damit auftun, werden wir später sehen. Erst aber soll gezeigt werden, wie die Entwicklung vom einstigen *lieb* zum heutigen *frei* verlaufen ist. Die Brücke ist die Vorstellung, dass einer zu den Menschen gehört, die man liebt, zu den Stammesgenossen. *Unfrei* sind dann die stammesfremden, ungeliebten, weil fremden Königsgefangenen.

Was aber sachlich damit ausgedrückt werden soll, kann man am besten *ex negativo* beschreiben: Was ist Freiheit *nicht*? Drei Beispiele:

- *Ein Verbrecher wird zu einer Freiheitsstrafe von 3 Jahren und 6 Monaten verurteilt.* Er muss in Gewahrsam, kann sich nicht bewegen, wie er will, hat einen rigiden Tagesplan zu beobachten, darf nur sehr beschränkte Außenkontakte unterhalten. Er steht unter Zwang. *Freiheit* ist also die Abwesenheit von äußerem Zwang.
- *Jemand ist erkrankt*, so schwer, dass er „ans Bett gefesselt" ist. Auch er steht unter lästigen Bedingungen – er kann nicht arbeiten, muss Medikamente mit Nebenwirkungen einnehmen, hat sich einschränkenden Therapiemaßnahmen zu fügen; auch er hat nur mangelhaften Zugang zur Außenwelt. Freiheit ist dann Lösung von inneren, in diesem Fall physischen Einschränkungen.
- Solche Einschränkungen können auch *psychische Ursachen* haben. Jemand leidet unter Zwangsvorstellungen, ist einer Sucht verfallen, weist egomane Züge auf. Er ist, mit einem Wort gesagt, nicht in der Lage, sich selbst zu bestimmen. Freiheit ist in diesem Fall Lösung von inneren psychisch verursachten Einschränkungen.

Zusammenfassend kann man konstatieren: Freiheit ist der Modus der Selbstverfügung. Bei unserem Thema geht es primär um die psychische Freiheit. Sie beruht auf einem autonomen und unbedingten Willen. Der aber bedarf eines Kriteriums für seine Entscheidungen. Das ist der Verstand, der hinsichtlich des Gewollten die Richtigkeit oder Falschheit, die Angemessenheit oder Inopportunität, die Begründetheit oder deren Gegenteil eruiert. Willensentscheidungen müssen also rational, vernunftbegründet sein. Daraus ergibt sich unmittelbar, dass der/die so Handelnde für sein Handeln verantwortlich ist. Weiterhin folgt: Die Entscheidung ist vor sich und den anderen zu rechtfertigen.

Aber gibt es einen solchen freien Willen überhaupt? Oder determiniert unser Gehirn letztlich das, was wir tun, noch ehe wir uns dessen bewusst sind? Einwände kommen aus Neurologie und Hirnforschung – genannt sei nur der Name von Wolf Singer. Die Debatte hat ergeben: Es gibt eine grundlegende Selbstbestimmung des Menschen – auch wenn sie vielleicht geringer ist als man ehedem annahm. Damit ist auch die Existenz von Moral und Ethik gesichert.

Wir befinden uns schon mitten in der Untersuchung der Willensfreiheit. Sie ist, wie gesehen, in erster Linie Abwesenheit von Zwang. Man spricht von der *Freiheit von etwas* oder von *negativer Freiheit*. Sie ist die Voraussetzung für verantwortete Eigensetzungen, gemeinhin bezeichnet als *Wahlfreiheit* – man kann zwischen Alternativen entscheiden. Aus der negativen folgt somit die *positive Freiheit* oder *Freiheit zu etwas*, anders gesagt, die Möglichkeit der Selbstverwirklichung. Personal betrachtet kann die Freiheit *individuell* sein – man denke an die Pressefreiheit, die Meinungsfreit – oder *kollektiv*, wenn etwa ein Land im Frieden leben kann und keine Fremdmacht dulden muss. Von der Unterscheidung von innerer und äußerer Freiheit haben wir schon gesprochen.

Schließlich noch eine Distinktion, die theologisch von Bedeutung ist. Die *formale Freiheit* besteht in der Unbedingtheit der freien Willensäußerung. Zum Wesen des Selbstvollzugs gehört es, dass grundsätzlich keine Beschränkungen bestimmend sind. Allerdings gibt es solche im konkreten Vollzug. Wir sprechen dann von der *materialen Freiheit*. So muss jemand die allseitige Möglichkeit haben, seinen Entschluss auszuführen. Es gibt seitens des Staates und meiner Gesundheit keine Reisebeschränkung für Frankreich. Aber um dort Urlaub zu machen, benötigt man Geld. Hat man keines, nützt die prinzipielle Freiheit nichts. Der wichtigste Grund für Beschränkungen der eigenen Freiheit ist die Freiheit der anderen, genauso wie deren Freiheit durch die eigene ebenfalls limitiert ist. Ich habe das Recht und auch die Freiheit, Trompete zu spielen. Mein Nachbar aber hat Recht und Freiheit auf einen ungestörten Mittagschlaf. Damit ist meine Freiheit (partiell) dahin.

Theologisch ist in diesem Kontext zu fragen, ob Gott formal frei ist. Kann er schalten und walten wie er will? Die Frage war schon einmal im Mittelalter aktuell. Kann Gott beispielsweise die Sünder in den Himmel, die Heiligen in die Hölle spedieren? Man unterschied damals die *potentia Dei absoluta, die absolute Macht Gottes,* von der *potentia ordinata Dei,* der „eingebetteten" Freiheit Gottes. An sich könnte er, da absolut allmächtig, absolut willkürlich handeln. Doch weil er nicht nur mächtig, sondern auch noch gerecht ist, ist sein Wille an die daraus folgenden Konsequenzen gebunden. Wir werden darauf zurückkommen. Jetzt werfen wir aber erst einmal einen Blick auf die Geschichte.

## Zur Ideengeschichte der Freiheit

Freiheit ist, das haben unsere kurzen Überlegungen schon gezeigt, ein anthropologischer Fundamentalbegriff. Da kann nicht überraschen, dass er seit eh und je die Reflexion der Menschen herausgefordert hat. Für unseren Kulturkreis ist die griechische Polis wichtig. Ihre demokratische Verfassung beruhte auf der Freiheit der Bürger, freilich nicht aller, sondern nur der der Oberschicht. Die Sklaven hatten keinen Anteil daran; sie galten nicht als Personen, sondern als Sachen. Sie waren allerdings unverzichtbar: Die ganze Wirtschaftsordnung beruhte auf diesem System. So suchen wir im Neuen Testament vergebens einen Protest dagegen, obschon das Thema einmal virulent wird. Einem gewissen Philemon war der Sklave Onesimus entwischt; er hatte sich zu Paulus geflüchtet, weil er gehört hatte, dass der ein freiheitliches Evangelium vertrete. Der schickt ihn postwendend zurück, mit einem wundervollen ganz kurzen Brief: Onesimus bleibt Sklave, aber er ist nun für seinen Herrn *„ein lieber Bruder"* (Phil 15).

Zum Haupt- und Generalthema wird Freiheit erst mit der Aufklärung. Uns heute selbstverständlich anmutende Forderungen werden erst damals zum ersten Mal erhoben. Ich nenne die Stichworte: Trennung von Staat und Kirche, Gewaltenteilung, Demokratie als ideale Staatsform, Rede-, Kunst- und Meinungsfreiheit, Proklamation der bürgerlichen Grundrechte und endlich als Zusammenfassung der Katalog der Menschenrechte (1776). Wie noch zu zeigen sein wird, werden die Postulate zwar weitgehend gegen die herrschende Kirche (vor allem gegen die römische) durchgesetzt, sind jedoch im Grund Fleisch von ihrem Fleisch. Man kann sagen: Das abendländische Freiheitsverständnis beruht auf den Denkgrundlagen des Griechentums und der christlichen Theologie.

Eine nähere Untersuchung, die wir uns an dieser Stelle nicht leisten können, würde schnell klar machen: Damit würden wir ein vermintes Feld betreten. Freiheit setzt Ordnung voraus. Ich kann mich nachts nur dann frei bewegen, wenn ich vor räuberischen Attacken gesichert bin. Ordnung setzt also Sicherheit voraus. Sicherheit aber lässt sich faktisch nur erreichen durch freiheitsbeschränkende Maßnahmen wie Zensur, Überwachungskameras, Kontrollen und dergleichen. Wie viel davon darf, wie viel muss sein? Heiß wird heute darüber diskutiert. *Wir* meiden besser das gefährliche Areal …

Was uns besonders interessiert, ist die Entwicklung des Themas in der Geschichte des Christentums. Seltsamerweise haben sich die großen Theologen nur selten ausdrücklich mit den denkerischen Einschlüssen des Freiheitsbegriffs abgegeben. Dafür streiten sie mit aller Vehemenz und über vierzehn Jahrhunderte lang über das Verhältnis der Freiheit Gottes zur menschlichen Freiheit. Es ist selbstverständlich, dass Freiheit ein hohes Gut ist, es also Gott in höchstem Maß zukommen muss. Demzufolge ist jede nichtgöttliche, d. h. die kreatürliche Freiheit, sofern sie tatsächlich existiert, eine Schmälerung der göttlichen Freiheit. Gott und Mensch werden in Konkurrenz zueinander gebracht. Dann wird aber logischerweise Gottes Freiheit durch menschliche Freiheit gemindert und beeinträchtigt. Gott ist dann nicht mehr der absolut, sondern der bedingt Freie, also nicht mehr Gott. Ist aber Gott ganz und gar Gott, kann der Mensch nicht wirklich frei sein, weil neben der göttlichen keine andere Freiheit existieren kann. In letzter Konsequenz führt das zur Nichtung der Menschenfreiheit durch Gott in der Prädestinationstheorie: Gott bestimmt irreversibel schon bei der Schöpfung den einen Menschen für den Himmel, den anderen für die Hölle. Die weitere Konsequenz: Der eigentliche Nachschubbeschaffer für den Satan ist Gott selbst! Die *potentia absoluta* triumphiert.

Die Debatte wird von Augustinus gegen Ende des vierten Jahrhunderts angestoßen. Sein großer Gegenspieler und nach seiner Ansicht Urketzer ist der irische Mönch *Pelagius*. Sie wird wieder aufgenommen im sechzehnten Jahrhundert durch den Augustinermönch Martin Luther, dem von altkirchlicher Seite Johannes Eck als potentester Kontrahent ersteht. Die Kontroverse wird erst im zwanzigsten Jahrhundert beendet, als sich erweist, dass die gemeinsame Grundposition der Parteien und damit auch die Fragestellung falsch ist. Göttliche und menschliche Freiheit liegen nicht auf der gleichen Ebene: Gott als der Urgrund allen außergöttlichen Seins ist auch der Grund geschöpflicher Freiheit. Er hat sie so konstituiert, wie sie ist. Das aber bedeutet: Die Freiheit der Menschen als Wahlfreiheit zwischen dem Guten und dem Bösen ist Gabe Gottes. Er hält auch eisern an seinem Plan fest, auch wenn sich dadurch für uns rätselhafte und undurchdringliche

Probleme zu ergeben scheinen.[125] Die Relation Schöpfer – Geschöpf zeigt sich mithin nicht als Konkurrenzverhältnis, sondern als Problem unseres Gottesbildes, näher als die Grundfrage der *Theodizee*. Zweifellos ist eine der wesentlichen Ursachen des Bösen in der Welt die menschliche Freiheit. Sie, genauer ihr Missbrauch, ist die Ursache von vielfältiger Unterdrückung, Freiheitsberaubung, Schändung, Ungerechtigkeit in Bezug auf andere Menschen. Wie kann aber Gott solches zulassen, wenn er doch gut, gerecht, mächtig – ja eben, und frei ist? Auch diese schwierigste aller theologischen Fragen lässt sich in diesem Rahmen nicht verfolgen.[126] Mehr und mehr zeigt sich, in welches Wespennest man greift, wenn man sich mit der Freiheit befassen möchte.

Wie wir sahen, ist die Freiheit auch ein Kirchen-Problem. Aber auch in vielen anderen Disziplinen der Theologie spielt sie eine tragende Rolle. In der Dogmatik ist davon die Rede nicht nur in der Gotteslehre, sondern ebenso in der Gnadenlehre, der Theodizee (wie gehabt), der Christologie und der Soteriologie. Wir haben uns also damit zu befassen. Theologie fragt notwendig nach der Freiheit der und in der Kirche.

## Freiheit und Befreiung in der Bibel

Am Anfang steht die christliche Grundfrage: Was sagt die Heilige Schrift? Basisdatum ist die *Schöpfung*. Grund für Gottes außergöttliches Handeln, für die Schöpfung also, kann nur seine überfließende Liebe sein – er ist in sich absolut vollkommen, autonom und autark, also absolut frei und auf nichts angewiesen, keines Dinges bedürftig. Von dieser Tatsache her aber lassen sich Rückschlüsse auf den Schöpfer ziehen. *Omne agens agit sibi simile*, postulierte Thomas von Aquin:[127] Von der Wirkung kann man auf die Ursache schließen. Im Geschöpf wird mithin irgendwie der Schöpfer präsent. Die Kreatur ist gottähnlich. Die höchste Form der Ähnlichkeit aber ist nach beiden Schöpfungs-

---

125 Vgl. Kapitel 5.

126 Vgl. W. Beinert – R. Egger (Hrsg.), So viel Leid und Gott? Ein Lesebuch zu existentiellen Glaubensfragen. Mit einem Essay von Wolfgang Beinert „Ist Gott noch von der Welt zu retten?", München – Zürich – Wien [2]1923.

127 D. J. Pierson, Thomas Aquinas on the Principle Omne agens agit sibi simile, Washington 2015.

berichten der binär geschlechtliche Mensch:[128] Er ist Bild und Gleichnis, Gottes Ebenbild. Das aber ist lediglich möglich bezüglich der geistigen Ausstattung des Menschen, also als eines Lebewesens, das über Verstand und freien Willen verfügt. In anderen Qualitäten kann es kein auch nur ungefähres *a pari* zu Gott geben. Diese beiden Fakultäten also bilden das Alleinstellungsmerkmal des Menschen unter dem Aspekt der Ebenbildlichkeit. Verstand und freier Wille gehören somit zu des Menschen Wesen; sie sind unveräußerlich, unverzichtbare Bestandteile der Definition des Menschen. Weil Gott frei ist und aus Liebe Schöpfer, erscheint die Freiheit als so hohes Gut, dass sie in den Kreaturen erscheinen muss. Mit einem anderen Wort: Gottes Liebe ist unsere Freiheit. Dann jedoch wird unsere Freiheit als gottverdankte Fähigkeit ebenfalls durch Liebe aktuiert – zunächst in Richtung auf den Schöpfer, dann auf die Mitgeschöpfe.[129]

Aus der Bibel ergibt sich weiter: Wenn der souveräne Gott in seiner Freiheit zum Schöpfer des Nicht-Göttlichen wird, bindet er sich selber. Er ist das einzige Sein, welches die formale Freiheit besäße, doch er hält sie nicht fest und wird *eo ipso* materialiter in seiner Souveränität begrenzt, und zwar ganz und auf ewig. Würde er die Freiheit zu irgendeinem Zeitpunkt wieder einkassieren, würde er im nämlichen Moment sein Geschöpf schlicht wieder einkassieren. Die Bibel legt größten Wert auf diese Selbstbindung Jahwes, wenn sie das Bundeshandeln Gottes darlegt.[130] Jahwe schließt aus freien Stücken mit den freien Menschen wieder und wieder einen Bund – mit Noah, mit Abraham, mit David. Jeremias spricht von einem künftigen Neuen Bund. Darauf bezieht sich die Bundestheologie des Zweiten Testaments. Wenn auch das Volk wieder und wieder den Bund bricht, bleibt Gott ihm unverbrüchlich treu – das ist der Inhalt der Exoduserfahrung Israels.

---

128 Von weiteren Geschlechtsausprägungen ist nicht die Rede – nicht positiv, nicht negativ.

129 Es wäre eine sehr interessante Untersuchung, ob und wenn ja, inwieweit eine freiheitliche Dimension auch bei den nichtmenschlichen Lebewesen feststellbar ist. Jüngste Forschungen und Überlegungen – ich nenne nur die amerikanische Philosophin *Martha Nussbaum* (Gerechtigkeit für Tiere) – bieten hier erstaunliches Material. Zu fragen wäre auch, ob nicht die Erstellung der Schöpfung als Evolution ebenfalls auf einen libertären Zug derselben zu deuten wäre. Wir wissen heute überdies, dass im Quantenbereich kein Determinismus herrscht.

130 Die zahlreichen Belege sucht man am besten anhand eines Bibelregisters, etwa EÜ Ausgabe 2016, Stuttgart 2016, 1473.

Der Hinweis auf Gottes Treue entschärft das Theodizeeproblem: Nähme Gott dem Bundesvolk oder auch nur einzelnen daraus die Freiheit, die immer auch Wahlfreiheit einschließt, also die Möglichkeit (und leider Tatsächlichkeit) der Hinneigung zum Bösen, dann zerstörte er sein ganzes „Schöpfungssystem".

Die Engel hatten offenbar klarer als Gott gesehen.[131] Der Mensch setzt seinen gegen Gottes Willen durch. Was dann passiert, schildert die Bibel mit einem Bild: Die Menschen erkennen ihr *Nacktheit*. Das taten sie vor dem Sündenfall natürlich auch. Damals war es ein bloßes Faktum, das sie erfreute, das sie unbefangen genossen. Nunmehr aber kommt es zum Zwiespalt zwischen Begehrenkönnen und Begehrendürfen, ausgedrückt in der Scham. Die Sünde setzt der frohen Freiheit Grenzen. Das bleibt fortan immer so. Für die Autoren der Bibel manifestiert sich das im göttlichen Gesetz, niedergelegt in der Thora. An sich ist es ein Zeichen der Güte des freiheitsstiftenden Gottes, das menschliche Freiheitsordnung sichern und schützen möchte. Hält man es, gibt es nicht Mord und Lüge, nicht Ehebruch und Diebstahl. Aber das ungeordnete Begehren rüttelt immer von neuem an der Ordnung, weil der Mensch dadurch die eigene Freiheit als begrenzt erkennt. Sie erscheint als das eigentlich anzustrebende Gut. So begehrt der Mensch gegen den im Gesetz sich artikulierenden Freiheitswillen Gottes auf. Infolgedessen muss die Weisung des Gesetzes präzisiert, nochmals beschränkt, gegen das Individuum (für welches es erlassen wurde) durchgesetzt werden. So wird das Gesetz nicht mehr Förderung der Freiheit, sondern deren Einschränkung und erst und gerade dadurch zur Sklavenpeitsche.[132]

Der erste kanonische Autor, der die christliche Freiheitslehre systematisch entfaltet hat, ist Paulus, Rabbiner, aber auch Kenner der (griechischen) Philosophie. Nüchtern hat er die Fakten analysiert. Für ihn ist das Christusereignis die Freiheitstat schlechthin. Leben, Leiden und

---

131 Siehe oben S. 82.

132 Ein Beispiel dafür ist das Sabbatgebot. Es sollte Mensch und Vieh aus der Sklaverei der ununterbrochenen Arbeitspflicht befreien. Wir müssen bedenken: Es gab weder Tarifurlaub noch freies Wochenende noch arbeitsregelnde Tarifverträge. Es gab lediglich Gottes Gesetz. Um es durchzusetzen, erfanden die Autoritäten immer neue Regelungen, Interpretationen und Grenzziehungen – wie viele Schritte man erlaubterweise laufen konnte, ob man jemandem im Unglück am Sabbat helfen dürfe: Nein, meinten sie, als Jesus ausgerechnet an diesem Tag heilte. Das Gesetz wurde damit Anlass zu neuer Sünde, die es doch eigentlich verhindern wollte.

Sterben des Nazareners sind ganz auf das Reich Gottes *(Basileia tou Theou)* ausgerichtet. Dieses ist für ihn die Wiederherstellung der ursprünglichen Schöpfung dieses Gottes. In der Praxis folgt daraus für Jesus eine widersprüchlich erscheinende Haltung zur Thora. Einmal interpretiert er sie weit *(Lockerung der Sabbatdisziplin)*, dann mit rigoroser Strenge *(Ehescheidungsverbot)*. Der Eindruck täuscht aber. Einziges Kriterium ist die *Ursprungsgemäßheit* einer Regelung. Im Fall des Sabbats ist sie ins Gegenteil depraviert worden, in der Scheidungserlaubnis aufgeweicht. Daher die unterschiedliche Korrektur. Wenn das Reich Gottes den anfänglichen Schöpfungswillen restituiert, dann bedeutet das automatisch: Auch die von Gott in, mit und durch die Schöpfung geschenkte Freiheit muss wiederhergestellt werden. Die Ehe hat Gott als Ausdruck der menschlichen Zweigeschlechtlichkeit von Anfang an als unauflösbares Institut eingerichtet. Die Auflösung ist daher widergöttlich; sie kann im Gottesreich keinen legitimen Raum haben. Sie bedeutet Versklavung, vor allem der Frau. Das Scheidungsverbot zeigt sich als Teil der Erlösung, mithin als Freiheitsakt.

Jesus verdeutlicht seine Ur- und Grundaufgabe der Befreiung auch durch seine Heilungen. Die von der Schöpfung vorgegebene Harmonie von Leib und Seele, die den Menschen konstituierende Einheit und Ganzheit, die erst das Exerzitium der Freiheit ermöglicht, ist mehr oder weniger, schlimmstenfalls vollkommen gestört. Ein Blinder kann sich nicht unbefangen und nach seinem Belieben bewegen. Ein Stummer vermag sich nicht frei zu Gehör zu bringen. Noch schrecklicher ist die psychische Gebundenheit, die die Selbstbestimmung total rauben kann. In der Bibel wird dieser Zustand sehr treffend als *Besessenheit* beschrieben. Es ist, wie wenn jemand auf dem Kranken hockt, ihn *besitzt*. Damit wird er bewegungslos, ganz der Willkür des Besitzenden überantwortet. Es ist alles andere als überraschend, wenn man unter diesen Voraussetzungen feststellt, dass Jesus von Nazareth vornehmlich diese Verletzungen der menschlichen Freiheit und Integrität behebt. Er versteht sein Tun als Hinweis: *téras* ist in den Evangelien die meist verwendete Vokabel für *Wunder*. Ursprünglich heißt das Wort *Zeichen*. Jesus heilt nicht alle Krankheiten und auch nicht alle Kranken (auch nicht alle Blinden, Stummen usw.) – wo er agiert, geschieht dies als Vorausverweis auf die Existenz des Gottesreiches.

Zu seiner Verkündigung gehört desgleichen die Teilnahme an opulenten Gastmählern, vornehmlich bei solchen Leuten, mit denen ein anständiger Israelit nichts zu tun haben möchte – bei den Underdogs, den Verfemten, den Deklassierten, sogar bei den Heiden – in biblischer Sprache bei den *Zöllnern und Sündern.* Damit zeigt er an, dass es im Gottesreich keine diskriminierenden, freiheitseinschränkenden Barrieren mehr gibt – keine sozialen, keine ethnischen, keine religiösen. Ganz und gar keine!

Wie weit diese Konstitution der Freiheit der Kinder Gottes im Gottesreich gehen kann, zeigt sich für Paulus sogar darin, dass sich nunmehr sogar die Beschneidung erledigt, die doch ehedem von Jahwe vorgeschrieben worden war. Sie ist seit dem Christusereignis zum Zwang geworden.

Das Hauptdokument, die Magna Charta der christlichen Freiheit, ist sein Galaterbrief. Die im inneren Kleinasien lebenden Christengemeinden wurden von Irrlehrern bedrängt, die die Gesetzesreligion wieder einführen wollten. Hier nun entfaltet er seine Position. Gewiss, das wegen der Sündhaftigkeit erlassene Gesetz hatte seine Funktion. Doch seit dem Kommen Christi bindet es niemanden mehr. Sein Ziel war es, *„die freizukaufen, die unter dem Gesetz stehen, und damit wir die Sohnschaft erlangen"* (Gal 4,5). Das Ergebnis:

> *„Zur Freiheit hat uns Christus befreit. Steht daher fest und lasst euch nicht wieder ein Joch der Knechtschaft auflegen." (Gal 5,1)*

Die Folgen wurden oben schon angedeutet:

> *„Ihr alle, die ihr auf Christus getauft seid, habt Christus angezogen.*
> *Es gibt nicht mehr Juden und Griechen, nicht Sklaven und Freie,*
> *nicht männlich und weiblich; denn ihr alle seid einer in Christus Jesus."*
> *(Gal 3,27 f.)*

## Theologische Überlegungen zur christlichen Freiheit

Dieser grandiose Text verdient unsere Aufmerksamkeit. Er fasst die christliche Freiheitsbotschaft knapp zusammen. Noch einmal wird die Wurzel unserer Befindlichkeit hervorgehoben: Unsere Freiheit beruht auf der Freiheit Gottes, die uns in der erlösenden Tat Jesu von Nazareth neuerlich zu eigen wird. Da diese auf der Liebe beruht, reißt sie alle Grenzen zwischen den Menschen nieder – die ethnischen, die sozialen, die sexuellen. Natürlich bleiben die Fakten bestehen: Es gibt nach wie vor unterschiedliche Völker mit unterschiedlichen Kulturen, es bleibt die soziale Ordnung und selbstverständlich gibt es nach wie vor geschlechtlich bedingte Diversitäten. Aber das fundamental Neue gegenüber der legalistischen Tradition: Das alles berührt nicht die fundamentale Freiheit, weil es nicht die Gleichheit der Menschen berührt. Als Söhne und Töchter Gottes, also aufgrund unserer Herkunft und unseres Wesens gibt es keine ontologisch begründbaren Differenzen, die Hierarchien errichten könnten. Es gibt keine Geschwister erster und zweiter Klasse. Natürlich bedarf jede Gemeinschaft, auch die des neuen Gottesvolkes Kirche, einer Ordnung und Struktur, einer Regelung der Lebensvollzüge, doch sie ist funktional begründet: Es gibt sie, weil nur so die individuellen Freiheiten koordiniert werden können. Wo Unterschiede (wie die von Paulus erwähnten) als essenziell angesehen werden, führen sie automatisch zur Minorisierung, Lebensminderung, Unterdrückung der Untergeordneten, konkret zu Rassismus, Sklaverei, Patriarchalismus, Sexismus. Der gemeinsame Nenner: Freiheitsberaubung. Umgekehrt liegen die vier Kirchenattribute in dieser Tauftheologie des Paulus offen: Der Apostel sieht die Heiligkeit (Christusförmigkeit) der Kirche in einer Einheit leuchten, die die ganze Mannigfaltigkeit des Schöpfungswerkes erst zur Geltung bringt und dann auch gelten lässt.

Das abendländische Freiheitsbewusstsein beruht ursprünglich zunächst auf der Verfassung der griechischen Polis, wie wir sahen. Frei aber waren da nur die herrschenden Eliten, das heißt keine Sklaven, keine Frauen, keine Ausländer („Barbaren"). Der Galaterbrief ist das große Contra, die wirkliche Befreiung der Freiheit in der Einbergung in Gott als den absoluten Urgrund jeglicher Freiheit. Die Konsequenzen sind grandios. Damit werden dem Menschen, jedwedem Menschen wohlgemerkt, unveräußerliche Rechte, frei entfaltbare Lebensmöglichkeiten, eine je eigene Individualität zugesprochen, und zwar lediglich aufgrund seines Menschseins. Im Galaterbrief und somit im christlichen Denken liegen die Menschenrechte wesentlich begründet.

Daraus folgt zum Dritten die Möglichkeit und die Pflicht der Nächstenliebe. Wieder erscheint die etymologische Zusammengehörigkeit von Freiheit und Liebe. Sicherlich, schon in der Pluralität der Menschen und ihrer verschiedenen Anlagen ist die Möglichkeit und die Faktizität des Streitens begründet. Die Freiheit der Meinung und der philosophisch-religiösen Einsichten bringt sich zur Geltung – und damit wieder das Aufeinandertreffen verschiedener Freiheiten. Das ist ganz natürlich; es trägt nachdrücklich zur Schönheit und Faszination der Welt bei. Entscheidend ist jedoch allein, wie diese Antagonismen entschärft werden können. Wegen der unveräußerlichen Freiheit des Individuums kann eine wie auch immer geartete Einigung nicht gewaltsam, sondern nur im Raum des Friedens und des Dialoges erfolgen. Das bedeutet: auf Augenhöhe, in Verständnisbereitschaft, mit einem Wort: aus dem Geist der Liebe.[133]

Sie ist das alleinige Kriterium. Das bedeutet für den Apostel aber auch, dass man auf die eigene Freiheit verzichten darf und kann. Paulus exemplifiziert den Sachverhalt an der sogenannten *Götzenopferfleisch-Frage* (1 Kor 8,1–13). Bei den heidnischen Tieropfern wurden nur die Innereien am Altar zu Ehren der Götter verbrannt, der Rest wurde teils an die Priester verteilt, teils öffentlich verkauft. In Korinth hatten einige Gemeindemitglieder Skrupel, ob sie sich irgendwie mit dem heidnischen Ritus gemein machten, wenn sie solches Fleisch verzehrten. Paulus sagt: Keineswegs; es gibt gar keine Götter, also kann man ihnen auch nichts opfern. Besagtes Fleisch ist mithin objektiv Fleisch wie jedes andere auch, also bedenkenlos zu konsumieren. Aber, fährt er fort, wenn ein Mitglaubender oder eine Glaubensschwester dabei Gewissensanfechtungen haben, wird er, Paulus, sofort darauf verzichten: Wer das Gewissen schädigt, auch das der anderen Menschen, versündigt sich gegen Christus. *„Wenn darum eine Speise meinem Bruder zum Anstoß wird, will ich bis in Ewigkeit kein Fleisch mehr essen, um meinem Bruder keinen Anstoß zu geben"* (1 Kor 8,13).

Schließlich hat uns Christus noch in einer weiteren Weise frei gemacht. Viele Grenzen werden niedergerissen, lehrt Gal 3,27 f.: Grenzen schränken ein, Grenzen behindern die Freiheit des Reisens und des Handelns, der Selbstentfaltung und Selbstverwirklichung. Grenzen, mit einem Wort, machen eng. Mit diesem Wort ist verknüpft der

133 Daraus ergibt sich unter anderem auch als Folge, dass der Angriffskrieg stets als Menschenverbrechen einzustufen ist, sofern es ihm um die gewaltsame Beeinträchtigung der Freiheit der Gegner geht, d. h. um die Minderung der allen Menschen gemeinsamen Rechte bezüglich einer Gruppe oder eines Volkes. Für die Kirche ergibt sich daraus die Pflicht zur Friedensförderung. Tatsächlich hat sie nicht selten und sehr harte Kriege geführt, vor allem zur Zeit der „Großmachtstellung" des Kirchenstaates zu Beginn der Neuzeit.

Begriff der Angst.[134] Nun ist Angst eine universale Befindlichkeit der Menschen zu allen Zeiten und in allen Zonen. Sie wirkt lähmend, behindert die freie Entfaltung der eigenen Möglichkeiten. Dabei denke ich nicht zuerst an die partikuläre Angst, die man vielleicht lieber als Furcht bezeichnen sollte, also die Beklemmung vor einer Prüfung, vor Ansteckung (Corona), vor Krieg, vor dem Altern und dem Tod. Vielmehr meine ich die alledem zugrunde liegende flottierende, will sagen allgemeine Angst vor dem Leben überhaupt, vor seiner möglichen Sinnlosigkeit, vor dem Scheitern des Lebenswerkes, mit einem Wort: vor dem Nichts. Sie gründet in der tiefen Zerrissenheit und Zwiespältigkeit, die jeder und jede in und an sich spürt. Jede Anthropologie beschäftigt sich damit – mit den zwei Seelen in der Brust – auch Paulus. Im Römerbrief bekennt er:

> *„Ich stoße auf das Gesetz, das in mir das Böse vorhanden ist, obwohl ich das Gute tun will. Denn in meinem Inneren freue ich mich am Gesetz Gottes, ich sehe aber ein anderes Gesetz in meinen Gliedern, das mit dem Gesetz meiner Vernunft im Streit liegt und mich gefangen hält im Gesetz der Sünde, das in meinen Gliedern herrscht. Ich elender Mensch! Wer wird mich aus diesem dem Tod verfallenen Leib erretten? Dank aber sei Gott durch Jesus Christus, unseren Herrn! … Denn das Gesetz des Geistes und des Lebens in Christus Jesus hat dich frei gemacht." (Röm 7,21–8,11, in Auszügen).*

Die christologische Befreiung bezieht sich also nicht allein auf den äußeren, sondern auch auf den inneren, den grundlegenden Bereich des Lebens. Sie ermöglicht es uns, ein prinzipiell angstfreies Leben zu führen. Damit werden wir von einem Gutteil der Selbstsorge erlöst und setzen dadurch Energien frei, die wir anderswo heilsam einsetzen können. Zum Beispiel in befreiender Liebe zu unseren Geschwistern aus Gott. Nur anhangweise mache ich darauf aufmerksam, dass sich nach dem Apostel die befreiende Befreiung auch auf die Schöpfung bezieht (vgl. Röm 8,18–22). Das ökologische, uns heute wahrlich vital

---

134 In vielen Sprachen wird er verbalisiert durch die beiden Vokale *-ng* -: angoisse, angoscia, anxious, angustia. *Ng* – das ist der Laut, der sich einem entringt, dem die Kehle zugeschnürt wird, der potenziell vom Ersticken bedroht ist, der seiner Lebensmöglichkeit – wir könnten auch sagen: seiner Freiheit – wenigstens anfänglich beraubt wird.

bedrängende Problem ist also auch mit der Gegebenheit von Freiheit verknüpft.

Der abendländische Gnadenstreit ist vor dem Hintergrund der paulinischen Theologie absurd – das zeigt sich deutlich. Gnade und Freiheit sind wirklich keine Gegensätze, sondern stehen in einem Kausalverhältnis. Aus der Gnade erwächst die Freiheit; diese ist selber Geschenk, das aber nicht eine Art Zugabe zur Menschlichkeit ist, vielmehr in der Erstgnade, der Schöpfung also, fundiert ist. Deren Beeinträchtigung durch die Sünde erfordert dann und darum neue Gnade, die in den gegebenen Umständen Befreiung ist. Die Freiheit erwächst aus der Gnade, aber Gnade ist wesentlich ein nicht einforderbares Geschenk. Geschenke aber sind erst dann Geschenke, wenn sie dem Beschenkten ganz und gar zugehören. Meine Freiheit ist keine Leihgabe Gottes, sondern mir dank Gottes unabdingbar gegeben: Sie ist *meine* Freiheit. Mit allen Folgerungen bis hin zur Exekution des Bösen.

## Freiheit in der Kirche

Aufgrund ihrer biblischen Basis ist die Kirche der Freiheit grundlegend und wesentlich verpflichtet. Daran besteht kein Zweifel. Die Frage ist freilich: Ist das eine Tatsachenfeststellung oder eine Zielfeststellung, eine bloße (unerfüllte) Forderung? Die Antwort ist nicht einfach. Auf der einen Seite ist zu bekennen: Christentum ist Freiheit und Befreiung.[135] Die Freiheit der Christenmenschen ist schier grenzenlos: *„Alles ist euer, ihr aber seid Christi"* (1 Kor 3,22), proklamiert Paulus. Denn Christus hat uns befreit. Das hat auch ethische Bedeutung. Das individuelle Gewissen ist nach gemeinchristlicher Lehre oberste und absolute Norm der sittlichen Entscheidungen. Gut ist, was das Gewissen als solches erkennt und zu tun heißt, böse, was es als böse beur-

135 Zu erinnern ist an die schon angesprochene Herkunft des Menschenrechtsgedankens aus der christlichen Religion. Eine befreiende Rolle hat die Kirche bei dem Verzicht auf die Sklaverei gespielt (Bartolomeo de las Casas). In der Gegenwart haben Christen heldenhaften Widerstand gegen die Totalitarismen des 20. Jahrhunderts geleistet (Clemens Graf von Galen, Bonhoeffer, Stauffenberg). Auch der normale Christ erfreut sich einer Freiheit, die andere Religionen nicht kennen. Es gibt keinerlei tabuisierende Vorschriften wie Speiseverbote, Wallfahrtspflicht, zwingende Gebetsleistungen, rituelle Waschungen, körperliche Eingriffe wie die Beschneidung.

teilt, unbeschadet ob dieses Urteil objektiven Bestand hat oder nicht. Nach katholischer Lehre ist auch das irrige Gewissen bindend. Das ist die eine Seite.

Die andere ist erschreckend. Auf das Konto der Glaubensgemeinschaft gehen in allen Jahrhunderten auch Zwangs- und Unterdrückungsmaßnahmen, Vergewaltigungen und Menschenrechtsverletzungen sonder Maß und Zahl. Die Christenverfolgungen unter den heidnischen Kaisern im Imperium Romanum wurden von Heidenverfolgungen ihrer christlichen Nachfolger abgelöst. Mit Beschämung erinnern wir uns an die mittelalterlichen Kreuzzüge.[136] Mit Beschämung erfüllt uns immer noch der Fall Jan Hus. Er wurde gegen alles Recht, gegen alle eidlichen Zusicherungen von staatlicher wie von kirchlicher Seite auf dem Konstanzer Konzil namens Christi dem Feuertod überantwortet.

Das waren nach außen gerichtete Maßnahmen. Im Inneren der Kirche herrschte der gleiche Geist. Man erinnere sich an die zwar subtilen, doch nicht weniger gewaltsamen Vorkehrungen zur Unterdrückung der Minderheitsbischöfe auf dem Ersten Vatikanischen Konzil. Zwar war die Todesstrafe nicht mehr möglich, aber man kann auch ohne sie die Existenz eines Menschen vernichten. Bis in unsere Tage trafen die römischen Maßnahmen zur Durchsetzung der vatikanischen Rechtgläubigkeit unzählige rechtschaffene, verantwortungsbewusste, tief gläubige Christenmenschen bis ins Mark: Ächtung, Berufsverbot, Diskriminierungen aller Art. Ich nenne die Namen *Henri de Lubac, Yves Congar, Karl Rahner, Teilhard de Chardin*. Meist waren die Inkriminierten Menschen eines lebendigen und tätigen Glaubens, die schwer getroffen wurden – und meistens auch in ihrem Normalleben geschädigt worden sind.[137] Die Kirche, welche freiheitsbeeinträchtigend, sogar Freiheit nichtend wirkt, lässt nicht mehr erkennen, dass sie damit gegen ihre eigene Verfassung handelt. Sie baut Gottes Reich nicht auf,

---

136 Sie wurden ausgerufen nicht nur gegen die „Ungläubigen", sondern mit gleicher Unbarmherzigkeit auch gegen Mitchristen (Albigenser, Katharer, Zerstörung Konstantinopels 1204) unternommen.

137 Der Jesuit de Lubac fand nach seiner Zensurierung keine Übernachtungsmöglichkeit in den Häusern der Gesellschaft Jesu. Otto Weiß berichtet von einem Subregens des Priesterseminars Dillingen: Er war zufällig außer Haus, als die Nachricht kam, er sei von Rom als Modernist eingestuft. Der Regens teilte ihm das mit, als er heimkam. Und sofort erteilte er ihm Hausverbot. Der arme Priester musste auf einer Parkbank nächtigen.

sondern schädigt es erheblich. Wer kann da noch die befreiende Kraft Gottes in Christus erblicken? Wir können verstehen, dass sich viele Leute von den Zwängen und Verengungen befreien wollen, die die faktische Glaubensgemeinschaft zeitigt.[138] Unter Papst Franziskus sind diese Inkriminationen eingestellt worden – ohne Zweifel ein reformatorisches Zeichen.

Eine Kirche, die nicht freiheitlich lebt, denkt und handelt, widerspricht dem eigenen Glaubensverständnis. *Glauben* im theologischen Verständnis ist das absolute Vertrauen in Gott, im Grund eine Form von Liebe. Liebe aber ist von ihrem Wesen her freie Hingabe. Wo sie nicht gegeben ist, sprechen wir von Vergewaltigung. Das hat die Kirche erst auf dem Zweiten Vatikanischen Konzil erkannt; noch im 19. Jahrhundert galt Glaubensfreiheit als Irr- und Wahnsinn.[139]

Welchen Anspruch können unter diesen Prämissen lehramtliche Weisungen gegenüber den Christenmenschen erheben – sind sie gehorsamspflichtig und wenn ja, unter welchen Bedingungen? Als erstes ist festzustellen: Der Gehorsamspflicht gegenüber den Weisungen des Lehramtes (auf allen Stufen) entspricht aufgrund der Glaubensfreiheit der Christen dessen Begründungspflicht. Dieser wird auch stets entsprochen. Es gibt kein Dokument, in dem der Papst oder ein Bischof einfach sagt: *„Ab morgen habt ihr dies oder das zu glauben."* Vielmehr begründen sie regelmäßig mehr oder weniger eingehend, was und warum sie etwas lehren. Sie sind dazu wegen der Weisung des ersten Petrusbriefes verpflichtet: *„Seid stets bereit, jedem Rede und Antwort zu stehen, der von euch Rechenschaft fordert"* – und jetzt fährt die Einheitsübersetzung fort: *„... über die Hoffnung, die euch erfüllt"* (1 Petr 3,15). Doch diese Übersetzung stimmt nicht. Im Originaltext steht: *Logon peri tes en hymin elpidos* (Lateinisch: *de ea, quae in vobis est, spe),* also *„über den ratio-*

138 Vgl. besonders auch oben Kapitel 6.

139 Gregor XVI., Enzyklika *Mirari vos* (1832): *„Aus dieser höchst abscheulichen Quelle des Indifferentismus fließt jene widersinnige und irrige Auffassung bzw. vielmehr Wahn (deliramentum), einem jeden müsse die Freiheit des Gewissens zugesprochen und sichergestellt werden" (DH 2730).* – Pastorale Konstitution *Gaudium et* spes (1965), 41: Das Evangelium Christi *„verkündet und proklamiert die Freiheit der Kinder Gottes; ... sie respektiert sorgfältig die Würde des Gewissens und seiner freien Entscheidung".* Dazu die Erklärung über die Religionsfreiheit *Dignitatis humanae „Das Recht der Person und der Gemeinschaften auf gesellschaftliche und bürgerliche Freiheit in religiösen Dingen"* (1965).

*nalen Grund der Hoffnung, die euch erfüllt"*. Wenn der Gläubige verantwortlich und frei beistimmen soll, muss ihm einleuchten, weshalb, und auch, ob die angeführten Begründungen plausibel sind. Leistet das Lehramt solches nicht, kann es Zustimmung nicht wirklich einfordern – auch nicht und gerade nicht durch Sanktionen. Zustimmung muss selbständig gegeben werden – erkenntnistheoretisch gesprochen: Die *Rezeption*[140], die freie Annahme der Vorgaben, ist für die Gültigkeit und für den Verpflichtungsgrad entscheidend. Fehlt sie, ist die Vorlage der Autorität gescheitert: Sie existiert für die Gemeinschaft nicht. Damit ist nicht in jedem Fall mitgesagt, dass sie falsch ist; auf jeden Fall aber ist sie unangemessen, implausibel, inopportun oder alles zusammen. Sie kann dann freiheitstheologisch nicht bejaht werden. Das Zweite Vatikanische Konzil hat in diesem Zusammenhang die alte Lehre vom Glaubenssinn der Gläubigen *(sensus fidelium)* ins Licht gerückt. Er ist eine ebenso gültige Bezeugungsinstanz des Christenglaubens wie das kirchliche Lehramt (und Bibel, Tradition und akademische Theologie außerdem). Das Lehramt kann daran scheitern. Genau dieses erleben wir gegenwärtig. Die Trümmer der katholischen Sexual- und Ehemoral sind zu besichtigen. Es ist auch noch nicht allzu lange Vergangenheit, dass die nachdrücklichen antimodernistischen Maßnahmen von Pius IX. bis Benedikt XVI. – also über anderthalb Jahrhunderte – zusammengebrochen sind.

Natürlich kann man auch glaubende Zustimmung auf äußere Gründe hin leisten: wegen der Tradition, wegen der lehramtlichen Vorlage, weil es viele andere glauben. Vermutlich tun das die meisten Christen. Auch sonst akzeptieren wir das meiste von dem, was wir an Meinungen haben, aus ähnlichen Gründen. Doch damit wird das Problem nur verlagert. Auch in diesem Fall muss dem Rezipierenden einsichtig sein, das man allen diesen von anderen geäußerten Sätzen trauen darf – und diese Einsicht kann in humaner Verantwortung nur aus Vernunftgründen generiert werden. Auch Gehorsam muss sittlich verantwortet sein. Das heißt im Umkehrschluss: Die Gehorsamsleistung darf nicht gewaltsam eingefordert werden.

Damit steuern wir bereits auf die Antwort einer weiteren wichtigen Frage im Zusammenhang mit der Theologie der Freiheit zu. Was ist,

140 Unten ausführlich Kapitel 14.

wenn Kirchenglieder nicht das komplette Glaubensverständnis der Großkirche teilen, wenn sie, kirchenamtlich formuliert, *Ketzer* sind? Früher lautete der Bescheid: Sie sind zu eliminieren, ganz früher: durch physische Vernichtung, nicht ganz so früher: mit Äußerungsverbot zu belegen (z. B. Professoren). Schon ganz, ganz früh aber haben immer wieder einmal Kirchenlehrer wie Paulus oder Augustinus gemerkt, dass die sogenannten Irrtümer mindestens in zahlreichen Fällen eigentlich Antwortversuche auf Fragen sind, die (Stand jetzt) nicht beantwortet sind, doch im Blick auf die Totalität des Glaubens eine Antwort heischen.[141]

Heute etwa wird kein Christenmensch bestreiten, dass die Ablasspraxis des 16. Jahrhunderts skandalös war und keine echte Stütze im Glaubensbestand besitzt. Damals aber sah das nur Luther. Er gab eine von der seinerzeitigen Glaubensnorm abweichende Antwort. Und er wurde diszipliniert, verketzert, exkommuniziert. Was man aber seinerzeit nicht tat: Den ganzen Themenkomplex, der mit der Ablassfrage auf dem Tisch lag, einlässlich zu studieren und unvoreingenommen nachzuschauen, ob und wo genau der Doktor Martinus sich irrte. Die Folgen kennen wir alle. Wir wissen allerdings auch, wie es anders gehen kann. Die Kontroverse fokussierte sich bald von der Ablasspraxis zur Rechtfertigungslehre. Bereits das Tridentinische Konzil mühte sich ab, eine irenische Lösung anzubieten. Vor allem aber der beharrliche ökumenische Dialog seit dem 20. Jahrhundert steuerte mit Mühen, unter Opfern auf eine tragbare Verständigung hin. Das Ergebnis war die *Gemeinsame Erklärung zur Rechtfertigung* zwischen Lutherischem Weltbund und Vatikan, die am 31. Oktober 1999 zu Augsburg unterzeichnet worden ist. Die Frage, wird dort festgestellt, ist nicht mehr kirchentrennend. Später haben sich die Methodisten, die Reformierten und die Anglikaner dem angeschlossen. Luther hat mithin einen wesentlichen Beitrag zur Glaubenserkenntnis geleistet.[142]

---

141 Damit stellen wir nicht in Abrede, dass es auch echte Häresien gibt, die bestimmte Glaubensartikel verfälschen. Dagegen hat sich selbstredend die Kirche zu wehren – aber nicht mit allen Mitteln, sondern so, dass das Humanum bedingungslos gewahrt bleibt, also die Freiheit des Glaubens.

142 Die Gemeinsame Erklärung zur Rechtfertigungslehre. Alle offiziellen Dokumente von Lutherischem Weltbund und Vatikan (Texte aus der VELKD 87), Hannover 1999. Literatur u. a. B. Oberndorfer – Th. Söding (Hg.), Wachsende Zustimmung und offene Fragen. Die Gemeinsame Erklärung zur Rechtfertigungslehre im Licht ihrer Wirkung, Freiburg 2019.

Ein drittes freiheitstheoretisch bedeutungsvolles Problem wirft die Frage *der Kontinuität der Glaubenslehre* auf. Es galt in der Neuzeit als ausgemacht, dass diese sich seit den apostolischen Zeiten nicht verändert habe. Das Resultat: *Petrus, Thomas, Pius IX. und ich* – alle sind wir einer Meinung. Doch das stimmt ganz und gar nicht. Wir glauben ganz und gar nicht mehr an ein historisches Paradies, an die (verschieden konkretisierte) Verwerfung der ungetauft gestorbenen Kinder, an die Scheibenform der Erde, an die Übertragung einer Erbsünde durch die Zeugungslust, an die grundlegende Sündigkeit jeder sexuellen Regung, an die Verdammnis aller Nichtkatholiken und so weiter und so weiter. Der inhaltliche Glaube wie die Zustimmung zu den Glaubenssätzen befinden sich in einem steten Wandel, der sich nicht nur positiv im Sinn der Höherentwicklung, sondern auch als Absage an bisherige Vorstellungen vollzieht. Sämtliche eben aufgeführten Anschauungen von heute wurden ehedem verketzert und bestraft.

Die Beispiele verraten uns auch, weshalb es zu solchen Positionsänderungen gekommen ist. Hinter den alten Positionen steht nicht unbedingt ein Irrtum, sondern meistens ein Wachsen der Erkenntnis, sei es des Inhalts der Heiligen Schrift, sei es der säkularen Fakten. Aus bestimmten, seinerzeit durchaus einsichtigen Gründen hatte die Kirche sich für die Zusammengehörigkeit von Priestertum und Ehelosigkeit entschieden. Diese Gründe hält die Kirche jetzt nicht mehr. Lässt der Zölibat sich dann noch halten? Fragt man die Bibel, ist man irritiert. Paulus würde sagen: Beibehalten. Die Paulusschule (1 Tit 1,5–9) widerspricht: Nein, denn ein Bischof muss erst einmal zeigen, dass er kleinfamiliengerecht leben und entscheiden kann, ehe man ihm die kinderreiche Gottesfamilie anvertraut. Die Kirche muss also jetzt und hier und neu entscheiden, wie sie verfährt – so wie das erste oder so wie das zweite Jahrtausend wieder und wieder. An die große Glocke wurde dieses Faktum nicht gehängt. Hinter einer These unbeschränkter Kontinuität verbirgt sich letzten Endes die Anschauung, die Verfasser der Heiligen Schrift hätten eine Gesamtschau der Geschichte bis zum Weltenende besessen und daraus exakte Regeln für die Kirchenverfassung und die kirchlichen Vollzüge einer jeden Periode treffend erschlossen. Das ist ganz schlicht unzutreffend. Im Grunde wäre eine Leugnung von Wandel und Reform die Leugnung der Geschichte.

Lebt die katholische Kirche nun also die Theologie der Freiheit oder nicht? Unsere Stichproben ergeben: Die Implikationen der freiheitlichen Gestalt christlich-biblischen Glaubens sind in unserer Kirche eher minimal entfaltet. Das ist nicht bloß bedauerlich, das ist fatal. Zumal heute und im Blick auf die Glaubensbereitschaft der Zeitgenossen. Aus den griechischen wie aus den hebräischen Wurzeln, aus den Grundlagen unserer Kultur mit einem Wort, hat sich der Freiheitsgedanke und aus dem Freiheitsgedanken hat sich die Idee der Demokratie[143] entwickelt. Sie gilt in der späten Neuzeit wenigstens theoretisch als global verbindlich – die Praxis steht bekanntlich auf einem anderen Blatt. Hierzulande ist der Freiheitsgedanke tief verankert. Der Mensch wird bei uns von Kindesbeinen an freiheitlich erzogen – Mitbestimmung schon in der Schule, Wahlmöglichkeiten allenthalben. Lebenslang. Wer so sozialisiert ist, kann mit der autoritär-zentralistisch-antifreiheitlichen Verfahrensweise nichts mehr anfangen, die er bei der Leitung seiner Kirche erlebt und manchmal recht schmerzvoll am eigenen Leibe erfährt. Sie ist alles in allem weit weg von der biblischen Freiheitskonzeption, einem essenziellen Bestandteil ihrer selbst. Oder anders formuliert: Reform ist unerlässlich. Das Thema Freiheit muss uns also weiter dringlichst beschäftigen. Ich denke, man kann es weiterführen unter dem Grabspruch des griechischen Dichters *Nikos Katzantakis* (1883–1957) in Heraklion auf Kreta. Wegen seiner nicht immer orthodoxen Ansichten durfte er nicht auf dem dortigen kirchlichen Friedhof begraben werden. Seine letzte Ruhestätte fand er auf der Stadtmauer. Auf den Stein ließ er schreiben:

*De elpizo tipota.*
*De fovoume tipota.*
*Ime elefteros.*

*Ich erhoffe nichts.*
*Ich fürchte nichts.*
*Ich bin frei.*

---

143 Vgl. dazu Kapitel 8.

# 8

# DEMOKRATIE UND KIRCHE

## Argumente und Totschlagargumente

Die Erkenntnis von der wesentlichen Synodalität der Kirche gewinnt gegenwärtig zunehmend Raum und Geltung. Die ersten ausführlicheren Überlegungen stieß 2019 der deutsche „Synodale Weg" an. Inzwischen sind sie auch auf der obersten Ebene angekommen. Das Thema hat die Bischofssynode 2023 und 2024 beschäftigt. Aber schon 2015 erklärte Papst Franziskus anlässlich des 50. Jubiläums des Bestehens dieser Einrichtung, Synodalität sei *„der Weg, den Gott von der Kirche im dritten Jahrtausend erwartet"*[144]. Ein Jahr später respondierte das Zentralkomitee der deutschen Katholiken: *„Synodalität ist ein Strukturprinzip des Handelns der Kirche."*[145] Ob alle, die heute das Wort in den Mund nehmen, mit ihm das Nämliche meinen, sei dahingestellt. Jedenfalls kann man wohl voraussetzen, dass Synodalität allgemein bedeutet: Christliche Geistliche und Laien kommen zusammen, um mehrheitlich und mit grundsätzlicher Verbindlichkeit über bestimmte Fragen des kirchlichen Glaubens und Lebens zu entscheiden. Es handelt sich dabei um kein neues Prinzip innerhalb der Lebensvollzüge in der römisch-katholischen Kirche. Nur wer aus dem langen Schatten des Ersten Vatikanischen Konzils[146] noch nicht herausgetreten ist, empfindet Synodalität als Novum. Im Licht der Gesamttradition der Kirche aber erweist sie sich als Strukturelement, das seit biblischen Zeiten (vgl. Apg 15 die Gemeindeversammlung in Jerusalem) vorhanden und auch prägend gewesen ist.

Gleichwohl existiert über die deutsche Kirche hinaus eine Minorität von Christinnen und Christen, welche lautstark grundsätzliche Einwände erhebt nicht nur gegen die Agenda und einzelne Arbeitsergeb-

---

144 Deutsche Bischofskonferenz, Arbeitshilfe 276, Bonn 2015, 25.

145 Ansprache bei der Vollversammlung der Bischofssynode am 17. 10. 2015.

146 P. Neuner, Der lange Schatten des I. Vatikanums. Wie das Konzil die Kirche noch heute blockiert, Freiburg – Basel – Wien 2019.

nisse des deutschen „Synodalen Weges“ – was ihr gutes Recht ist, sondern die grundsätzlich das gesamte Procedere in Frage stellt: Synodalität im angegebenen Verständnis gebe es legitimerweise in der Kirche nicht. Diese These wird durch verschiedene allgemeine Argumente abgestützt, besonders durch die folgenden: Die Kirche sei *Weltkirche* – und keine Teilkirche könne Sonderwege einschlagen; die gegenwärtige Ordnung (z. B. mit striktem Verbot der Frauenordination) beruhe auf nicht revidierbaren und absolut verbindlichen *Entscheidungen Jesu*, könne also nicht geändert werden. Als Basis der Einwände wird die Überzeugung geltend gemacht, dass die Kirche *keine Demokratie* sei, mithin Mehrheitsbeschlüsse *prinzipiell* kein Weg zu welcher Problemlösung auch immer seien. Man nennt solche Argumente gern *Totschlagargumente*: Sie statuieren apodiktisch, dass die von den Gegnern vorgebrachten Belege null und nichtig seien. Stöcke haben für sie nur den Zweck, anderen den Schädel einzuschlagen; dass man sie auch als Geh-Hilfen benutzen kann, sehen sie nicht.

Es lohnt sich aber, diese Vorbringungen einmal auf ihren logischen und sachlichen Gehalt abzuklopfen. Hier soll das vornehmlich am Demokratieargument versucht werden: *Die Kirche ist keine Demokratie.* Also kann es in der Kirche keine (verbindlichen) Mehrheitsbeschlüsse geben. Also kann es in der Kirche keine synodalen Veranstaltungen geben. Also ist der hierarchische Weg der einzig zulässige für Kirchenentscheidungen. Es geht demnach um die Bestimmung des Lehrverfahrens und damit auch um die in diesem Buch erörterte Frage, wie die Kirche ihren Weg durch die Zeit bestimmt – also auch darum, ob sie zu reformieren ist und falls ja, auf welchem Weg. Konkret artikuliert sie sich auch in der Antwort auf die Frage der Demokratiefähigkeit der Glaubensgemeinschaft. Sie bekommt eine eigene Aktualität angesichts des Demokratieideals in heutigen politischen Entwürfen. Sind sie etwas ungebührlich „Neues“ oder eine unter den wenigen möglichen Regierungsformen, die die Menschheit entwickelt hat? Wie steht es nun mit dem Gehalt der Behauptung, die Kirche sei eben keine Demokratie, bedürfe folglich da keinerlei Reform? Untersuchen wir sie also.

## „Die Kirche ist keine Demokratie“

Dieser Satz ist richtig. Denn Demokratie ist eine Staatsform; die Kirche aber ist kein Staat. Sie entsteht nicht wie der Staat durch menschlichen, sondern durch göttlichen Willen. Die Verfassung der Kirche kann daher allerdings auch mit keiner anderen Staatsform verglichen werden: Sie ist auch nicht Theokratie, Hierokratie, Monarchie, Aristokratie, Oligarchie etc. Damit ist noch nicht gesagt, dass *Verfahrensweisen*, welche innerhalb einer Staatsform gängig sind, prinzipiell in der Kirchenverfassung illegitim sein müssen.[147]

Ein der These paralleler Satz lautet: „Ein Apfel ist kein Ziegelstein." Daraus kann man folgern: „Mit Ziegelsteinen kann man bauen. Weil Äpfel keine Ziegelsteine sind, kann man Äpfel nicht als Baumaterial verwenden." Das ist absolut so. Man kann aber nicht schließen: „Ziegelsteine unterliegen der Schwerkraft. Weil Äpfel keine Ziegelsteine sind, unterliegen sie also nicht der Schwerkraft." Die Erfahrung lehrt: Nicht nur Backsteine, auch Äpfel können einem auf den Kopf fallen. Warum aber stimmt das zweite Verfahren nicht? Weil die Begriffe Apfel und Backstein sowohl deckungsgleiche wie deckungsungleiche Elemente enthalten. Im zweiten Fall sind Subjekt und Prädikat nicht vollkommen deckungsgleich (doch beide Gegenstände sind Materie), mithin gilt die Negation in der Konklusion in diesem Falle nicht, im ersten aber wohl: Im Begriff Apfel ist der Begriff Baumaterial nicht enthalten. Es kann nur einen Satz geben, in dem der Subjekts- und der Prädikatsbegriff absolut deckungsresistent sind: „Nichts ist (hat) kein Sein". In allen anderen Fällen haben sie bestimmte Gemeinsamkeiten, auf jeden Fall die, Seiende zu sein.

In der debattierten These ist also zu untersuchen, ob es und gegebenenfalls welche Deckungsgleichheiten es zwischen dem Begriff Kirche und dem Begriff Demokratie gibt. Die erste Frage ist zu bejahen: Beide sind beispielsweise menschliche Gesellschaftsformen. Damit ist auch die andere Frage beantwortet; beispielshalber gilt: Beide können sich aller in menschlichen Gesellschaften üblichen Weisen und Methoden bedienen, um zu Handlungsanweisungen zu gelangen. Dazu gehören auch mehrheitsgenerierte und mehrheitsorientierte Beschlüsse.

Hinsichtlich der Glaubensgemeinschaft ist das schon außerdem per viam facti erwiesen: Sie hat – siehe oben – immer so gehandelt. Sie hat

147 Das gilt auch von dem Satz *„Die Kirche ist kein Parlament"* (Papst Franziskus, Ansprache am 9. 10. 2021). Unter Parlament versteht man gemeinhin eine politische Volksvertretung in demokratisch-repräsentativen Staaten, die die Legislative ausübt und die Exekutive kontrolliert. Wenn die Kirche kein Staat ist, hat sie natürlich keine solche Vertretung.

auch immer demokratie- und parlamentsaffine Verfahren entwickelt und angewendet, bis zur Stunde: Mittels Wahl (mit Zweidrittelmehrheit) wird der Papst durch die Kardinäle bestimmt, durch Abstimmungen mit kirchenrechtlicher Geltung werden in zahlreichen Ortskirchen Domkapitel, Bischöfe, Pfarrer, Pfarrgemeinderäte, Kirchensteuerausschüsse konstituiert. An erster Stelle sind die vielen altkirchlichen Konzilien und Lokalsynoden anzuführen, die zu ihren Beschlüssen mittels Abstimmung gelangt sind. Die Zweinaturenlehre (Christologie) beispielshalber ist Ergebnis einer Mehrheitsmeinung. Der demokratieaffine Modus der Abstimmung ist also in der Kirche nicht a priori auszuschließen.

## „Über Wahrheit kann nicht abgestimmt werden"

Ein Einwand lauter: In der Kirche geht es um die Wahrheit; über diese kann nicht abgestimmt werden.

Es ist zunächst einmal festzuhalten, dass auch in der modernen Demokratie niemals über die Wahrheit oder Richtigkeit, sondern immer nur über die Zweckmäßigkeit einer Vorlage votiert wird. In der Bundesrepublik Deutschland etwa beruht das Gemeinwesen auf der im Grundgesetz verankerten freiheitlich-demokratischen Grundordnung, deren Inhalt und Wortlaut absolut außer jeglicher Debatte steht: Die ersten 20 Artikel der Verfassung können von keiner Mehrheit geändert werden.[148] Zu dieser Grundordnung gehört u. a. die Aussage, dass dem Leben höchster Schutz zukommt.[149] Alle das Leben betreffende Maßnahmen des Staates sind dem verpflichtet. Es kann aber zu Diskussionen kommen, ob ein bestimmter Sachverhalt (etwa eine medizinische Indikation) unter diesen Schutz fällt. Das ist unbestrittenermaßen bei der *Notwehr* nicht der Fall. Darunter versteht man eine Handlung, um einen rechtswidrigen Angriff abzuwenden.[150] Es ist unerheblich, ob dieser gegen ein Individuum, gegen ein Kollektiv (Verbrecherbande)

---

148 Vgl. Art. 19, Abs. 1 und Art 79, Abs. 3 GG.

149 Art. 2,2 GG. Demnach kann zwar ins Lebensrecht aufgrund eines Gesetzes doch eingegriffen werden. Doch das ist diskussionswürdig: Nach Art. 1 GG ist die Würde des Menschen unantastbar – dazu aber muss er absolutes Lebensrecht besitzen.

150 Siehe § 32 StGB und § 227 BGB.

oder gegen eine Gesamtgesellschaft (Angriffskrieg gegen einen Staat) erfolgt. Lediglich hinsichtlich des Modus der Abwehr sind Modifikationen möglich.[151]

In der Kirche steht es nicht total anders. Die meisten ihrer derzeit anstehenden Probleme betreffen nicht die Wahrheitsfrage. Es geht in der Regel um die Zweckdienlichkeit einer Maßnahme. Der im lateinischen Ritus geltende priesterliche Zölibat[152] beispielshalber ist weder wahr noch falsch, weder richtig noch unrichtig; zur Debatte steht lediglich, ob er gegenwärtig den Zielen der Kirche (das Wort Gottes zu verkünden und die Sakramente zu spenden) gerecht wird oder nicht. Da alle Gläubigen das Recht und die Pflicht haben, *„ihre Meinung in dem, was das Wohl der Kirche angeht"*, kundzutun,[153] da sie überdies berechtigt sind, *„eine apostolische Tätigkeit in Gang zu setzen"*[154], ist nicht einzusehen, warum es nicht möglich sein soll, dass sie, die amtskirchliche Billigung vorausgesetzt (die im Fall *Synodaler Weg* durch die Billigung der Deutschen Bischofskonferenz vorliegt), sich zusammentun und offiziell, mit Durchsetzungsanspruch beraten, um nach Mehrheitsmeinung das Kirchenwohl festzustellen.

Niemals aber wird – weder in einem demokratischen Parlament noch in einem kirchlichen Gremium – über die den Verhandlungen zugrundeliegende Wahrheit mittels Abstimmung befunden. Das ist in der Tat nicht möglich. Die Gleichung *7 x 7 = 49* gilt, auch wenn 83,6 % der Erstklässler überzeugt sind, dass 7 x 7 = 50 ist. Sie gilt aber nicht, weil sie durch die Autorität oder die Sanktionen des Lehrers oder der Lehrerin gedeckt ist: Ihre Wahrheit legt sich dar, sofern man versteht, was die verwendeten Termini bedeuten. Dieses Verständnis freilich

---

151 So galt jahrhundertelang die Todesstrafe als ein solcher Modus der Notwehr, auch in der katholischen Kirche. Inzwischen ist diese in den meisten Gemeinwesen verpönt, auch in der Kirche ist sie nur ausnahmsweise möglich. Die Aussage in Nr. 2266 des *Katechismus der katholischen Kirche* von 1993 wurde in der Folgeedition von 2003 (Lateinische Ausgabe: 1997) Nr. 2267 entsprechend geändert. Seit 2018 wird die Todesstrafe in Nr. 2267 als „unzulässig" qualifiziert. Höchst umstritten ist gegenwärtig, ob die Abtreibung als Verstoß gegen das Lebensrecht eines ungeborenen Menschen in bestimmten Fällen trotzdem rechtens sein kann. Wie soll man verfahren, wenn das Lebensrecht der Mutter mit dem Lebensrecht des Fetus konkurriert?

152 Vgl. oben Kapitel 5.

153 Can. 212 §2 CIC/1983.

154 Can. 216 CIC/1983.

kann auch von einer Mehrschaft gesucht und gegebenenfalls festgestellt werden.[155]

Nun kann es aber scheinen, dass zwar keine demokratische Institution, wohl aber ausgerechnet die Kirche über Majoritäten zur Wahrheitsfindung gelangt. Sie hat wieder und wieder mehrheitlich über den Glauben befunden, so, ich habe gerade darauf verwiesen, auf allen Konzilien des ersten Jahrtausends, die essenziell zur Gestalt des Credo beigetragen haben. Desgleichen wurde auch auf dem Zweiten Vatikanischen Konzil über die Wahrheit des Glaubens durch Abstimmung entschieden (z. B. im Fall der Sakramentalität der Bischofsweihe oder des Rechts auf Religionsfreiheit).

Allerdings stimmt unsere Behauptung nicht wirklich. Das Konzil von Nikaia (325) hat nicht mehrheitlich entschieden, dass in der Trinität der Sohn dem Vater *wesensgleich (homoousios)* ist, sondern nur, dass dieser nicht-biblische Terminus exakt wiedergibt, was durch die in der Schrift niedergelegte Offenbarung über das Verhältnis von Vater und Sohn ausgesagt ist. Wie bei der mathematischen Gleichung wird die Wahrheit nicht von außen her (Schüler, Lehrer, Bischöfe) generiert, sondern sie ergibt sich aus sich selber (Verstandeseinsicht, Forschung, Gottesoffenbarung).

Es ist also mitnichten einzusehen, weshalb es ausgerechnet in der gegenwärtigen Kirche einer Mehrheit von Bischöfen und Laien untersagt sein solle zu befinden, ob diese oder jene Maßnahme, diese oder jene Verfahrensweise, diese oder jene Erkenntnis glaubenskonform, nicht glaubenskonform oder indifferent ist. Es kann also beispielshalber nicht durch Mehrheitsbeschluss in einem synodalen Vorgang entschieden werden, ob Frauen ordinationsfähig sind oder nicht, sondern nur, ob die Behauptung wahr ist, dass kraft göttlichen Gesetzes Frauen nur ihres Geschlechtes wegen nicht geweiht werden können. Dieser Erkenntnisweg ist ausdrücklich vom Konzil legitimiert. Die Versammlung zieht nur noch die Schlussfolgerung: Die Weihe von Frauen ist/ist nicht offenbarungskonform. Ist überdies die Dringlichkeitsfrage entschieden, kann die Diskussion mit einem positiven Urteil abgeschlossen werden.

---

155 Vaticanum II, *Dei Verbum* 3,2 zählt Hilfen auf, die dienlich sind, u. a. freie Forschung, Hilfe des Lehramts, Gedankenaustausch, Dialog als gegenseitige Hilfe.

## „Nur das Lehramt kann verbindlich entscheiden"

Dritte Gegeninstanz: Kraft göttlichen Gesetzes ist innerhalb der Kirche nur das unfehlbare Lehramt (letztlich des Papstes) befugt, glaubens- und lebensbetreffende Fragen („de fide et de moribus") verbindlich zu entscheiden.[156]

Hier kommen wir zum eigentlichen Kern der Debatte. Nicht staatliche Institutionen oder Instanzen bestimmen in irgendeiner Weise den Weg der Kirche zur Erkenntnis der Wahrheit, sondern einzig und nur die Verfassung der Kirche selber, sofern gerade und nur sie das Wesen der Kirche umschreibt. Ob jemand Freund oder Feind der Synodalität sein will, entscheidet sich de facto an seinem Kirchenbild: Ist es hierarchologisch-vertikal, gilt die These bedingungslos, ist es kommunional-horizontal, nicht.[157] Beide Kirchenbilder sind rechtens, da in den Dokumenten des letzten Konzils nebeneinander stehend.

Beurteilen wir also unter diesem Aspekt die obige Behauptung. Da ist zu sagen: Sie ist bedingt richtig. Sie ist aber keineswegs eine Instanz gegen Synodalität. Nach dem gesamtkirchlichen Glauben, der auch von den beiden letzten Ökumenischen Kirchenversammlungen im Vatikan bekräftigt worden ist, ist die Kirche eine Gemeinschaft von grundsätzlich Gleichen,[158] die dank Taufe und Firmung einen Glaubenssinn *(sensus fidelium)* besitzt, der sie unfehlbar in der Wahrheit hält.[159] Zufolge der theologischen Erkenntnistheorie existieren zur Feststellung dieser Wahrheit verschiedene offizielle Bezeugungsinstanzen;[160] zu ihnen

---

156 Daraus wird gelegentlich der Schluss abgeleitet, ausschließlich das Ökumenische Konzil sei ein legitimes Mehrschaftsgremium. Dem widersprechen schon die Fakten: Auch nichtökumenische Kirchenversammlungen haben gesamtkirchlich verbindliche Glaubensentscheidungen gefällt: So das Konzil von Orange (Arausicanum, 529) in der Gnadenlehre – Papst Bonifatius II. bestätigte die Beschlüsse.

157 Hierarchologisch meint: Die Kirche ist wie eine Pyramide streng von oben (Papst) nach unten (Laien) gebildet. Kommunional: Die Kirche gleicht einem Netz, dessen Knoten miteinander (Ortskirchen) und mit der Kirche von Rom (Papst) verknüpft sind.

158 Vaticanum II, *Lumen gentium* 32: Trotz unterschiedlicher Funktionen *„waltet unter allen* (Gläubigen) *eine wahre Gleichheit in der allen Gläubigen gemeinsamen Würde und Tätigkeit zum Aufbau des Leibes Christi"*. Nach Vaticanum I besitzt die ganze Kirche die Gabe der Unfehlbarkeit (DH 3074).

159 *Lumen gentium 12.*

160 Vgl. etwa P. Hünermann, Theologische Prinzipienlehre. Glaube – Wahrheit – Theologie als Sprach- und Wahrheitsgeschehen, Münster 2003.

gehört dieser *sensus*, zu ihnen gehört auch das Lehramt. Sie sind in sich selbständig, aber wegen der grundsätzlichen Gleichheit aller aufeinander bezogen. Daher müssen sie miteinander konsentieren. Daraus ergibt sich: Das (unfehlbare) Lehramt kann nicht ohne die Gesamtkirche agieren: Es vermag nur deren Glauben zu formulieren.[161] Der Papst ist nicht legitimiert, den Glauben zu erfinden, sondern lediglich mit letzter Verbindlichkeit festzustellen, dass etwas eine von der Gesamtheit der Gläubigen gehaltene Glaubenswahrheit sei. Das ist aber nicht sein Alltagsgeschäft (es würde ja der *sensus fidelium* reichen), sondern die Aufgabe in Krisenzeiten, d. h. wenn bezüglich des Glaubensbestandes ein so tief reichender Dissens zwischen Gruppen in der Kirche besteht, dass deren Einheit ernstlich in Frage steht. Eine solche Letztinstanz ist absolut zweckmäßig, daher auch notwendig. Deshalb gibt es solche Einrichtungen in allen Institutionen, auch in jeder Demokratie.[162] In der Bundesrepublik steht dafür die Kompetenz der obersten Gerichte, vornehmlich des Bundesverfassungsgerichts in Karlsruhe. Über seine Entscheidungen befindet keine weitere Instanz mehr. Sie sind unanfechtbar. In einer der Wahrheit Gottes verpflichteten Gemeinschaft, also in der Kirche, muss es sachnotwendig ein (unfehlbares, also letztinstanzlich die Wahrheit des Glaubens feststellendes) kirchliches Lehramt geben.

Die bloße Existenz des Lehramtes bietet trotzdem keine absolute Garantie für das Bleiben der Kirche in der Wahrheit. Auch die apostolische Sukzession seiner Träger hat nicht verhindert, dass fraglos in ihr stehende Episkopen (einschließlich des römischen[163]) Irrlehren verbreitet haben.[164] Die Institution des Papsttums hat die Kirche nicht vor dem „Großen Abendländischen Schisma" (1378–1417) bewahrt. Ohne die Beanspruchung des Supremats des Konstanzer Konzils[165] wäre mit ho-

161 Nach Vaticanum I reicht die Unfehlbarkeit des römischen Papstes nur so weit die die Unfehlbarkeit der ganzen Kirche: vgl. DH 3074 sowie hier Kapitel 10.

162 Selbst in Autokratien bemühen sich die Herrscher, ihre Entscheidungen scheindemokratisch durch die Beherrschten abzusichern, z. B. durch manipulierte Referenden oder Akklamationen.

163 Man denke an die im Vaticanum I heftig diskutierte sogenannte Honoriusfrage: G. Kreutzer, Die Honoriusfrage im Mittelalter und in der Neuzeit (= Päpste und Papsttum 8), Stuttgart 1975.

164 Die großen Häretiker in der Alten Kirche waren mit Ausnahme von Arius alle Bischöfe.

165 Vgl. das Dekret *Haec sancta* von 1415. Textausschnitt abrufbar bei wikipedia: Haec sancta, Abschn. 1.

her Wahrscheinlichkeit das Papsttum untergegangen. Wäre dieser Anspruch nicht rechtens gewesen, wäre die Wahl Martins V. (1417–1431) durch das Konzil illegitim gewesen – dann aber auch jene aller seitherigen Päpste bis Franziskus (seit 20213). Mithin kann, wie die Fakten zeigen, nicht nur der Papst, sondern auch das Ökumenische Konzil Letztinstanz in der Kirche sein. Das Dilemma löst sich auf, wenn man die Letztverbindlichkeit beider Institutionen als Notstandsmaßnahme sieht, die je und je aktuiert wird, wenn die Kircheneinheit auf dem Spiel steht. Konzil, Papst, Gesamtheit der Glaubenden sind nicht Konkurrenten, sondern Komplementäre. Es hängt von der konkreten Situation ab, wem der Primat gehört. Dann aber ist nicht ersichtlich, weshalb es synodale Wege prinzipiell nicht geben dürfe. Hinter ihnen stehen auf jeden Fall als anerkannte Bezeugungsinstanzen des Glaubens der Glaubenssinn und die wissenschaftliche Theologie; da auch Lehramtsvertreter teilnehmen, auch das Lehramt selber wenigstens in Teilen. So entspricht es der Konstitution der Kirche Jesu Christi.

Man kann außerdem darauf hinweisen, dass es gerade in einer Weltkirche unterschiedliche Weisen der Kirchenleitung geben kann. Das ergibt sich aus der Katholizität der Glaubensgemeinschaft.

Fasst man die Erwägungen zusammen, zeigt sich beschämend klar: Dass die Kirche keine Demokratie sei, ist ein trivialer und banaler Satz, der nichts zur Verfassung der Kirche aus- und besagt. Man sollte ihm im Blick auf den eigenen Ruf den Abschied geben. Dafür sollte man sich intensiv mit der Ekklesiologie beschäftigen: Nur sie kann eine Antwort geben. Und diese bejaht unzweideutig Synodalität. Auch an diesem Punkt herrscht Reformnot.

# 9

# DIE REFORM DER KIRCHE UND IHR STAATSVERHÄLTNIS

„*Der erste Weg der Kirche ist der Mensch*“, proklamierte Johannes Paul II. in seiner ersten Enzyklika.[166] Er hätte beifügen können: Darum ist der Weg der Kirche der Kreuzweg. Menschen können einem das Leben sehr schwer gestalten ... Es gibt gar nicht „den“ Menschen, vielmehr ist der Mensch ein segmentiertes Wesen. Er ist Mann oder Frau oder Kind oder Greis oder Regierungsrat oder Müllwerker und so fort, unerschöpflich sind die Möglichkeiten und Verwirklichungen des Menschseins. Das macht es schier unmöglich, zum Wohl des Menschen anzutreten, zumal die Kirche, welche das vorhat, auch aus ebenso vielfältig realisierten Subjekten besteht. Es gibt allerdings ein Faktum, das auf alle zutrifft. Der Mensch ist ein *zoon politikon*[167] ein *homo politicus* – ein *Gemeinschaftswesen*. Es kann ihn nie allein geben. An seinem Ursprung steht schon biologisch eine Vielheit. Er vermag auch in der Regel nicht allein zu existieren. Wenigstens heute (doch wie wir wissen, schon seit Jahrtausenden) lebt der Mensch in einem Sozialverband, dem Staat.[168] Er hat die Ordnung in der vorfindlichen Gesellschaft aufrechtzuerhalten. Dazu kommt ihm insbesondere die Gesetzgebungsvollmacht, das Gewaltenmonopol, die Steuerhoheit zu. Er beansprucht daher eine große Macht über seine Staatsubjekte.

Das hat Folgen für die Kirche. Zwar muss (hierzulande) kein Staatsbürger Mitglied einer Religionsgemeinschaft sein, aber jedes Kirchenmitglied gehört dem Staat an. Die Kirche allerdings besteht darauf, ebenso eine Art Bestimmungsrecht über jedes Mitglied zu haben: In den christlichen Kirchen gibt es in der Regel ein Kirchen-

---

166 Johannes Paul II., Antrittsenzyklika vom 4. März 1979 *Redemptor hominis* 14.

167 Vgl. Aristoteles, Pol. 1253 a 1–11.

168 Das stimmt auch, wenn in einem Staat Staatenlose leben. Entscheidend ist nicht der Pass, sondern das konkrete Leben, das ein solcher Mensch normalerweise auch in einem Staatsverband (wenn auch nicht dem seinigen) verbringt. Meist ist sein Sonderstatus gesetzlich definiert.

recht, das Rechte und Pflichten bis ins einzelne für dieses definiert. Sie ziehen Mitgliedsbeiträge (Kirchensteuer) ein und können Strafen verhängen. Damit entstehen dilemmatische Situationen für die Gläubigen. Die Kirche kann etwas fordern, was der Staat untersagt und umgekehrt. Faktisch passiert das besonders nachdrücklich und mit besonderen Konsequenzen auf dem Gebiet von Sexualität, Ehe und Familie. Jeder weiß, welche Leidenssituationen dadurch bei den Individuen entstehen.

Die beiden Größen Staat und Kirche haben oft versucht, so wie in Deutschland diesbezügliche Regelungen gemeinsam aufzustellen, die sogenannten Konkordate. Es steht an dieser Stelle nicht zur Debatte, ob das und wie es gegebenenfalls gelungen ist. Wohl aber ist hier zu registrieren, dass wie der Staat so auch die Religionsgemeinschaft Verpflichtungen gegenüber der je anderen Größe hat, welche nicht nur rechtlicher, sondern auch ethischer Natur sind. Wenn also von Kirchenreform gehandelt wird, ist auch zu erörtern, ob die Kirche unserer Zeit an diesem Punkt tätig zu werden hat.

## Veränderte Beziehungen

In den sechziger Jahren des vorigen Jahrhunderts gehörten 97 % der deutschen Bevölkerung einer der beiden großen christlichen Kirchen an. 2022 waren es noch 44,8 %.[169] Nach wissenschaftlichen Prognosen könnte die Kirchenzugehörigkeit binnen der nächsten beiden Jahrzehnte auf etwa 25 % sinken;[170] sie würde also für die römisch-katholische Kirche in absoluten Zahlen bei 10 bis 12 Millionen liegen. Nach den Christen kämen die Muslime, auf 7 bis 8 Millionen geschätzt. Es zeigt sich immer deutlicher, dass die demografische Entwicklung erhebliche Folgen für den Status der (ab hier nur betrachteten) katholischen Kirche in Deutschland zeitigen wird. Seit dem Sommer 2023 liegt die Dokumentation einer Berliner Tagung vor, die sich mit den gesellschaftspolitischen Folgen der neuen Perspektiven eingehend und genau beschäftigt hat, bezeichnenderweise unter dem Titel „Semper

169 Statista Research Department vom 27. 7. 2023.

170 Absolut: Heute 44,8 Millionen (Katholiken 20,9, Protestanten 19,1 Millionen), dann also 22,7 Millionen Kirchenmitglieder in Deutschland.

Reformanda"[171]. Die Kirche ist nicht nur in sich selber in der gegenwärtigen Situation im Fall verweigerter systemischer Reformen bestandsbedroht – über eine halbe Million Austritte allein 2022 –, sondern auch von außen her, weil sich der politische Status kaum aufhaltbar fundamental verändert.

Der deutsche Katholizismus zu Zeiten des Zweiten Vatikanischen Konzils manifestierte sich in einer mächtigen Institution, an der der Staat nicht achtlos vorbeigehen konnte, zumal er bei einem kooperativen Verhältnis beider Größen ebenso profitierte (Sozialdienst der Kirchen, Einfluss auf die Moral des Staatsvolkes) wie die Religionsgemeinschaft auch. Der Staat privilegierte diese dafür reichlich: Vom Einzug der Mitgliedsbeiträge (vulgo Kirchensteuer) über die Alimentierung des kirchlichen Personals bis zu dessen kostenfreier Ausbildung an den Universitäten und Schulen und der Übernahme von Baulasten und Steuerbefreiungen. Insgesamt machten die Staatsleistungen an die Kirchen im Jahr 2023 ca. 602 Millionen Euro aus. Staat und Kirche verstanden sich als getrennt, doch sah man sie oft händchenhaltend auf den Straßen der Zeit wandeln. Es war für die Partner die typische Win-win-Situation. Man darf die Prognose stellen: Sie lässt sich nicht mehr aufrechterhalten. Es widerspricht bereits dem Gleichheitsgrundsatz, wenn der Staat nur *eine* Minderheit und andere nicht bevorzugt. Eine Alternative deutet sich an. Entweder stehen allen die nämlichen Rechte zu, womit es keine kirchenfavorisierenden Bevorzugungen mehr gäbe. Doch das kann sich der Staat schon finanziell kaum leisten. Oder die Kirchen verlieren ihren Vorteilsstatus. Sie können sich das aber auch nicht leisten, aus dem gleichen Grund.

Eine fortdauernde Reformallergie hätte jedoch noch viel schwerwiegendere Folgen. Der freiheitliche Rechtsstaat beruht auf einer lebenswichtigen Grundlage, kurz meist die freiheitlich-demokratische Grundordnung geheißen. Er muss notwendigerweise von allen Gruppierungen auf seinem Territorium einfordern, dass sie sich dazu bekennen. Man kann sich nicht darauf berufen, dass er im Fall der Kirche dadurch die Religionsfreiheit tangierte. Alle wären sich wohl einig:

---

171 I. Ley – T. Stein – G. Essen (Hg.), Ecclesia Reformanda. Das Verhältnis von Staat und Religionsgemeinschaften auf dem Prüfstand, Freiburg – Basel – Wien 2023. Die Tagung hatte unter dem Titel „Semper Reformanda: Religionspolitische Reformperspektiven für die Kirchen" am 24./25. 6. 2022 an der Humboldt-Universität Berlin stattgehabt.

Wenn eine religiöse Gruppierung die Witwenverbrennung zu ihren dogmatischen Essentials zählte, müsste der Staat eingreifen. Es gibt also Grenzen. Für die christlichen Kirchen gilt: Sie sind im Rahmen der staatlichen Ordnung Körperschaften des öffentlichen Rechts. Das aber setzt dieser Ordnung gegenüber ihre Rechtstreue voraus.[172] Sie darf also vom Staat eingefordert werden.[173]

De facto beruht der heutige deutsche Rechtsstaat auf der universellen Anerkennung und Geltung der Menschenrechte.[174] Dazu gehört neben vielem anderen die Garantie der Gewaltenteilung, der Existenz einer Verwaltungsgerichtsbarkeit und der Gleichberechtigung aller Angehörigen der Staatsgemeinschaft. Alle diese konkreten Grundlagen anerkennt die gegenwärtige Katholische Kirche nicht: Legislative, Exekutive und Judikative liegen in einer einzigen Hand, im Endeffekt der des römischen Bischofs;[175] unabhängige Richter existieren nicht;[176] durch die Wesensunterscheidung von Klerus und Laien[177] und die Unmöglichkeit, dass Frauen geschlechtsbedingt in den ersteren aufgenommen werden und damit nicht gleichen Rechtes wie dessen Mitglieder sind[178], zeigt, dass die Grundlagen, auf die die beiden Institutionen sich berufen, unheilbar dissonant sind. Sie können sich gegenseitig also prinzipiell nicht wirklich und mit allen Rechtsfolgen anerkennen.

## Konsequenzen

Bedeutet das für die Kirche, dass sie sich auf eine Art Märtyrersituation einzurichten hat, ähnlich wie zu Zeiten des vorkonstantinischen *Imperium Romanum*, und unter Umständen staatlichen Sanktionen mit

172 S. Magen, §27 – Kirchen als Körperschaften des öffentlichen Rechts: HSKR 1 (2020), 1045–1101, besonders 1059.

173 T. Stein, Religionsverfassungsrecht und die Universalität der Menschenrechte. Möglichkeiten und Grenzen staatlicher Durchsetzbarkeit: I. Ley – T. Stein – G. Essen (Hg.), Ecclesia Reformanda (Anm. 174), 126–143.

174 Sie haben insgesamt einen biblisch-christlichen Hintergrund, auch wenn die Kirche dies lange Zeit bestritten hat.

175 W. Aymans, Das Projekt einer Lex Ecclesiae Fundamentalis (Kirchliches Grundgesetz): J. Listl – H. Müller – H. Schmitz (Hg.), HKR, Regensburg 1983, 65–71.

176 Klagen gegen Kleriker werden immer von Klerikern entschieden, in letzter Instanz von der Apostolischen Signatur.

177 Vatikanum II, LG 10.

178 Can. 1024 CIC/1983.

erheblicher Wirkung ausgesetzt werden könnte? Das wäre möglicherweise dann der Fall, wenn die genannten Defizite gegenüber den Staatsgrundlagen für die Kirche zu deren Wesensgestalt gehören und daher bei Gefahr des Identitätsverlustes unbedingt und veränderungsimmun sind. Unter Berufung auf die Tradition und biblische Texte weist die Gruppe der reformunwilligen Katholiken einschließlich der obersten Kirchenleitung darauf hin, dass dem haargenau so ist. Allfällige Veränderungen, Modifikationen oder gar Neuordnungen halten sie für ausgeschlossen, letztlich für häretisch. Ist dem aber tatsächlich so?

Die Frage lässt sich ziemlich schnell hinsichtlich der *Verwaltungsgerichtsbarkeit* und der *Gewaltenteilung* mit einem sonoren *Nein* beantworten. In beiden Fällen handelt es sich bei den diesbezüglichen Vorschriften um Äußerungen des kirchlichen Leitungsamtes, die allein dessen Vollmacht unterliegen, also veränderbar sind, und zwar nicht nur *de jure*, sondern auch *de facto*. Paul VI. hatte bereits im Rahmen der nachkonziliaren Codex-Reform die Errichtung eines Verwaltungsgerichtes vorgesehen. Die diesbezüglichen Entwürfe hat Johannes Paul II. freilich schubladisiert. Jeder Nachfolger könnte sie aber jederzeit wieder hervorholen und mit oder ohne Modi in Geltung setzen. Ganz allgemein ist zu konstatieren: Die heutige Leitungsstruktur, die sich nicht zuletzt in einem schier ungebremsten Entscheidungseifer auf allen Gebieten des kirchlichen Lebens verkörpert, ist nicht tatsächlich in der kirchlichen Tradition verankert, sondern das Ergebnis binnenkirchlicher Befindlichkeiten des 19. Jahrhunderts, die in den Papstdogmen des Ersten Vatikanischen Konzils mitsamt deren nachfolgender Interpretation Gestalt angenommen haben. Vordem hütete sich das oberste Lehramt, Päpste wie Konzilien, geflissentlich, innerkirchlich diskutierte Probleme vor der sachorientierten Klärung zu entscheiden.[179] Es vertraute darauf, dass *„il tempo insegna e mostra la verità delle cose, come quello che è gran giudice e censore delle cose" (die Zeit die Wahrheit der Dinge lehrt und zeigt, da sie ja eine große Richterin und Beurteilerin der Dinge ist),* wie es Paul V. exakt auf den Punkt gebracht hat.[180] Es gibt ein weiteres Indiz dafür, dass der gewohnte Kirchenzentralismus und Uniformis-

---

179 Aufgrund der Lehre von den kirchlichen Bezeugungsinstanzen sind aktuelle Entscheidungsträger neben dem Lehramt desgleichen die wissenschaftliche Theologie und der Glaubenssinn der Gläubigen.

180 DH 1997a. Er begründete damit seine Entscheidung, in der Frage der sogenannten Gnadenhilfen Lehrfreiheit zu geben (DH 1997). Tatsächlich stellte sich im 20. Jahrhundert heraus, dass ein falscher Ansatz (Gleichwertigkeit von gött-

mus nicht von der Gesamttradition gedeckt ist: Auch das Lehramt erinnert sich in diesen Jahren neu der der Kirche wesentlichen, doch praktisch vergessenen Synodalität und versucht, sie systemisch in die Ekklesiologie zu integrieren. Manchmal ist es sehr nützlich, in Jahrhunderten statt in Pontifikaten zu denken.

Für den gesamten Komplex trifft im Übrigen die Lehrfeststellung des Zweiten Vatikanischen Konzils zu: In der Kirche *„wird ... jeder Theorie oder Praxis das Fundament entzogen, die zwischen Mensch und Mensch, zwischen Volk und Volk bezüglich der Menschenwürde und der daraus fließenden Rechte einen Unterschied macht"*[181].

## Chercher la femme?

Die meisten Schwierigkeiten scheint der dritte Punkt zu bereiten, der gewöhnlich unter dem Rubrum *„Ordinationsverbot für Frauen"* abgehandelt wird, auch auf den vorliegenden Seiten. Der Fragestand: Für die allgemeine, auch die binnenkirchliche Meinung ist die *Beibehaltung*, für die Kirchenoberen die *Abschaffung* kaum plausibel zu machen. Herausgefordert ist offenkundig erstrangig nicht das Leitungs-, sondern das Lehramt der Kirche. Es sieht die Versagung in dogmatisch-systematischen Vorgaben begründet. Doch das stimmt nur bedingt. Auch in diesem Fall muss das Leitungsamt die Letztentscheidung treffen, da es sich ja um die konkrete Form der Kirchenleitung handelt, die in den meisten Fällen die Weihe voraussetzt. Nun haben alle Päpste seit Paul VI.[182] das Weiheverbot mit klaren Worten und vielen Argumenten eingeschärft, am profiliertesten Johannes Paul II. Das ist erst einmal ein untrügliches Indiz, dass der Weisung die unerlässliche Rezeption seitens der Glaubensgemeinschaft mangelt, zum anderen deutet es darauf hin, dass der Begründungsaufwand ins Leere läuft. Es ist mithin notwendig zu fragen, welche Qualität die vorgebrachten Argumente besitzen.

Wir können uns hierbei auf das Apostolische Schreiben *Sacerdotalis ordinatio* des Wojtyła-Papstes vom 23. Mai 1994 beschränken.[183] Darin

---

licher und menschlicher Freiheit) zu den unseligen Streitigkeiten geführt hatte. Vgl. oben Kapitel 7.

181 Vatikanum II, NA 5.

182 Ausgenommen natürlich der Dreiunddreißig-Tage-Papst Johannes Paul I.

183 VApS 117, 3–7.

wird die päpstliche Haltung nicht nur eingehend begründet, es sind auch seitdem keine wirklich neuen Argumente vorgebracht worden, soweit zu sehen ist. Im entscheidenden Passus heißt es:

> *„... erkläre ich kraft meines Amtes, die Brüder zu stärken (vgl. Lk 22,32), dass die Kirche keinerlei Vollmacht hat, Frauen die Priesterweihe zu spenden, und dass sich alle Gläubigen der Kirche endgültig (definitive) an diese Entscheidung (hancque sententiam) zu halten haben."*

Bevor wir uns auf die Darlegung einlassen, ist zu prüfen, welche Geltungskraft dem Dokument zukommt. Ist sie Ausdruck des *unfehlbaren* oder des *nicht-unfehlbaren* Lehramts? Die Antwort ist nicht eindeutig – manche hielten die zitierte Feststellung für eine irreformable Äußerung im Sinne von Vatikanum I, andere bestritten dies. Am 28. Oktober 1995 beschied die damalige Kongregation für die Glaubenslehre die Anfrage, ob diese Lehre *„als zum Glaubensgut gehörend zu betrachten sei"*, mit einem deutlichen Ja, weil der Papst nur dargelegt habe, *„was immer, überall und von allen Gläubigen festzuhalten ist."*[184] Allerdings ist diese Antwort (abgesehen von der zweifelhaften Faktengrundlage) nicht mehr als eine (sehr zu beachtende) *Meinung*, denn eine wesentlich nicht unfehlbare Institution kann nicht unfehlbar Fragen über die Unfehlbarkeit entscheiden.[185] Nicht in Frage steht: Der Papst spricht (bewusst?) nicht eindeutig, sonst hätten die Kontroversen unter kompetenten und vertrauenswürdigen Theologen nicht entstehen können. Es wäre doch für ihn einfach gewesen, die luzid klare Formel zu verwenden, die der einzige nach dem Ersten Vatikanischen Konzil definierende Papst, Pius XII., benutzt hatte,[186] und etwa zu erklären, dass es aufgrund der

---

184 AAS 87 (1995), 1114.

185 Nach Vatikanum I bezieht sich die Infallibilität strikt und allein auf die Person des Papstes, nicht auf seine Behörden. Deren Bescheidungen sind daher vor Irrtum nie gefeit. K. Schatz SI. vertritt außerdem die These, „negative Lehraussagen ... können ihrer Natur nach nur immer vorläufig sein und unter Vorbehalt (Wir sehen – jetzt jedenfalls – keine Möglichkteit) vorgetragen werden" (Kirchliche Unfehlbarkeit heute – zwischen Immobilisierung und Irrelevanz, in: ders., Kirche der Einheit und der Reform, Münster 2023, 493–505). Die Definitivität von *Sacerdotalis ordinatio* würde sich somit auf den Stand jetzt beziehen und offen lassen, wie sich die Frage künftig entwickelt. Das Dokument bekäme dann eine relevante Funktion in der heutigen Lage der Zerstrittenheit.

186 Pius XII. dogmatisierte die Himmelaufnahme Mariens am 1. November 1950 mit nachstehender Formel: *„... verkünden, erklären und definieren Wir deshalb ...: Es ist von Gott geoffenbarte Glaubenslehre, dass..."*.

Glaubenslehre bzw. der göttlichen Offenbarung unmöglich sei, dass Frauen geweiht werden. Stattdessen hat er sich nur etwas nebulös auf seinen Auftrag der „Brüder-Stärkung", nicht aber unmissverständlich auf seine Lehrvollmacht berufen. Er sieht das Weihehindernis auch nicht in einer positiven Offenbarung, sondern im Mangel der Kompetenz der Kirche. Ob freilich diese tatsächlich gegeben ist oder nicht, hängt in diesem Falle von den Gründen ab, die *dieserhalb* angeführt werden. Ehe wir auf sie eingehen, muss noch festgehalten werden: Can. 749 § 3 CIC/1983 lautet:

> *„Als unfehlbar definiert ist eine Lehre nur anzusehen, wenn dies offensichtlich feststeht."*[187]

Exakt dies ist aber nicht der Fall: Die Lehre steht nicht zweifelsfrei fest, wie die Diskussion der Experten beweist. Also kommt dem Apostolischen Schreiben *Ordinatio sacerdotalis* schon aus diesem Grund keine Irreformabilität zu. Untersuchen wir also die vorgebrachten Gründe Johannes Pauls II. gegen die Frauenordination.

*(1) Jesus hat nur Männer, aber keine Frauen ins Zwölferkollegium berufen.* Daraus lassen sich keine verbindlichen Schlüsse für unser Thema ziehen. Es handelt sich um ein *Argumentum e silentio.* Ein Grund wird also gar nicht angegeben. Man kann nur spekulieren, ob es Grund A oder Grund B war. Ein solcher Beweisgang aber kann nie als zwingend betrachtet werden – auch in diesem Falle nicht. Das Nichthandeln des Herrn bezüglich der Frauen kann – so meint es auch die Mehrheit der Exegeten – seinen Grund eher und wahrscheinlich darin haben, dass die Zwölfzahl an die zwölf Stämme Israels, also an das erstbundliche Gottesvolk, erinnern sollte: Jesus konstituiert das neue Volk Jahwes. Eine Frau bei den Zwölfen hätte den ganzen Symbolismus zerstört. Die Zielrichtung des Jesus-Wortes ist also nicht „Frau", sondern „Zwölf". Über diese „heilige Zahl" allein wird etwas ausgesagt. Das Argument setzt zudem voraus, dass der irdische Jesus die Kirche nach juristischen Regeln gegründet und mit einem kodifizierten Verfassungsrecht ausgestattet habe, das auch jetzt noch verpflichtend sei. Doch allgemein gilt, dass die Kirche erst an Pfingsten ihren Geburtstag hat. Historisch steht auf jeden Fall fest: Jesus hat niemanden zu seinen Lebzei-

---

187 „... nisi id manifeste constiterit".

ten zu Bischof, Priester oder Diakon geweiht. Ihre Leitungsstruktur hat die Kirche Christi erst danach in einem langen Prozess[188] in Selbständigkeit und nach gegebener Zweckmäßigkeit ausgebildet. Dabei blieb ausgerechnet das unbestreitbar vom Herrn geschaffene Zwölferkolleg auf der Strecke. Offenkundig hat die Kirche doch Vollmacht über ihre Strukturen. Das Argument aber projiziert bedenkenlos das Kirchenrecht von 1983 auf die Jahre um 30.

*(2) Weil Priester in persona Christi handeln, müssen sie das Geschlecht Christi besitzen.*

Das sagt *Ordinatio sacerdotalis* nur sehr verklausuliert, dafür gehört die Formel zu den Standardobjektionen vieler Weihegegner. – Dazu ist festzuhalten. Das Mann-Sein Jesu spielt an keiner einzigen Bibelstelle eine theologisch bemerkenswerte Rolle, wohl aber sein Mensch-Sein: Wir sprechen daher auch nicht von seiner „Inviridation" (*vir* lat. Mann), sondern von seiner Inkarnation.[189] Offen bleibt überdies: Warum wird ausgerechnet die Sexualität zum Maßstab der Weihemöglichkeit gemacht, nicht aber andere Merkmale, die für Jesus in der neutestamentlichen Interpretation wesentlich bedeutungsvoller waren: mosaische Religion mit Beschneidung, Wanderstatus, Tempelkult, Beibehaltung der Sklaverei usw.? Jedenfalls ist die Sexualität biblisch in keiner Weise die Voraussetzung dafür, dass jemand die Heilssendung Christi verkörpert und fortführt. Dann kann ein bestimmtes Geschlecht auch keine Voraussetzung dafür bilden.

*(3) Selbst Maria hat „nicht den eigentlichen Sendungsauftrag der Apostel" erhalten und war keine Amtspriesterin.*

Dahinter steht die Vorstellung, die Mutter des Herrn müsse alle ihr möglichen Vorzüge besessen haben *(„De Maria numquam satis")*. Wäre also das Priestertum Frauen möglich, hätte sie auch die Weihe empfangen müssen. – Das ist eine Devotionserwägung ohne wirklichen theologischen Wert, da in keinem Theologumenon effizient grundgelegt. Wie erklärt man sich dann im Übrigen, dass Maria offenbar keine Ostererscheinung gehabt hat, andere Frauen sehr wohl – und die sind überdies auch noch mit einem Sendungsauftrag bedacht worden?

---

188 Er dauerte bis ins 2. Jahrhundert.

189 Im biblischen Horizont steht *caro (hebr. basar)* für das Menschsein unter dem Aspekt der Hinfälligkeit.

Maria Magdalena gilt heute explizit als eigentliche Apostolin.[190] Außerdem gibt es seit dem 5. Jahrhundert zahlreiche theologische, seit dem 11. Jahrhundert zahlreiche künstlerische Darstellungen, die Maria als priesterliche Gestalt zeigen.[191] Das päpstliche Argument ist nicht durch eine stete Tradition gedeckt.

*(4) Die beständige Überlieferung kennt weibliche Priester zu keiner Zeit.*
Das stimmt nicht ganz: Es ist heute ausgemacht, dass die frühen Gemeinden zum einen die Frage nie thematisiert haben.[192] Aber sie haben andererseits mit ziemlicher Sicherheit Frauen verantwortliche Positionen zuerkannt – z. B. der Diakonin Phöbe (Röm 16,1), der Apostelin (!) Junia (Röm 16,7), der Purpurhändlerin Lydia (Apg 16,14). – Nochmals ist zu bemerken, dass zu neutestamentlichen Zeiten die Ämterstruktur der späteren Kirche noch nicht bestanden hat. Die anfängliche Liberalität ist sicherlich später total zurückgenommen worden, aber war der Grund die „göttliche Verfassung" *(Ordinatio sacerdotalis)*? Die Ursache kann auch eine ganz andere gewesen sein. Bezeichnenderweise hat man lange zur Begründung der Weiheversagung (sofern es überhaupt eine gab) auf viele Punkte verwiesen, die heute verschämt gestrichen sind, z. B. die habituelle Dummheit der Frau, ihre Leitungsunfähigkeit, ihre Belastungsschwäche. Im Hintergrund stand die unhinterfragte Überzeugung (Aristoteles schon hatte sie!) von der biologischen Minderwertigkeit des weiblichen Geschlechts.[193] Da der Fötus gemäß dieser These allein aus dem männlichen Samen entstand, mussten daraus

---

190 Ihr Gedenktag am 22. Juli war bisher im Rang einer „Memoria". Papst Franziskus hat den Tag 2016 zum „Fest" erhoben. In der Präfation wird ihr der Aposteltitel zuerkannt. Vgl. dli.institute/wp/wpcontent.

191 Erstmals bei Ps.-Epiphanius (hom. in laudes Mariae Deiparae), dann vor allem in der „Französischen Schule" des 17. Jahrhunderts (J. Eudes, J. J. Olier). Ps.-Albert schließt das Priestertum in das Privilegien-Universum Marias ausdrücklich ein (Mariale 42). Pius X. billigt mit großer Freude die Anrufung *„Maria, pariter Virgo et Sacerdos, ora pro nobis"*. – 1913 verbietet das damalige Hl. Offizium die bildliche Darstellung der Mutter Gottes als Priesterin, 1927 auch die genannte Anrufung. Zum Ganzen M. Hauke (theologisch) und M. Lechner (kunstgeschichtlich), Priestertum: MarLex V, 314–318 sowie grundlegend M. Laurentin, Marie, l'Eglise et le sacerdoce (2 Bde.), Louvain 1952/53.

192 Im NT wird Einiges zum Thema Eucharistie gesagt, doch nie wird ein Wort darüber verloren, wer sie geleitet hat. Das interessierte niemanden theologisch, faktisch waren wohl die gastgebenden Personen für die gottesdienstliche Handlung auch deren Vorsteher bzw. Vorsteherinnen.

193 Vgl. S. 113.

Männer werden – *omne agens agit sibi simile* (man kann nur sich selber Ähnliches schaffen). War dies nicht der Fall, musste es von außen her verhindert worden sein, durch dämonischen Einfluss oder schwüle Mittagswinde. Das Ergebnis, die Frau, war jedenfalls ein Betriebsunfall *(mas occasionatum – ein missglücktes Männchen)*, kein voller Mensch. Auch wir würden wohl sagen, dass das Ergebnis eines solchen nicht Priester oder Bischof werden könne. So besteht der Verdacht, dass das Weiheverbot im letzten Grund gar nicht theologisch, sondern biologisch und kulturell begründet wurde – und dass das dem allgemein verbreiteten patriarchalischen Denken voll entsprach. Dieses kann aber nicht zur apostolischen Tradition gerechnet werden.

Überdies darf an folgendes Faktum erinnert werden. 1947 hat Pius XII., wahrlich kein „Modernist", mit der Apostolischen Konstitution *Sacramentum Ordinis* das vom Florentiner Konzil festgelegte äußere Zeichen des Weihesakramentes geändert.[194] Wenn der Papst einen so tief reichenden, gegen die Tradition sich richtenden Akt setzen kann, warum kann der Papst dann nicht auch die Extension der Sakramentenempfänger (neben Männern auch Frauen) verfügen? Hier steht eine amtliche Begründung aus.

## Reformabilis, ergo reformanda

Das Fazit? Die Kirche kann von ihrem eigenen Selbstverständnis her reformiert werden *(reformabilis)*, sie muss darum Reformen tätigen *(reformanda)*. Selbst eine flüchtige Analyse zeigt: Die für den Status quo der Staat-Kirche-Beziehungen vorgebrachten Argumente der Bestandbewahrer zeigen: Sie tragen die Beweislast nicht, die diese ihnen aufbürden, manchmal überhaupt nicht, manchmal allenfalls auf wackeligen Füßen stehend. Doch auch viele hinkende Soldaten bilden keine starke Truppe. Es ergibt sich also,

1. dass das Reformanliegen in der Katholischen Kirche nicht nur binnenkirchlich, sondern auch staatskirchenpolitisch höchste Dringlichkeit besitzt;

194 DH 3857–3861. – Damals galt als äußeres Zeichen der Priesterweihe die Übergabe von Kelch und Hostienschale. Pius macht kurzerhand Handauflegung und Instrumentenübergabe zu den äußeren Zeichen.

2. dass die Auseinandersetzung mit der zeitgenössischen Kultur vom Zweiten Vatikanischen Konzil dringlich angemahnt worden[195] und also umzusetzen ist;
3. dass mithin ohne Verzögerung eine durchgreifende gleichermaßen spirituelle wie systemische Erneuerung der Römisch-Katholischen Kirche in die Gänge gebracht werden muss. Sie darf nicht durch Emotionen und Gewohnheiten dieser oder jener Partei behindert werden, so achtbar und möglicherweise unvermeidbar diese auch sein mögen.[196] Erfreulicherweise wächst die Einsicht, dass solches wenigstens anfangsweise durchaus möglich geworden ist.[197]

Die Glaubensgemeinschaft ist in der Sache nicht frei. Der Zustand der Kirche ist entscheidend dafür, wie sie ihren gottgegebenen Auftrag zu erfüllen vermag. Der lautet: Weltpräsenz zum Aufbau des jesuanischen Gottesreiches (vgl. Mt 28,19 f.). Er hängt gewisslich ab von der Gnade Gottes. Aber er hängt desgleichen ab vom Wirken aller Christenmenschen in der Kirche. Gott kann nur dem auf wunderbare Weis einen Sechser im Lotto erwirken, der einen Lottoschein erworben hat! Bislang ist das augenscheinlich noch nicht geschehen …

---

195 Vatikanum II, GS 62 wäre in diesem Zusammenhang in Gänze anzuführen! Der Text endet: „*Zur Durchführung dieser Aufgabe muss aber den Gläubigen, Klerikern wie Laien, die entsprechende Freiheit des Forschens, des Denkens sowie demütiger und entschiedener Glaubensäußerung zuerkannt werden in allen Bereichen ihrer Zuständigkeit*".

196 H.-G. Gadamer, Wahrheit und Methode, Tübingen 1965, 374 f.: „*Die eigenen Begriffe bei der Auslegung vermeiden zu wollen, ist nicht nur unmöglich, sondern offenbarer Widersinn.*"

197 Ab 1. 1. 2023 gilt ein neues kirchliches Arbeitsrecht für die deutsche katholische Kirche, das auf Bezüge zum Privatleben der Arbeitnehmer und Arbeitnehmerinnen verzichtet. Der Text: Kirchliches Arbeitsrecht – 1. Februar 2023 (Die deutschen Bischöfe Nr. 95), Bonn $^{3}$2023.

# 10
# WER HAT DAS SAGEN IN DER KIRCHE?

Zu den dringlichsten und höchst kontroversen mit der Kirchenreform zusammenhängenden Problemen gehört die Frage nach der verbindlichen Festlegung der Glaubenslehre. Dass sie von höchster Bedeutung ist, bedarf keiner besonderen Begründung. Die Gemeinde Christi fühlt sich der von ihm offenbarten Wahrheit seines Vaters „um Himmels willen“ verpflichtet. Sie aber bedarf der Rezeption, der Interpretation, der Vitalumsetzung. Wer aber befindet mit Verbindlichkeit für die Glaubenden den Vollzug solchen heils- und lebenswichtigen Geschehens? Wer also hat das Sagen in der und für die Kirche? Der lange geltende, meist unhinterfragt gebliebene und komplett dünkende Doppelzug vom Sagen des Lehramtes und dem Hören aller anderen – immer als Einbahnstraße – funktioniert nicht mehr. Jede noch so oberflächliche Analyse der Glaubensgemeinschaft legt zutage: Der bisher manifesteste Schaden an der Kirche ist ihr grandioser Vertrauensverlust. Amtlichen Entscheidungen begegnet man von vornherein erst einmal mit hoher Skepsis.[198]

Es geht also in diesem Kapitel um die Behebung von offenkundigen Fehlformen in der Kirchenstruktur – aber wer trifft das Urteil darüber, ob es sich wirklich um solche handelt – überhaupt und im einzelnen? Könnte es sogar sein, dass schon diese Frage nach der Instanz oder den Instanzen der Wahrheitserhebung einer Klärung bedarf?

## Wie funktioniert Christentum?

Die Christenheit ist die Gemeinschaft der im Glauben Überzeugten, dass Gott „auf vielerlei Weise einst zu den Vätern gesprochen hat durch die Propheten; am Ende dieser Tage hat er zu uns gesprochen durch den Sohn“ (Hebr 1,1 f.). Christentum ist mithin ein Vermittlungsgeschehen von Gott zu den Menschen, das bestimmt ist durch die Fragen:

---

198 Vgl. besonders Kapitel 6.

Was ist Offenbarung und wie werden ihre Inhalte festgestellt? Zu beantworten sind sie durch die Kirche als Gemeinschaft derer, die diesen Glauben teilen. Die Antwort auf die erste Frage hat in den letzten hundert Jahren eine bemerkenswerte Wandlung erfahren. Noch auf dem Ersten Vatikanischen Konzil wurde sie mit Hilfe eines instruktionstheoretischen Modells gegeben: Gott hat eine Reihe von intelligiblen Sätzen verlautbart („Jesus ist der Messias"). Christsein bedeutet, sie anzunehmen und zu befolgen. Das Zweite Vatikanische Konzil hingegen bescheidet uns: „Gott hat in seiner Güte und Weisheit beschlossen, sich selbst zu offenbaren."[199] Das ist eine offene Formulierung, die verlangt, sorgfältig die Weisen und Formen der Transposition der Offenbarung in die jeweilige Situation der Glaubenden zu erforschen.

Damit wird die zweite Frage akut. Wie stellt man deren Inhalt und Gehalt fest? Ausgangspunkt einer Antwort ist die Tatsache, dass nach christlichem Verständnis Partner Gottes nicht der Einzelne in sich ist, sondern sofern er Glied der Glaubensgemeinschaft ist. Von Anfang an und auf der Grundlage der ersttestamentlichen Bundestheologie versteht die Kirche sich grundlegend und wesentlich als formierte Gemeinschaft *(communio)*, als Volk Gottes in bestimmter Gestaltung, als Leib Christi mit unterschiedlichen, aber gleichwertigen Gliedern. Dieses Wesen der Kirche muss in allen ekklesiologischen Aussagen tragender Unter- und Hintergrund sein. So hat auch die gesamte Glaubensgemeinschaft und darum jedes Glied die Aufgabe der Mediation der Offenbarung zu den Christinnen und Christen bzw. zu allen Menschen als deren Adressaten (vgl. Mt 28,18). Dazu ist sie ermächtigt, weil sie als Ganze ein *„Tempel des Heiligen Geistes"* ist (1 Kor 3,16 f.), dessen Bausteine ihre einzelnen Mitglieder kraft der Taufe sind. Sie muss je und stets *„hören, was der Geist den Gemeinden sagt"* (Offb 2: siebenmal!). Hier ist bereits eine erste Bezeugungsinstanz der Offenbarung genannt: die Gemeindeangehörigen. Die Geltung der Autorität der Getauften, später als *Glaubenssinn der Gläubigen (sensus fidelium)* bezeichnet, ist so alt wie die Kirche selbst.

Die Kundgabe Gottes ist in verbindlicher Form verschriftet worden („Bibel des Alten und Neuen Testamentes"[200]). So wird für ihre Ortung

199 DV 2.

200 Heute spricht man lieber von dem Ersten und Zweiten Testament, um die Gleichverbindlichkeit beider Teile der Bibel deutlicher werden zu lassen. Teilweise benutze ich diese Sprachregelung.

die Kanonentscheidung hochbedeutsam, die verbindliche Vorlage des Verzeichnisses jener literarischen Zeugnisse, welche sie enthalten, als *Heilige Schrift.* Damit ist der authentische und verbindliche Niederschlag der Christusoffenbarung fixiert, an dem sich als deren bleibender Hinterlage *(paratheke, depositum fidei)* der Glaube aller zu orientieren hat. Die Heilige Schrift ist damit der hervorgehobene zweite Ort für die Glaubensermittlung. Die Festlegung erfolgt hinsichtlich des Ersten Testamentes um 100, für das Zweite im 4. Jahrhundert in einem verwickelten Prozess, an dem aber nicht nur die Bischöfe beteiligt sind.

Bereits während der Kanonentstehung und erst recht mit fortschreitender Zeit zeigt sich die Notwendigkeit der Bibelinterpretation. Sie geschieht prinzipiell durch jede Leserin und jeden Leser, doch im Blick auf die Wahrung der Einheit der kirchlichen Gemeinschaft bilden sich Instanzen aus, die für diese existenzwichtige Aufgabe besonders qualifiziert erscheinen. Das ist zum einen das synchrone Kollegium der Bischöfe, insofern diese in diachroner Gemeinschaft (Sukzession) mit den Aposteln, den Erstzeugen der Christusoffenbarung, stehen. Durch sie entwickelt sich das *kirchliche Lehramt* als vierte Instanz. Bereits im 3. Jahrhundert (Irenäus von Lyon) beruft man sich zur Beurteilung neu auftretender Bibelinterpretationen (anfangs vornehmlich der als häretisch angesehenen Gnostiker) auf die Apostelnachfolger.[201]

Zum anderen sind das Personen, die auch jenseits der Bestellung ins Leitungsamt eine besondere Einsicht in die Texte kraft ihrer geistlichen und wissenschaftlichen Formung zeigen und so zu Lehrern (erst recht spät kommen auch Lehrerinnen hinzu) der Kirche werden. Mit einem Sammelnamen bezeichnet man die frühesten Lehrer als *„Väter der Kirche"*. Sie bilden den Grundstock einer dritten eigenständigen Instanz der Offenbarungsergründung, der *wissenschaftlichen Theologie.* Seit dem Hochmittelalter bilden sie in den neu entstehenden Universitäten des Abendlandes die erste der verschiedenen nun gebildeten Fakultäten.

201 Eine besondere Bedeutung wird dabei jenen Kirchenleitern beigemessen, die in einer unmittelbaren Linie zu einem Apostel als Erstinhaber ihres Sitzes stehen. Nochmals hervorgehoben sind die Bischöfe jener Diözesen, deren Erstinhaber direkt oder indirekt der Erste der Apostel gewesen ist, nämlich Petrus. Das war neben Jerusalem, Konstantinopel, Antiochia und Alexandrien an erster Stelle Rom. In Folge bekam der Bischof der Reichshauptstadt den Vorrang vor allen Kollegen – zuletzt in den Papstdogmen des Ersten Vatikanischen Konzils (1870) festgeschrieben. Die anderen genannten Sitze wurden zu Patriarchaten, deren es also mit Rom fünf gibt (Pentarchie). Ihnen wurde gesamtkirchlich eine besondere Vorrangstellung auch in der Lehrfeststellung eingeräumt.

Manche – wie die Fakultät der Sorbonne in Paris – besaßen zeitweise die höchste Autorität in Lehrproblemen, noch vor dem Papst.

Weil die Christengemeinschaft überzeugt ist, dass ihr der Geist verheißen ist als jene göttliche Hilfe, durch die sie immer und stets in die Wahrheit eingeführt wird (Joh 14,26; 16,13 f.), ist die Offenbarungserkenntnis jeder Generation der Kirche im Prinzip gleicherweise entscheidend für das Verständnis der Offenbarung hier und heute. Die Einsichten der Kirche der Vergangenheit gestalten sich zur Bezeugungsinstanz des Glaubens als *Tradition,* die die göttliche Selbstmitteilung weitergibt – und das ist kirchliche Überzeugung von Anfang an (vgl. 1 Kor 11,23). Die je heutige Lehrentscheidung muss grundsätzlich und nachvollziehbar in irgendeiner Weise auf die vorangegangenen Urteile bezogen werden können. Kann solches nicht widerspruchsfrei nachgewiesen werden, gehört der betreffende Satz oder die betreffende Meinung nicht zum verbindlichen christlichen Glaubensbestand. Es ist gut zu verstehen, dass dieses Problem oft in der Debatte stand und die Kirche stets beschäftigt hat.

Eine besondere Rolle kommt bei der Lehrfeststellung den ökumenischen Konzilien zu, den Versammlungen der Bischöfe der ganzen (christlichen) Welt, der *oikumene.* Die Interpretationen der *Paratheke* von Bibel und Überlieferung divergieren, wie eben angedeutet, manchmal so stark, dass die Einheit der Kirche zu zerbrechen droht. Die Konzilien sollen dies verhindern. Sie sind aber keine Berufskongresse des Leitungspersonals. Der einzelne Episkop versteht sich erstlich als Zeuge des Glaubens seiner Ortskirche, den er in die Universalkirche einbringt, um sodann zweitens nach den Beratungen und Beschlüssen der Versammlung als Zeuge des Glaubens der Gesamtkirche in sein Bistum zurückzukehren. Die Konzilien sind somit Ausdruck des universalen Lehrkonsenses der Christenheit. In ihnen konvergieren die einzelnen Offenbarungsfindungs-Instanzen dergestalt, dass die Einheit der Kirche gewahrt bleibt und sichtbar wird. Nahezu ein Synonym zu Konzil ist *Synode.* Das Lemma *Konzil* bedeutet: Die zusammengerufene *(concalare)* Versammlung. Synode ist die Gemeinschaft derer, die einen gemeinsamen *(syn)* Weg *(hodós)* gehen. Es dreht sich also immer um Gemeinsamkeit und gemeinschaftliches Vorgehen. Diese konziliare oder synodale Prägung ist der Kirche durchgehend zu eigen. Sie gehört zu ihrem Wesen.[202]

---

202 Die lange vergessene synodale Form der Glaubensfeststellung ist durch Papst Franziskus neu belebt worden. Nicht sehr klar ist freilich, was er damit an echten

Wir sehen: Die geschilderten Vorgänge und Entwicklungen lassen sich seit Beginn der Kirche und durch ihre gesamte Geschichte hindurch konstatieren. Systematisch ausgearbeitet werden sie freilich erst seit dem 16. Jahrhundert; der Bischof Melchior Cano ist der Vater der Lehre von den sogenannten *loci theologici*; den Fundorten des Kirchenglaubens. In den Kontroversen jener Zeit kommt es zu allererst darauf an, dass möglichst gemeinsam eruiert wird, was eigentlich und genau der Christenglaube ist und sagt, über den sich die „Religionsparteien" erbittert stritten. Die Lehre wird im Kern vom Zweiten Vatikanischen Konzil in mehreren seiner Dokumente übernommen und anschließend theologisch eingehend erörtert.[203] Demnach sind sie eigenständig, doch je auf die anderen Loci bezogen; keinem kommt eine Monopolstellung zu. Auch der „Orientierungstext" des Synodalpräsidiums hat diese Lehre zugrunde gelegt.

## Die Lehrausbildung in der Kirche

Das lange herrschende faktische Gleichgewicht zwischen den fünf Loci wurde seit dem 19. Jahrhundert zugunsten einer Monopolisierung des kirchlichen Lehramtes aufgegeben. Dieses wurde seinerseits nahezu exklusiv auf den römischen Bischof konzentriert, ohne den auch die Bischöfe nicht definitiv sprechen dürfen. Theoretischer Höhepunkt war die Konzilskonstitution *Pastor aeternus* von 1870, welche dem römischen Bischof die oberste Leitungs- und Lehrgewalt zuschrieb. So bestimmt der Papst in völliger Kompetenzhoheit faktisch autonom und letztverbindlich den Gehalt von Bibel und Überlieferung. Die rigide Umsetzung in die Kirchenpraxis nahm erst Johannes Paul II. vor:

> *„Nicht Glaubenszustimmung, wohl aber religiöser Verstandesgehorsam ist einer Lehre entgegenzubringen, die der Papst oder das Bischofskollegium in Glaubens- oder Sittenfragen verkünden, wann immer sie ihr authentisches Lehramt ausüben, auch wenn sie diese Lehre nicht definitiv als verpflichtend zu verkünden beabsichtigen; die Gläubigen müssen also sorgsam meiden, was ihr nicht entspricht" (CIC 1983, can. 752).*

---

Mitbestimmungsmöglichkeiten verbindet – ob effektiv oder nur im Sinn der unverbindlichen Papstberatung. Näher M. Meier, Der Papst der Enttäuschungen. Warum Franziskus kein Reformer ist, Freiburg – Basel – Wien 2024, 113–132.

203 P. Hünermann, Dogmatische Prinzipienlehre. Glaube – Überlieferung – Theologie als Sprach- und wahrheitsgeschehen, Münster 2003.

Damit erscheint die traditionelle Loci-Lehre ausgehebelt. Hatte dort jede Bezeugungsinstanz ihre charakteristische Autorität für die ganze Kirche kraft ihrer Funktion im Offenbarungsgeschehen, besaß sie also eine Art Lehrverbindlichkeit („Amtlichkeit") für ihre Erkenntnisse, so degenerieren sie nun zur demütigen Gehorsamsbezeugung gegenüber dem Magisterium des Papstes. Besonders fatal wurde dies für die Theologie: Sie übte beständig und faktisch eine offizielle und auch verbindliche Lehrfunktion aus, sofern sie die Vorlagen für die Unterweisung nicht nur der Gläubigen, sondern auch für die verbindlichen Aussagen von Papst und Bischöfen mit echter Autorität bereitstellte. Im Mittelalter galt: *„Die Ausübung des bischöflichen und päpstlichen Magisteriums stützt sich auf das Magisterium der Theologen, konfirmiert und moderiert es."*[204] Beschlagenheit in dieser Wissenschaft ist nach wie vor noch ein Kriterium. Die Rekrutierung des Episkopates (CIC 1983, can. 378, § 1, 5°) etwa ist verbindlich an einen theologischen Doktorgrad der Kandidaten gebunden.[205] Beide Instanzen stehen mithin komplementär, nicht konträr zueinander. Keine spielt einen Solopart.

Die fast absolute Fokussierung der Lehrfindung auf Amtsträger hat wesentlich dazu beigetragen, dass die gegenwärtige Krise entstanden ist. Man kann ihren Ausbruch in der Publikation der Enzyklika *Humanae vitae* (Paul VI., 1968) sehen, die in der Folge zum weitgehenden Zusammenbruch der lehramtlichen Autorität geführt hat. Dann aber kann sich die Kirche nicht von einer neuen und einlässlichen Reflexion auf die in einer langen Traditionsgeschichte eruierten Bezeugungsinstanzen des Glaubens dispensieren. Ihr Wert ist neu ins Licht zu rücken, die Ungleichgewichte sind zu beseitigen, um dem kommunionalen Wesen der Kirche gerecht zu werden. So ist es nicht mehr als sachentsprechend, wenn der deutsche „Synodale Weg" in seinem Basisdokument eben das unternommen hat. Damit wird nicht das Bischofsamt beeinträchtigt, sondern das Fortschreiten in der Erkenntnis der vollen Wahrheit, dem die ganze Kirche aktiv verpflichtet ist, gefördert. Das Ringen um die Gleichberechtigung und die Kompetenz der kirchlichen Lehrinstanzen ist notwendiger Bestandteil des notwendigen Reformprozesses.

---

204 Ebd., 148.

205 Can. 378, § 1,5 / CIC 1983. Allerdings fehlt es nicht an einer ziemlich großzügigen Dispens-Praxis.

# 11
# GLAUBENSFINDUNG

Die *rabies theologica* („Theologenwut") ist eine endemische Krankheit, die in der Theologie (im weitesten Sinn) Beschäftigte periodisch heimsucht, obwohl die naturgesetzlichen Folgen bekannt und behebbar sind: Wer Dreck wirft, verliert Boden. In diesen Jahren ist sie am lebenden Objekt und in sehr reiner Form und auch in den obersten Rängen der kirchlichen Hierarchie zu besichtigen. Es fällt auf, dass die konservative Mannschaft mit den größten Geschossen feuert, selbst wenn vor der Kanonenmündung nur Spatzen stehen. Vielleicht liegt der Grund darin, dass sie zu spüren scheint, dass sie nur mehr die Rücklichter der Entwicklung sehen kann.

Wenig verwunderlich ist die Heftigkeit des Streites. Die Auseinandersetzungen drehen sich nicht um gelehrte Professorenspitzfindigkeiten, sondern um das Glaubens- und Wahrheitsverständnis der christlichen Kirche und somit um die spirituellen Lebensgrundlagen der Getauften. Das zeigte der Hauptanlass der Erschütterung, der Missbrauchsskandal. Schnell wurde offenkundig: Da ging es nicht bloß um moralisches Fehlverhalten einer an sich im einstelligen Prozentbereich liegenden Zahl von Kirchenbeschäftigten (Priestern, Nonnen, sonstigen Angestellten), sondern um Mängel am System Kirche selbst. Das machte nicht zuletzt das klägliche Versagen der Systemträger beim Versuch der Aufarbeitung sichtbar (sie ist bislang immer noch nicht befriedigend gelungen). Unabweislich trat die Frage auf den Plan: Welche Konsequenzen ergeben sich nicht nur *ethisch*, sondern mehr noch *systemisch* aus dem kirchlichen Desaster? Nur disziplinarisch-organisatorische Änderungen (z. B. Prävention, Kontrolle) oder auch solche, welche die Glaubensübersetzung, das Glaubensverständnis, die Vertrauenswürdigkeit der Verkündigung, also irgendwie das Wesen der Kirche selber betreffen? Die konservative Fraktion unter den Bischöfen und in der obersten Kirchenleitung im Vatikan lehnte die zweite Alternative kategorisch ab, da die Struktur und das System unveränderlich, weil in der unveränderlichen Wahrheit gehalten, seien. Sie vermuteten im gegenteiligen Votum einen Frontalangriff letztlich auf die göttliche Wahrheit selbst. Das böse Wort fiel, die „Liberalen" nützten die Lage zum *„Missbrauch des Missbrauchs"*, will sagen: zur Abkehr von der kirchlichen ewigen Tradition, während doch nur die Konservativen die rechtmäßige Definitionsmacht über das Katholische besäßen. Damit seien Neuerungen ausgeschlossen.

Zur Diskussion stehen keine Probleme, wie sie nun einmal in jeder Gemeinschaft ab und an auftauchen. Es geht um die Gestalt der Kirche selbst, also um eine existenzielle Frage für alle Glaubenden. Was muss ich glauben, um recht zu glauben? Man muss sehr ernst nehmen, was die großes Aufsehen erweckende Kirchenmitgliedschaftsuntersuchung der EKD Ende 2023 von allen christlichen Kirchen feststellt: *„Es ist aus soziologischer Sicht nicht plausibel, dass Normen, die so wenig Akzeptanz finden, über einen längeren Zeitraum hinweg erfolgreich aufrechterhalten werden können"*, ohne dass quasi automatische Abstoßungsreaktionen erfolgen.[206] Es dreht sich bei dem, was wir gegenwärtig beobachten, mithin um einen Kampf der Grundeinstellungen zum Christentum, negativ: um ein (noch drohendes?) Schisma.

Theologisch ist damit, nicht zum ersten Mal[207], aber unter neuen Gesichtspunkten die Frage virulent, wie es mit der Wahrheit in der Kirche bestellt sei. Worin besteht sie, wie findet man sie, wer definiert sie und wie ist sie durchzusetzen? Kann man dem Glauben und den Glaubensvermittlern trauen?[208] Hier kann und soll nicht dieser überaus komplizierte Problemkomplex, der sich bei derlei Fragen sofort auftut, fein säuberlich aufgedröselt, sondern versucht werden, auf heute besonders akute Aspekte hinzuweisen, die sich aus der Sache ergeben.

## Unfehlbarkeit

Das ist der zweifelsohne anstößigste Begriff in diesem Kontext. Er wurde, bezogen auf den Papst, seit der zweiten Hälfte des 19. Jahrhunderts leidenschaftlich diskutiert als Abwehrmaßnahme gegen die modernen Strömungen („Modernismus"), welche seit der Aufklärung

---

206 Kirchenmitgliedschaftsuntersuchung der EKD 6. Zitiert nach R. Bingener, Kirchen am historischen Kipppunkt: FAZ v. 15. 11. 2023, S. 8.

207 Vgl. Kapitel 10.

208 W. Beinert, Kann man dem Glauben trauen? Grundfragen theologischer Erkenntnis, Regensburg 2004.

**Abb. 3: Proklamation des Unfehlbarkeitsdogmas durch Pius IX. am 18. Juli 1870 – Michele Menghini, Palazzo Mastai, Senigallia, um 1870 (Ausschnitt)**

Im rechten Querschiff der Vatikanischen Basilika thront der Papst mitten unter den (noch ziemlich identifizierbaren) Bischöfen. Von einer Empore aus betrachten, nicht mehr kenntlich im Detail, niedere Geistliche und Laien das Geschehen. Der Himmel ist offen. Der Auferstandene, in der Mitte der Apostel stehend, segnet die Szene. Von seinen Füßen geht ein goldener Strahl direkt zum Papst. Die Taube des Hl. Geistes schickt sich an, diesen sogleich zu erfüllen. Das davon ausstrahlende Licht wird vom Papst den anderen Personen weitergegeben. Anders würden sie nicht geistbegabt sein können.

Leib und Leben der Kirche zu bedrohen schienen.[209] Es ging dabei im eigentlichen weniger um dogmatische Klärungen als um Angstbewältigung, d. h. um psychologische Probleme. Die Kirche würde ein unanfechtbares, ja unüberwindliches Bollwerk des Glaubens nach innen wie außen werden, wenn ein einziger absolut über diesen bestimmen, diesen regeln und ordnen könnte – unter Applaus der Mitglieder, zum Schrecken der Feinde.

Wie auch immer, auf dem Ersten Vatikanischen Konzil (1869/70) wurden gegen eine Minderheit von ca. 12 % der Konzilsväter[210] zum Glaubenssatz (Dogma) erhoben der Jurisdiktionsprimat sowie die Unfehlbarkeit des römischen Bischofs *„in Angelegenheiten des Glaubens und der Sitten"*[211]. Damit verbunden ist die Überzeugung, dass ein solches Dogma unveränderlich ist. Weil der Glaube nicht allein, doch wesentlich auf solchen Dogmen beruht, ist auch der Glaube im Wesentlichen unveränderbar. Weil dieser aber sich auch auf die Strukturen und Institutionen der Kirche bezieht (Apostolische Nachfolge, Papst- und Bischofsamt), sind auch diese immunisiert vor Mutationen.

Das neue Dogma rief erheblichen Protest hervor. Im deutschen Sprachraum wurde er nicht nur aus theologischen, sondern auch aus sprachlichen Gründen befördert. Hier verband sich mit dem Begriff leicht eine moralische Qualität. *„Wohl dem, der frei von Schuld und Fehle bewahrt die kindlich reine Seele!"*, tönt der schreckliche Chor der Erinnyen in Schillers *„Kranichen des Ibykus"*. Dem Konzil ist diese Bedeutung völlig fremd. Gemeint ist vielmehr, dass ein Urteil, ein Satz untrüglich, ohne Irrtum, zuverlässig ist. Die Unverirrlichkeit geht so weit, dass man darauf das eigene Heil vor Gott bauen kann. Den Begriff bezieht es aber niemals auf die Privatperson des Papstes, sondern auf den Papst als Amtsträger – und auch da nicht schlankweg, sondern unter ganz bestimmten, exakt formulierten Bedingungen, zusammengefasst mit dem Fachausdruck *„ex cathedra"*[212]. Die wichtigste: Der Papst kann

---

209 In der Darstellung halten wir uns an die gängige Papst-Theologie von heute. Wie weit dessen Position biblisch fundiert ist, wird sehr diskutiert: Zuletzt M. Theobald, Dienen statt herrschen. Neutestamentliche Grundlegung der Ämter in der Kirche, Regensburg 2023, 192–221.

210 Sie zeigte sich in den Verhandlungen; am Ende reisten die Minoritätsbischöfe vor der Abstimmung ab. Erst in den folgenden Jahren haben sie allmählich ihr Ja nachgeholt.

211 Apostolische Konstitution *Pastor aeternus* (DH 3050–3075).

212 DH 3074.

nur letztbindend definieren, was der Glaube der Gesamtkirche ist.[213] Diesen hat er mit allen verfüglichen Mitteln festzustellen.[214] Ihm eignet also weder eine besondere Inspiration noch eine spezielle Erkenntnis oder ein außergewöhnliches Wissen, vielmehr ist er im Grund der qualifizierte, authentische Sprecher der Glaubensgemeinschaft.[215] Später hat dann das Kirchenrecht beigefügt, dass die Absicht einer letztverbindlichen Bekundung eindeutig feststehen müsse.[216] Letztlich läuft gemäß dem Konzil die päpstliche Prärogative auf eine Qualität der Gesamtkirche hinaus. Das wird bestätigt dadurch, dass zu unverirrlichen Glaubensaussagen für die Kirche auch der Gesamtepiskopat (in Einheit mit dem römischen Oberhirten) befähigt ist[217] und dass es außerdem die Unverirrbarkeit des Glaubenssinnes der Gläubigen gibt[218] – also die Unfehlbarkeit auch anderen Personen als dem Papst zukommt.

Auf jeden Fall steht fest: Ohne die Kirche und außerhalb ihrer existiert sie nicht. Wenn also erläutert werden soll, was damit gemeint ist, ist auf die Kirche zu rekurrieren. Sie lässt sich als Glaubensgemeinschaft beschreiben. Der gemeinsame Glaube aber wird in Sätzen ausgesprochen – gleich ob ihm ein instruktionstheoretisches oder informationstheoretisches Glaubensverständnis vorausliegt, d.h. ob man annimmt, dass Gott sich selber bereits in formellen Urteilen ausgedrückt hat oder die Offenbarung das Innewerden seiner Selbstmitteilung ist. Selbstverständlich wird auch sie satzhaft kommuniziert. Wie später noch einmal ausdrücklich zu sagen sein wird, ist Glaube seinem Kern nach Vertrauen. Aber dieses Vertrauen ist zu artikulieren, zu erläutern, einsichtig zu machen – und dazu dient die Sprache.

---

213 DH 3070.

214 DH 3069.

215 Authentisch heißt hier: nicht aufgrund einer parlamentarisch festgestellten Mehrheitsentscheidung der Glaubenden, sondern eben kraft seines Amtes selber.

216 Can. 749§ 3 CIC/1983: „*Infallibiliter definita nulla intelligitur doctrina, nisi id manifesto constiterit – Als unfehlbar definiert ist eine Lehre nur anzusehen, wenn dies offensichtlich feststeht.*" – Das bedeutet im Umkehrschluss: Wo ernsthafte Zweifel an der Inanspruchnahme der Unfehlbarkeitsvollmacht bestehen, ist das betreffende Urteil ganz sicher nicht unfehlbar. Die Beweislast dafür liegt beim Papst allein. Akut wird die Frage heute hinsichtlich der Aussagekraft des Apostolischen Schreibens *Ordinatio sacerdotalis* von Johannes Paul II. (1994), in dem er „definitiv" die Frauenordination als nicht möglich ansieht. Vgl. S. 143.

217 Can. 749 § 1 CIC/1983.

218 LG 12. Vgl. Kapitel 10, S. 149.

## Satzwahrheit

Die Unfehlbarkeitsproblematik spitzt sich damit auf die Frage zu: *Gibt es irrtumsfreie Sätze*? Man muss eine bedeutungsvolle Unterscheidung anbringen. Ein Satz oder Urteil ist stimmig zum einen, wenn das Subjekt im Prädikat eingeschlossen ist *(„Der Tiger ist ein Raubtier“).* Ob dies so ist, kann gewöhnlich falsifiziert und somit auf seine Unverirrlichkeit getestet werden. Ist es erweislich so, dass alle Tiger Raubtiere sind, dann sollte man den Satz nicht *wahr,* sondern besser *richtig* nennen. Er trifft immer zu. Seine Aussage entspricht der Wirklichkeit. Ein Satz oder Urteil kann aber auch stimmig sein, wenn etwas über das Wesen, das Sein, den Charakter des Subjekts mitgeteilt wird: *„Klara ist geizig“.* Es ist ein Grundzug des Menschen *Klara,* dass er sparsam, knickrig, knauserig ist – grundsätzlich, immer. Man muss ihn nennen, wenn man Klara charakterisieren will. Und wenn sie wirklich sich so verhält, ist es *wahr,* dass sie in sich, als solche, als diese Person geizig ist. Das lässt sich nicht ohne weiteres nachweisen, weil diese Eigenschaft nicht immer aktuiert ist, weil es Ausnahmen geben kann (Sie ist ihrem einzigen Kind gegenüber durchaus spendabel). Ein derartiges Urteil hat mithin einen konjekturellen Zug – letzthin deswegen, weil man einen Menschen nie ganz und gar in seinem Wesen ergründen kann.

Glaubensaussagen gehören der zweiten Art von Urteilen zu: Sie handeln immer und letzthin von *Gott.* Dieser ist seinem Wesen nach ein bleibendes, unauflösbares Geheimnis. Er ist unergründlich *un*-aussagbar. Schon im Mittelalter hat man herausgearbeitet, dass aus diesem Grund alle Aussagen über ihn eine dreifache Struktur besitzen:

1. Sie sind positiv – und diese Positivität wird zwangsläufig an menschlichen Erfahrungen und Zugänglichkeiten gemessen: *„Gott ist barmherzig“.* Was Barmherzigkeit ist, wissen wir aus unseren Erfahrungen mit den Menschen und allein daraus.
2. Sie sind negativ – wiederum an unseren normalen Erfahrungen gemessen: *„Gott ist nicht barmherzig“* (wie wir; sonst könnte er nicht gleichzeitig auch gerecht sein).
3. Sie sind im Modus der Übersteigerung *(via eminentiae)* zu machen: *„Gott ist unendlich, in unbegreiflicher, alles Verstehen übersteigender Weise barmherzig“.* Was heißt das konkret? Das können wir mangels vollkommener Gotteserkenntnis auch nicht näherungsweise beschreiben.

Daraus folgt, dass Menschen zwar wahre und zutreffende Urteile hinsichtlich des Gottesbereiches treffen können, niemals aber erschöpfende, abschließende, definitorische, kurz nie absolut irrtumsfreie Aussagen, die man sozusagen um nichts in der Welt nicht ergänzen (also ändern) könnte.

## Kontextualität der Wahrheitserkenntnis

Das wird zusätzlich noch verhindert durch die mit der menschlichen Sprache unlöslich verknüpfte *Geschichtlichkeit*. Sie gilt für vier Dimensionen einer Aussage:

1. Der Sender kommuniziert notwendig in einer Sprache, die von bestimmten Denkformen, Erfahrungen, Kulturvorgaben, philologischen Gesetzen geformt ist. Es gibt keine „Orthosprache", die für alle sprachlichen Mitteilungen gleich ist, die alle kennen und die für alle gilt und dann tatsächlich unveränderlich sein müsste.[219]
2. Die von einer Sprache verwendeten Wörter sind zwei- oder mehrdeutig. Sie haben eine Mehrfachbedeutung (*Strauß*: Vogel, Blumengebinde, Gefecht, Personenname) oder gehören verschiedenen Sprachebenen an (*nackt* konnotiert u. a. Bekleidungsmangel, Scham, Freiheit, Schutzlosigkeit). Nur ein Wort ist nicht zweideutig: *Nichts* ist eindeutig. Da aber Sätze aus Wörtern bestehen, gilt dieser Mangel auch für diese. Deswegen bedarf eine Aussage fast immer einer Erklärung, eines Kommentars, einer Deutung; ihr Verstehen geht nicht ohne ein bestimmtes Vorverständnis der gemachten Aussage. In sich hat sie keine Eindeutigkeit. Das ist vornehmlich bei Aussagen über nicht empirische, nicht alltägliche Gegebenheiten so. Dazu gehören die philosophischen und theologischen Sätze immer.
3. Sprache ändert sich. Damit können Sinn und Bedeutung einer früheren Aussage vollkommen anders sein als es bei den heute verwendeten Termini der Fall ist. *Das Nibelungenlied* spricht gleich in den ersten Versen von *„Helden lobebaeren, von grôzer are-*

219 Das gilt auch für nichtsprachliche Kommunikationsweisen wie die Körpersprache. Kopfschütteln kann auch Ja bedeuten. In Indien und Griechenland wird das Nein durch Hochwerfen des Kopfes signalisiert.

*beit"*. Das zweite Wort kennen wir gar nicht mehr, das letzte hat einen total anderen Sinn bekommen: Es hat nichts zu tun mit *Beschäftigung*, sondern bedeutet *Not, Bedrängnis*. Eine doppelte Übersetzungsarbeit ist also vonnöten, wenn wir die Mitteilung des Dichters begreifen wollen: „Uns ist in alten Mären Wunders viel gesagt von lobwürdigen Helden und großer Not". Auch die theologische Terminologie kennt das Phänomen. Der für die Lehre von der Dreifaltigkeit so wichtige Begriff *Person* wird heute völlig anders als in den Konzilien des ersten Jahrtausends verstanden. Andere Wörter werden gegenwärtig in einem weiteren, nicht mehr theologischen Sinn verstanden als im Glaubensbereich: Wer Bußgeld zu bezahlen hat, denkt wohl kaum an die mittelalterliche auf Gott bezogene Buße.

4. Der Inhalt einer ursprünglichen Aussage wird durch neue Erkenntnisse überboten oder sogar falsifiziert. Eines der beiden zweifelsfrei unter Inanspruchnahme der päpstlichen Unfehlbarkeit erlassenen Dogmen ist jenes von der *Unbefleckten Empfängnis der allerseligsten Jungfrau Maria* (Pius IX., 1854). So, wie es formuliert wurde, setzte es voraus: (a) Die Hominisation ist monogenistisch. – (b) Es gibt eine Ursünde, die auf alle Menschen lediglich aufgrund ihrer biologischen Abkünftigkeit vom Erstmenschen (in seinem Sperma) so übertragen wird, dass sie von sich aus zur Verdammung der Nachgeborenen führt. – (c) Die Übertragung geschieht durch den sexuellen Zeugungsakt; da dieser notwendig mit sexueller Lust verbunden, diese aber in sich schwer sündhaft ist, ist der Mensch vom ersten Anfang, von seiner (passiven) Empfängnis an sündenbeladen *(befleckt)*. – (d) Maria von Nazareth war von dieser Übertragung ausgenommen, hatte also keinerlei Ursprungs- oder Anfangssünde. Sie war darüber hinaus lebenslang sündenrein. – Nach heute allgemeiner theologischer Interpretation kann diese Theorie nicht aufrechterhalten werden. Der monogenistische Ursprung der Menschheit ist nicht erweisbar. Es ist mit dem biblisch-christlichen Gottesbild unvereinbar, dass eine Nicht-Schuld zur definitiven Verdammnis führt: Schuld setzt stets individuelle Sünde voraus; die ist aber durch rein biologische Abhängigkeiten nie gegeben. Die sexualethischen Erkenntnisse erlauben es nicht, den Geschlechtsakt als solchen und prinzipiell immer als schuldgenerierend anzusehen. *In summa*: Das Dogma von 1854 kann im Verständnis von

> damals nicht mehr theologisch gehalten werden. Das bedeutet nicht, dass die Erbsündenlehre total obsolet wäre, nur in der damaligen Version ist sie unhaltbar geworden ist. Dann aber ist der Satz von 1854 *sicut iacet* nicht unverirrlich gewesen.

Die Feststellung, ein Satz sei unfehlbar, ist also sehr ungenau und sehr interpretationsbedürftig. Sie ist nahezu inhaltsleer. Eine ganze Armada von linguistischen und philosophischen Subsidien muss aufgeboten werden, um darzulegen, was mit einem Glaubenssatz je gemeint und gesagt ist. Immer neue Schiffe müssen im Lauf der Zeit hinzukommen.

Es ist nun kaum überraschend, dass das kirchliche Lehramt die ehedem als so treffsicher betrachtete Waffe von 1870 nur zweimal aus dem Köcher geholt hat. Mit voller Sicherheit kann die Theologie nur von zwei Dogmen behaupten, sie seien im Sinn von 1870 irrtumslos. Neben der *Unbefleckten Empfängnis* ist es die gleichfalls Maria betreffende Dogmatisierung ihrer *Aufnahme in den Himmel* (Pius XII., 1950). Die Päpste haben wohlweislich die Finger von neuen Dogmen gelassen. Zudem stellen die beiden jüngsten Dogmen eine besondere Klasse der Glaubenssätze dar: Sie beziehen sich nicht auf Klärungen eines umstrittenen Satzes, sondern haben Verehrungscharakter. Man darf die Frage erlauben: Wenn diese Qualität der Unfehlbarkeit so einfach auszumachen wäre, ist nicht zu verstehen, warum das Lehramt der Kirche nicht eine Liste aller solcher Sätze veröffentlicht und zusammen mit einem Einheitskatechismus (= die ganze Kirche aller Zeiten) allen Getauften zur Verfügung stellt – allenfalls noch ergänzt durch eine Einheitsübersetzung (Einheit im gleichen Sinn verstanden) der Bibel. Das ist nie geschehen. Auch die Theologen haben sich an ein solches Unterfangen bisher nicht herangewagt. Denn es ist nicht realisierbar!

## Grenzen der Glaubensfeststellung

Das Infallibilitäts-Dogma von 1870 ist freilich systemlogisch. Das wichtigste Gut jedweder Institution ist die Einheit. Sie kann unter bestimmten Umständen, etwa im Fall der hoffnungslosen Zerstrittenheit der Mitglieder, einer Instanz nicht entraten, welche letztverbindlich entscheidet. Wie der Staat (oberste Gerichte) bedarf auch die Glaubensgemeinschaft *Kirche* einer obersten, zur Beilegung des Streites bevollmächtigten Entscheidungsinstanz über den wahren Glauben. Da es um die *Glaubens*-Wahrheit geht, muss sein Spruch unverirrlich sein, da sonst die *Glaubens*-Einheit nicht gewahrt werden kann. Das erste Vatikanische Konzil hat als die Instanz den römischen Papst ausgemacht. Sein Amt verlangt große Zurückhaltung: Er ist nicht der Stifter des Glaubens und er darf den anderen Glaubensfeststellungs-Instanzen wie Hl. Schrift, Tradition oder der wissenschaftlichen Theologie nicht das Wasser abgraben durch vorzeitige Beendigung der Diskussion. Der Akzent ist nicht zuletzt auf den *sensus fidelium* zu legen, dem das letzte Konzil, wie erwähnt, die grundlegende Unverirrbarkeit in der Kirche zugesprochen hatte:[220] Es handelt sich um „das Gotteswissen der Leutetheologie“[221], das mithin die Qualität eines Bezeugungsortes des Kirchenglaubens besitzt.

Damit sind freilich auch schon die Probleme und Gefahren der Aufgabe des Papstes angedeutet. Als Letztinstanz zur Zurückhaltung verpflichtet, kann er sich dennoch wie alle anderen Gläubigen an allen Diskussionen beteiligen, sich allerdings dadurch leicht in seiner amtlichen Qualität selbst beschädigen. Vor allem aber steht er in der Versuchung, seinen sakralen Verbindlichkeitsanspruch immer weiter auszudehnen, also immer mehr auf eine Art allzuständiger Letztkompetenz zu dringen. Damit möchte er sich immer unentbehrlicher, immer verpflichtender machen, die eigene Machtfülle immunisieren.[222] Die Nachgeschichte von 1870 zeigt: Das ist eingetreten. War die Letztverbindlichkeit gemäß dem Konzil auf exakt ganz wenige, sehr sorgfältig beschriebene Fälle beschränkt, wurde sie im Lauf der Jahre auf praktisch alle Lehr-Sprüche des Papstes ausgedehnt. Neben anderen Gründen spielt dabei auch eine allgemeine menschliche Überzeugung mit. Wer kein Lügner sein will, wird immer das Ziel haben, die Wahrheit zu sagen und damit zu supponieren, dass seine Aussagen wahr und richtig sind. Keiner wird vollmundig tönen: *„Der Klimawandel ist*

220 LG 12. – Auch das Bischofskollegium (selbstverständlich mit dem Bischof von Rom) erfreut sich der Unfehlbarkeit.

221 M. de Certeau, zit. nach Ch. Bauer, Leutetheologien, ein locus theologicus?: A. Slunitschek – Th. Bremer (Hg.), Der Glaubenssinn der Gläubigen als Ort theologischer Erkenntnis (Qd 304), Freiburg 2020, 35–68, Zitat 62.

222 Zum Problem der Sakralisierung kirchlicher Macht überhaupt siehe H. Joas, Die Macht des Heiligen. Eine Alternative zur Geschichte von der Entzauberung, Berlin 2017, 419–488. – Man darf auch nicht übersehen: Die feste Glaubensentscheidung der Glaubenden hat auch etwas mit einer Gewissensentscheidung zu tun. Sie kann durch Gehorsam nicht abgelöst werden.

*lebensbedrohlich – aber genau genommen ist er total gut fürs Leben".* Das gilt erst recht dann, wenn jemandem von Amts wegen irgendwie doch ein höherer Erkenntnisstand zugeschrieben wird. Jedenfalls ergab sich für die Kirche: Die Glaubensgemeinschaft bot sich dem Betrachter dar als Gruppe mit einem einzigen Lehr- und Glaubensbestimmer und alle anderen nur mehr zum Gehorsam ihm gegenüber Fähigen und auch strikt Verpflichteten. Den Höhepunkt erreichte dieser Prozess unter dem Pontifikat von Johannes Paul II. (1978–2005): In dem von ihm bestimmten Amtsträgern auferlegten „Treueid" wird die bedingungslose Rezeption aller lehramtlichen Äußerungen vorgeschrieben – ausdrücklich sind auch die explizit nicht unverirrlichen genannt.[223]

Doch damit war das Erste Vatikanum total überdehnt. Schon die Enzyklika des Vorvorgängers über die Empfängnisregelung[224] wurde in weiten Kreisen der Betroffenen nicht mehr befolgt.[225] Inzwischen ist ein bemerkenswerter Verfall der kirchlichen Autorität auf und zwischen (!) allen Ebenen unübersehbar. Auch die Mitbischöfe und die engsten Berater des römischen Kirchenleiters revoltieren mehr oder minder oft, mehr oder minder scharf gegen dessen Weisungen bis hin zum Vorwurf der päpstlichen Ketzerei; auch untereinander beschießen sie sich gezielt. Die unausweichliche Folge wurde schon angesprochen: Die Institution Kirche verliert rapid und in dramatischem Ausmaß an Glaubwürdigkeit. Kirchliche Weisungen haben kaum mehr Regelungskraft. Manche meinen, die Kirche liege mindestens in unseren Breiten sogar im Sterben. Für viele Christenmenschen hat sich die Glaubensnot ins schier Unermessliche gemehrt. Ganz einfach, aber mit vollem Ernst ausgedrückt: Kirche hat ein hohes Leidenspotenzial. Der theologische Komplex *Lehramt* erscheint als fundamental reformbedürftig – als Lehrkapitel wie als Vollzugsorgan. Es geht hier wie mit der Ökumene. Es ist sicher nicht falsch zu sagen, das kirchliche Lehramt stelle das heute größte und auch schwierigste Problem der Vereinigungsarbeit in der Christenheit dar. Doch wir sehen: Das trifft bereits binnenkonfessionell und zweifellos vor allem für die

---

223 Der Papst verfügte eine diesbezügliche Änderung des Kirchenrechts, genauer eine Neufassung der can. 750 und 752 CIC/1983 – hier die erwähnte Weisung zu nichtinfalliblen Sätzen. Vgl. S. 152

224 Paul VI., *Humanae vitae* (1968).

225 Grund ist nicht unbedingt „Ungehorsam": Eheleute bekunden oft, dass ein enzyklikagesteuertes Eheleben ihre Ehe und Familie schlicht zerstören würde.

Katholische Kirche zu. Also kann jede Form von Reform nur Erfolg haben, wenn sie hier ansetzt. Doch gerade das ist bei diesem Komplex besonders und besonders nachhaltig schwer. Denn da spielen die Hauptrollen gerade jene Leute, um deren Befugnisse, um deren Machtverlangen es geht. Der Demokratieverdacht meldet sich zu Wort.[226]

## Begründung der Glaubenswahrheit

Dass es so gekommen ist, sollte uns nicht wirklich wundern. Schlicht diagnostiziert: Man kann das Pferd nicht vom Schwanz her aufzäumen. Das aber geschah im amtszentrierten Denken und Handeln des 19. und 20. Jahrhunderts. Die Dogmatisierungen von 1870 erfolgten, wie mehrfach gesagt, wenigstens primär nicht aus innertheologischen Gründen, sondern aus einer unausweichlichen Angst vor möglichen Veränderungen des Glaubensdenkens durch das Schreckgespenst des „Modernismus". Ihr Ziel war also eigentlich nicht Glaubensmehrung und Glaubenskräftigung, sondern Abgrenzung, Immunisierung, wenigstens „Frontbegradigung". Als Abwehrmaßnahme bot sich gerade deswegen die Macht- und Kompetenzkonzentration auf eine einzige Person an. Die Losung lautete: *Glaubensgewissheit durch Glaubenssicherung.* Weil der eine und einzige Papst mit Sicherheit unfehlbar ist, kann man der Stimmigkeit seiner Urteile einzig und allein sicher sein. Garant des Glaubens ist der Bischof von Rom. Mit ihm vereint, kann es keinen Glaubenszweifel für einen Katholiken geben. Inzwischen haben wir lernen müssen: Das greift so nicht.

In Wahrheit ist es haargenau umgekehrt. Die vor-ultramontane Theologie war seinerzeit vorsichtiger. Sie hat stets nicht nur mit dem möglichen Irrtum eines Papstes gerechnet, sondern sogar damit, dass er möglicherweise ganz und gar vom Glauben abkommen könne.[227] Mittlerweile muss man feststellen, dass päpstliche Urteile ab und an sehr wohl irrig gewesen sind.[228] Nach can. 752 ist es allerdings neben-

226 Vgl. oben Kapitel 8.

227 Das Kennwort lautete: *„Papa a fide devius".* Dazu Th. Prügl, Der häretische Papst und seine Immunität im Mittelalter: MThZ 147 (1996), 197–215.

228 Stichworte: Existenz und Schuld von Hexen, Geozentrismus, Zinsuntersagung, Verurteilung der Religionsfreiheit, Erlaubtheit der Todesstrafe, Ablehnung der Gewissensfreiheit, große Teile der Sexualethik, kleine Teile der Frauenbewertung, Änderung der Form des Weihesakramentes, Mehrfachbeichtmöglichkeit.

sächlich, ob sie unverirrbar sind oder sein sollten oder auch nicht. Verbindlich und Gehorsam heischend sind sie für ihn allemal.[229] Dann hat man sich daran zu erinnern, dass es höchst dornig ist, wie oben versucht, genau zu erklären, ob und inwieweit ein Urteil überhaupt unverirrlich aus seiner Natur heraus sein kann. Man sollte sich dann aber prinzipiell darauf einstellen, dass aus einem bestimmten geschichtlichen Horizont heraus auch bis dato als wahr und unumstößlich qualifizierte Urteile hinterfragt werden müssen.[230] Das Resultat kann negativ sein.

Vor allem aber haben wir den Status einer Glaubensaussage als Urteil letztlich über Gott und mit ihm Zusammenhängendes zu würdigen. Sie beruht einzig und allein auf (durchaus begründetem und zu rechtfertigendem) Vertrauen. Jemand hat die Überzeugung gewonnen, dass es jemanden geben muss, auf den der Begriff „Gott“ zutrifft und dass man ihn tatsächlich betreffende Aussagen machen kann. Sicher ist er sich dessen allerdings nie – er besitzt keine direkte Gotteserfahrung so wie er von empirischen Dingen Erfahrung haben kann. Gott kann nicht bewiesen werden. Widerlegt werden kann seine Existenz zwar auch nicht, aber das vermehrt die Sicherheitsgefühle nicht eben. Glauben kann also von Natur aus keine Sicherheit geben und niemand kann sie ihm verschaffen – auch der Papst nicht. Er kann, wie alle anderen Gläubigen auch, seinen Glauben den Gläubigen (und allen anderen Menschen) nur bezeugen.

Solches aber kann er auch wirklich. Wenn er sich im Rahmen des Menschenmöglichen auf Gott einlässt, wenn er ihn *„aus ganzem Herzen und aus ganzer Seele, mit seiner ganzen Kraft und seinem ganzen Denken liebt“* (vgl. Lk 10,27), dann wird er mehr und mehr und lebensfördernd seiner inne. Der tiefste Grund des Glaubens wird sichtbar: Er ist, schon

229 Näher diskutiert werden müsste allerdings, ob der in diesem Fall eingeforderte *„religiöse Verstandes- und Willensgehorsam“* bei Dissens mit der Gewissens- und Religionsfreiheit der Kirchenmitglieder vereinbar sind. Hier stehen sich gegenüber auf der einen Seite Mündigkeit und Freiheit der Gläubigen und auf der anderen die Pflicht zur Unterwerfung unter das Lehramt „um der Wahrheit willen“, auch wenn jemand das nicht erkennen kann. Dazu D. L. F. Reisinger, Spiritueller Missbrauch: Definition; Formen und Ermöglichungsbedingungen: Conc. 59 (2023), 435–444.

230 Vgl. beispielsweise S. Demel, Unauflöslich und doch auflösbar? Wie die Ehelogik der katholischen Kirche weiterzudenken ist: G. Werner – S. Wendel – J. Scheiper (Hg.), Ewig wahr? Zur Genese und zum Anspruch von Glaubensüberzeugungen (Qd 331), Freiburg 2023, 292–304.

sprachlich, eine besonders qualifizierte Form von *Liebe.*[231] Es geht dem Papst da wie jedem Liebenden. Auch dieser vermag nicht hieb- und stichfest zu beweisen, dass er geliebt wird, dennoch ist er dessen absolut und unwiderlegbar gewiss. Liebe lebt nicht aus Sicherheit, sondern aus *Gewissheit* – jede Liebe, auch jene, die sich als (Gottes-)Glauben artikuliert. Die Theologie nach 1870 hat sich dessen nicht eben kräftig erinnert. Sie hat das Unmögliche gewollt: Die Angst durch Glaubenssicherung vertreiben. Sie suchte kuschelige Geborgenheit wie einst Petrus auf dem Tabor mit seinen „drei Hütten". Sein Herr hat sie ihm versagt und durch seinen Gang in die absolute Schutzlosigkeit des Kreuzes um unseres Heiles willen unser Heil gewiss gemacht (Mt 17,1–9; Lk 9,28–36). Seine Liebe allein war dazu in der Lage.

Man muss also festhalten: Glaubensurteile sind nicht dadurch abgesichert, dass der Papst sie als sichere und damit unfehlbare ausspricht, sondern die Urteile des Papstes sind deswegen abgesichert, weil er sie aus der Gewissheit des liebenden Glaubens heraus bezeugt. Damit sind sie aber auch nicht *bedingungslos* verpflichtend, sondern nur in der Freiheit, die den Glaubenden, so es um den Glauben geht, auszeichnet und unverlierbar zu eigen ist. In theologischer Diktion: Die lehramtlichen Urteile verlangen nach Rezeption durch die Kirche.[232] Denn nur dadurch entrinnt das Amt der Versuchung zur allkompetenten Allinstanz und kann der ihr zugewiesenen Aufgabe des Dienstes an der Einheit gerecht werden (Eph, 4,1–16). Zum zweiten sind sie auch nicht absolut unveränderlich. Wenn die Kirche vom Heiligen Geist geleitet wird, bedeutet dies, dass unter seiner Führung immer wieder entsprechend den jeweiligen aktuellen Situationen und Erfordernissen von Zeit und Ort und unter Mitarbeit aller Gläubigen *(sensus fidelium)* die Glaubenserkenntnisse aktualisiert und ins Bekenntnis der gegenwärtigen Glaubensgemeinschaft umgesetzt werden müssen.[233]

---

231 Lateinisch *credere* kommt von *cor dare*, sein Herz geben. Im Deutschen heißt das germanische Grundwort *ga-laubjan* für lieb halten, gutheißen; es rechnet zur Wortgruppe *lieb*. Die Bedeutung ist: „freundschaftliches Vertrauen zur Gottheit" (DUDEN 7, Etymologie. Herkunftswörterbuch der deutschen Sprache, Mannheim – Wien – Zürich $^{2}$1989, 244).

232 Mehr in Kapitel 14.

233 Dem wird gern entgegengehalten, damit liefere man die Gläubigen leicht dem Zeitgeist aus auf Wahrheitskosten. Doch bei Licht besehen, ist der (aus mehreren Geistern bestehend gedachte) Zeitgeist nicht viel mehr als ein grau-gräuliches Phantom. Gäbe es in einer Zeit gar keinen Zeitgeist, wäre sie eine geistlose und in Folge unmenschliche Epoche. Außerdem ist dann zu fragen, wie der

Daraus folgt hinwiederum: Der kirchliche Glaube vollzieht sich als Überzeugung der ganzen Gemeinschaft, aller Christinnen und Christen von Sein und Handeln Gottes in Christus Jesus mit dem Ziel unserer endgültigen Liebeseinheit mit ihm. Das ist die Summe dieses Glaubens. Doch diese Gemeinschaft ist gegliedert; in ihr gibt es unterschiedliche Funktionen und Befähigungen, aber diese haben zusammenzuwirken. Der tiefste Grund: Gott will und wirkt das Heil aller Menschen in und mit allen Menschen. Unser Glaube ist der Widerhall seines Liebens und also ebenfalls Liebe. Das und einzig das verleiht ihm unumstößliche Gewissheit in aller Glaubensnot. Die Kirche hat dann ihre eigentliche Form erlangt.

---

*Heilige Geist* dann hier und jetzt Lenker der Kirche sein kann. Entweder zählt er zu den nunmehr wirkenden Geistern, dann gehört er wohl zum Zeitgeist und ist durch die „Unterscheidung der Geister" auszumachen. Oder nicht, dann ist er eben nicht da und nicht imstande, die Kirche in alle Wahrheit einzuführen (Joh 16,13). Nach Jesus tut er aber, stets gegenwärtig, dieses: Der Kirche gibt er nach seiner Erhöhung statt seiner *„einen anderen Beistand, der für immer bei euch bleiben soll"* (Joh 14,16).

# 12

# APOSTOLISCHE VERSUCHUNG

Küchengeräte, Kinder und die Kirche wirken nur dann sinnentsprechend, wenn sie durch Dritte nicht ge- oder gar zerstört werden und wenn sie nach dem Gesetz agieren, nach dem sie antreten. Das sichert bei Maschinen die Befolgung des Bedienerhandbuchs, bei den Kindern die Erziehung (z. B. zur Hygiene), bei der Kirche die Wahrung der Apostolizität. Sie gehört zu den vier im „Großen Credo" festgehaltenen Attributen oder Wesenseigenschaften der Kirche Christi. Damit wird der Komplex der Lehren, Lebensformen und Strukturen (Sukzession) verstanden, der auf Jesus Christus als den Herrn der Kirche zurückgeht, historisch verbindlich aber nur durch die Apostel und ihre Schüler vermittelt worden ist und im Verlauf der Geschichte immer wieder aufgerufen wird. Nicht alles freilich aus apostolischer Zeit hat die Gemeinde der Gläubigen als verbindlich erachtet. Man unterscheidet die eigentlich verpflichtende *Traditio* (Singular, groß geschrieben) von den zeitbedingten *traditiones* (Plural, klein geschrieben) – etwa die Bejahung der Sklavenhaltung (vgl. Philemon) oder das „Kopftuchgebot" für Frauen (1 Kor 11,5 f.). Die Grenzen verlaufen nicht immer im wegsamen Gelände. Jedenfalls ist die Glaubensgemeinschaft unausweichlich durch die Vergangenheit bestimmt, ihr stets und je verpflichtet.

## Das vierte Kirchenattribut

Unstrittig ist, dass zum Grundbestand der Apostolizität der sogenannte Missionsbefehl in den letzten Versen des ersten Evangeliums gehört: *„Geht und macht alle Völker zu meinen Jüngern; tauft sie auf den Namen des Vaters und des Sohnes und des Heiligen Geistes und lehrt sie, alles zu befolgen, was ich euch geboten habe"* (Mt 28,19 f.). Seit dem Zeitalter der Entdeckungen hat man Mission gern beschränkt auf die Christianisierung exotischer Völker, gemeint ist aber ein Geschehen, das jede Begegnung von Christen mit Nichtchristen, wann und wo auch immer, kennzeichnet. Von der Sache her ist es bestimmt durch eine umfassende Dynamik: Die Jesusleute sollen nicht die Völker im eigenen Haus empfangen, sie sollen zu den Völkern gehen; diese aber sind durch Denkformen, Lebensumstände, Geschichte, Kultur und dergleichen geprägt, die je ihnen eignen. Man kann sie also nur erreichen, wenn man sich ihnen assimiliert, inkulturiert, ihre Eigenart adaptiert. Die Notwendigkeit wird verstärkt durch den Lehr-Auftrag. Lehren ist nur erfolgreich, wenn die Lehre den zu Belehrenden so dargeboten wird, dass sie ihren Denk- und Lebenshorizont erreicht. Der Sendungsauftrag Jesu schließt mithin eine außerordentliche Flexibilität, eine schier grenzenlose Veränderungsbereitschaft der Verkünder ein. Die Traditionsgebundenheit der Kirche zeigt sich also als Fortschrittsbereitschaft um des Evangeliums willen. Fehlt sie, wird sie traditionalistisch und fundamentalistisch; sie bringt Traditio und traditiones hoffnungslos durcheinander. Sie verfehlt damit ihren Auftrag. Zu bemerken ist, dass dieses Veränderungspotenzial nicht nur räumlich ist (immer wieder andere „Völker"), sondern auch zeitlich: Die „Völker" haben eine fortwährende Geschichte und sind auch in sich dynamisch. So ändert sich beständig ihre Kultur. Um was es geht, hat schon Paulus auf den Punkt gebracht: „Allen bin ich alles geworden, um auf jeden Fall einige zu retten" (1 Kor 9,22 f., vgl. vorher die VV. 19 ff.).

Von den Anfängen der Kirchengeschichte an haben sich kritische Situationen ergeben, stets dann, wenn geschichtlich bedingte Veränderungen anstanden. Das geschieht erstmals noch in neutestamentlicher Zeit. Die ersten Jesusanhänger sind Juden, gesetzestreu, thoragläubig, und sehen das Christusgeschehen als jüdisches Ereignis. Dann strömen gleich nach Pfingsten mehr und mehr „Heiden" in die Versammlungen. Sie wollen Christen werden, aber unter keinen Umständen ans jüdische Gesetz sich binden. Die Lösung sucht und findet die Gesamtgemeinde (Apostel, Älteste, Volk) auf der Jerusalemer Versammlung des Jahres 48. Damit findet die Kirche den Weg in die Zukunft. In den folgenden Jahrhunderten fand eine überaus fruchtbare Symbiose mit der spätantiken Kultur statt – man kann an die Theologie der Kirchenväter oder an die Resultate der frühen ökumenischen Konzilien denken. Eine weitere Entscheidungssituation entsteht, als sich die Kirche nach dem Verlust des südlichen Mittelmeerufers im 7. Jahrhundert der germanischen Kultur zuwendet. Auch da gelingt die Neuausrichtung der Kirche – so tritt beispielshalber an die Stelle der altkirchlichen Frage nach dem Wesen Christi (Trinitätslehre, Christologie – Lösung mit philosophischen Ansätzen) die Beschäftigung mit seinem Werk (Soteriologie mit starkem Praxisbezug).

## Neuzeit: Reaktion, nicht mehr Aktion

Ein drittes Mal allerdings ist Fehlanzeige zu melden: Den mit der Neuzeit verknüpften Umbruch fängt die Glaubensgemeinschaft nicht mehr auf. Es kommt zu einer nie dagewesenen Krise, die die Gegenwart bestimmt. Sie scheint radikaler und totaler als die Krisen vordem zu sein. Nur zwei Beispiele zum Beleg. Das erste betrifft das Dogma. Bei allen Differenzen ist das Denken bis dato von der selbstverständlichen Voraussetzung der Existenz Gottes bestimmt. Seit der Aufklärung spekuliert man erst, was ist, *„si Deus non daretur"*, wenn es Gott nicht gibt, dann setzt man schon gleich voraus, *„quod non existit"*, dass er nicht existiert. Die Grundvoraussetzung aller christlichen Glaubenslehre ist damit weggebrochen.

Das andere Beispiel soll die Ethik liefern. Deren heikelstes Kapitel ist, wie öfters bereits notiert, für die Christenleute die Sexualmoral. Sie sind geprägt durch die Lehre Augustins, dass ursprünglich jede Äußerung der Geschlechtlichkeit absolut vom Willen gesteuert war; die sexuelle Lust ist erst durch die Ursünde in die Welt gekommen:[234] Im Paradies wurden die Zeugungsglieder *„wie die übrigen durch den Willen bewegt und ohne jenes verderbliche brennende Begehren, in Ruhe des Geistes und des Körpers"*. Nach Adams Fall ist deren Regung verderblich, sie muss willentlich überwunden werden. Anders begeht man immer eine schwere Sünde. Doch nicht immer gelingt solches. Heute lesen die Christenmenschen im Lehrbuch der Anthropologie: Die Sexualhormone Testosteron, Östradiol und Progesteron beschränken ihre Wirkung nicht auf die rein biologischen Prozesse, *„denn für das sexuelle Interesse und das sexuelle Verhalten eines Menschen sind die Sexualhormone aus den Gonaden ebenfalls von Bedeutung"*.[235] Sexuelle Regungen sind also ebenso unwillkürlich wie das Atmen – und also nicht automatisch moralisch bewertbar.

Es lassen sich zahllose weitere Zeugnisse beibringen. Die Begegnung mit den „Völkern" steht nunmehr unter einem völlig anderen

---

234 De civ. Dei 14,26.

235 G. Grupe – K. Christiansen – I. Schröder – U. Wittwer-Backofen, Anthropologie. Einführendes Lehrbuch, Berlin – Heidelberg ²2012, 371.

Stern als in allen bisherigen Epochen der Kirchengeschichte. Völlig anders hat aber auch die Kirche reagiert, allgemein und besonders auf dem Konzil von 1870[236]: nämlich nahezu exklusiv negativ. Statt Begegnung: Rückzug, statt Offenheit: Mauern, statt Dialog: Gesprächsverweigerung, statt Vertrauen: Angst. Angst verlangt nach Sicherheit und macht eng. Mit der Enzyklika *Quanta cura* und dem angehängten *Syllabus* von 1864 werden 80 „Zeitirrtümer" verurteilt, die sich im letzten zensurierten Satz zusammenfassen lassen: *„Der Römische Bischof kann und soll sich mit dem Fortschritt, mit dem Liberalismus und mit der modernen Kultur versöhnen und anfreunden."*[237]

Damit wird die apostolische Wegrichtung umgekehrt: nicht wir zu den Völkern, sondern die Völker zu uns. Nicht gehen, sondern bleiben. Und das würde sich für die Völker lohnen! Die Kirche wird zur Schutz- und Trutzfestung, aber zu einer begehrenswerten: Sie ist

> *„durch sich – nämlich wegen ihrer wunderbaren Ausbreitung, außerordentlichen Heiligkeit und unerschöpflichen Fruchtbarkeit an allem Guten, wegen ihrer katholischen Einheit und unbesiegten Beständigkeit – ein mächtiger und fortdauernder Beweggrund der Glaubwürdigkeit und ein unwiderlegbares Zeugnis ihrer göttlichen Sendung".*

## Das Erste Vatikanische Konzil und die Folgen

So hat es das Erste Vatikanische Konzil gesagt[238] – und man erwartete sich sozusagen als Kollateralnutzen auch gleich noch die Behebung des ökumenischen Problems: Die eigenbrötlerischen Orthodoxen und die heillos zerstrittenen Protestanten würden in Scharen ins glorreiche katholische Haus zurückkehren.[239] Als die ersten Ideen aufkamen, dem geballten Ansturm der Gottlosigkeit der Moderne durch eine allgemeine Kirchenversammlung Paroli zu bieten, war die Begeisterung

---

236 Die infallibilistische Mehrheit sucht *„gegenüber einer sich ständig wandelnden Welt, die nichts Festes mehr kennt, vor allem anderen Sicherheit, Geborgenheit und Stabilität"*, während die Mehrheit über *„ein mehr dynamisches Kirchenbild"* verfügt (K. Schatz, Vatikanum I – 1869–1870, Paderborn u. a. 1992. 287).

237 DH 2980–2896 (Quanta cura), 2901–2980 (Syllabus), Zitat: DH 2980.

238 Vatikanum I, Dei Filius 2 (DH 3006).

239 So schon Pius IX. in den zum Konzil einladenden Schreiben *Arcano divinae providentiae* vom 8. 9. 1868 an die Orthodoxen (Coll Lac VII, 7 f.) und *Iam vos omnes* vom 13. 9. 1868 (a. a. O. 8–10) an die Protestanten.

nicht gerade groß, auch beim Mastai-Papst nicht. Er fürchtete, es könnten sich an der „katholischen Einheit" Kratzer bemerkbar machen. Damit hatte er Recht, doch dann überwog bei ihm und seinen Parteigängern die Aussicht, durch die Konzentration der Kirche auf die einzige Person des römischen Bischofs würde sie letzten Endes über alles Böse triumphieren.[240] Auch Konzilien würden sich dann erübrigen, welche nur schwerfällig, schneckenlangsam und kakophon zu Beschlüssen kommen können. Ein alle Leitungs- und Lehrgewalt besitzender Papst einschließlich der Kompetenz-Kompetenz dafür würde unverzüglich, sicher, irrtumslos, autoritativ und absolut authentisch alle Angriffe auf die Kirche parieren können und jene „unbesiegte Beständigkeit" garantieren, die alle modernistischen Versuchungen an sich abprallen lassen würde. De facto konzentrierte sich das Konzil, wie dargelegt, dann allerdings fast ausschließlich auf die Problematik der Infallibilität.[241]

Eine starke Minderheit[242] (vor allem in Deutschland, Frankreich und England) begrüßte den Konzilsplan, allerdings aus ganz anderen Erwartungen heraus: Er würde die Möglichkeit bieten, ganz im Geist des Missionsauftrags, endlich nötige Reformen in die Gänge zu bringen. Schaut man sich die zahlreichen Vorschläge in diese Richtung an, kann man sehr nachdenklich werden. Es geht bei den Versammlungen der Kirchenversammlung von 1870 nahezu um die gleichen Desiderate, die 90 Jahre später an das Zweite Vatikanum, weitere 60 Jahre später an die

---

240 M. A. Magendie, Sophismes de Mgr. Dupanloup dans la question de l'infaillibilité du Pape, Paris 1870, 38 f.: *„In der Verkündigung der Unfehlbarkeit werden vor dem einherschreitenden Papstkönig die Berge zu Tälern werden, Schwierigkeiten, vor denen man wie vor unübersteigbaren Felsen ängstlich zurückschreckt, werden vergehen wie Dunst in der Morgensonne. Ein neues Zeitalter wird sich über die elektrisierten Nationen erheben"* (zitiert nach K. Schatz, Kirche der Einheit und der Reform (oben, Anm. 188), 247.

241 Von den zahlreichen Vorlagen für die Tagesordnung wurde nur die Konstitution *Dei Filius* über den katholischen Glauben (DH 3000–3045) ganz verabschiedet. Aus dem umfangreichen Schema über die Kirche wurde lediglich das 11. Kapitel über den Jurisdiktionsprimat des Papstes herausgenommen und, um ein „Caput addendum" über seine Unfehlbarkeit ergänzt, dem Plenum vorgelegt (Erste dogmatische Konstitution *Pastor aeternus* über die Kirche Christi, DH 3050–3075). Einen Tag nach der Annahme (18. 7. 1870) erklärte Frankreich Preußen den Krieg. Die französischen Truppen, die die Integrität des Kirchenstaates garantierten, wurden abgezogen. Pius IX. vertagte im Oktober das Konzil. Es ist niemals wieder aufgenommen worden.

242 Auf dem Konzil selber stand dann bei insgesamt etwa 700 Vätern (wechselnd) eine ganz auf Pius' Linie liegende Majorität von gut 600 einer Minorität von rund 80 Vertretern, also etwa 12 %, gegenüber.

Bischofssynode des Papstes Franziskus von 2023/24 gerichtet werden: Aufhebung der Entfremdung der Intellektuellen, Beendigung des kirchlichen Zentralismus und Autoritarismus, Geltendmachung der kirchlichen Freiheit, Versöhnung der christlichen Konfessionen, Stärkung der Ortskirchen, Reform der Klerusausbildung, Profilierung der Synodalstrukturen der Kirche, Aufhebung des Zölibatsgesetzes, Erneuerung des Eherechtes und so fort.[243] Es fehlt 1870 eigentlich nur ein einziges Gravamen, die Frauenfrage. Die wurde im 19. Jahrhundert noch nicht als Problem empfunden.

Wir wissen: Es ist alles ganz anders gekommen. Die reformbereite Minorität hat sich nicht ganz durchgesetzt, die Majorität aber auch nicht. Den radikalen Infallibilisten, repräsentiert durch die Bischöfe Henry Edward Manning von Westminster und Ignaz von Senestrey von Regensburg, scheiterten mit ihrer radikalen Unfehlbarkeitsvision, die praktisch die Kirche auf den Papst reduziert hätte. Der fallibilistischen Minorität gelang es mit Ach und Krach, des Papstes essenzielle und konstitutive Verwiesenheit auf die ganze Kirche in der Definition unterzubringen.[244] Immerhin zeigte sich, dass man jedenfalls mit einer mittleren Position sehr wohl einen Nutzen für die Kirche ausmachen konnte, dann nämlich, wenn man bei den expliziten Aussagen des Dokumentes bleibt. Einer breiten Mittelgruppe ermöglichte diese Position die abgewogene Rede Bischof Gassers (Brixen) zwei Tage vor der Abstimmung, der die Begriffe des Textes strikt interpretiert hat.[245] Formal gesehen war also der ultramontane Plan einigermaßen geglückt.

Aber die Hoffnungen auf eine *„unerschöpfliche Fruchtbarkeit"* der Glaubensgemeinschaft als Folge des Konzils sind ein leerer Traum geblieben. Die Unfehlbarkeitsformel erwies sich als sehr unklar. Die Päpste nach 1870 haben sie bis auf die eine Ausnahme des *Assumptio*-Dogmas (Pius XII., 1950) nicht wirklich angewendet. Sie und die konservativen Kreise generell haben aber ihre Ausdehnung, gegen die

---

243 Eine detaillierte Übersicht bei K. Schatz, Vaticanum I (1869–1870), Paderborn u. a. 1992, Bd. I, 195–115; 229–238.

244 Der dem Papst zugesicherte Beistand des Hl. Geistes besteht nicht in einer unmittelbaren Offenbarung oder Inspiration, sondern in einer „Assistenz" (vgl. DH 3070: *eo assistente*), die den Rekurs auf den gesamten Glauben der Kirche verlangt und vor allem die Konsonanz mit dem gesamten Bischofskollegium: Seine Prärogative erstreckt sich nicht weiter als die der ganzen Kirche (DH 3074).

245 Mansi 52, 1204–1230.

klaren Beschränkungen der Definition und ihrer offiziellen Erklärung durch Gasser[246] selber, mehr und mehr auf praktisch alle amtlichen Verlautbarungen des Lehramts ausgeweitet, auch auf solche, die ursprünglich gar nicht Endgültigkeit beanspruchen wollten. Man spricht von *creeping infallibility*, von einer *schleichenden Unfehlbarkeit*, der gegenüber nur Gehorsam möglich ist.[247] Gebracht haben auch diese Bemühungen nichts. Spätestens seit den Folgen der Enzyklika *Humanae vitae* (Paul VI., 1968) und dem Handling des Missbrauchsskandals durch Rom und die Bischöfe (in Deutschland seit 2010) ist viel Vertrauen in die Kirchenleitung und entsprechend viel von deren Glaubwürdigkeit kaputt geschlagen worden. Man muss es sich eingestehen: Sicherer ist die Kirche durch das Erste Vatikanum gewisslich nicht geworden[248]. Ihre tiefe Krise ist nicht zu übersehen – zweifellos, kann man jetzt schon sagen, eine der schwersten, denen sie je ausgesetzt gewesen ist. Unübersehbar wird sie in den zunehmenden Eigenmächtigkeiten der Kirchenglieder auf allen, wirklich allen Ebenen.[249]

---

246 Mansi 1225 C.

247 Paul VI. verlangt in „Humanae vitae" Nr. 28 von den Priestern gegenüber seiner Lehre Gehorsam *„nicht so sehr wegen der beigebrachten Beweisgründe, als wegen des Lichtes des Heiligen Geistes, mit dem besonders die Hirten der Kirche bei der Darlegung der Wahrheit ausgestattet sind"*. Schon Pius XI. hatte in der gleichen Sache den *„kindlichen und demütigen Gehorsam"* der Gläubigen gegenüber den Lehramtsweisungen als entscheidendes Motiv der Annahme vorgeschrieben, um nicht einer *„selbstgemachte(n) oder verdrehte(n) Idee vom göttlichen Gesetz"* anheimzufallen (Enzyklika *Casti connubii* von 1930, III, 3). Der Höhepunkt wird im „Treueid" erreicht, in dem Johannes Paul II. Amtsträgern 1998 mit dem Motu proprio *Ad tuendam fidem* vorschreibt, „alles und jedes, was in Bezug auf die Lehre über den Glauben oder die Sitten vom Lehramt der Kirche endgültig vorgelegt wird" *„treu anzunehmen und festzuhalten"* (DH 5066 mit der „Lehranmerkung" der Glaubenskongregation DH 5070, wo ausdrücklich Gehorsam auch gegenüber nicht endgültigen Lehrakten eingefordert wird).

248 Gewiss, da war das Zweite Vatikanum, das sich redlich Mühe gab, die Schieflage des Schiffleins Kirche wenigstens durch Profilierung der Theologie des Bischofsamtes etwas zu beheben. Doch faktisch verstärkt die auf „Weisung einer höheren Autorität" der Kirchenkonstitution hinzugefügte *„Nota explicativa praevia"* die Papstvollmacht weit über die vom Konzil von 1870 gesetzten Grenzen: Der Papst kann sein Amt *„ad placitum"* ausüben: nach Belieben. Die nachkonziliaren Päpste haben auch alles daran gesetzt, die Reformimpulse des Zweiten Vatikanums zu bremsen oder gar rückgängig zu machen.

249 In aller Öffentlichkeit, nicht hinter den Kulissen wie früher schon auch gelegentlich, streiten miteinander Papst, Kardinäle, Bischöfe, Pfarrer, Laien ohne Rücksicht weder auf institutionelle Grenzen noch bisweilen auf die feine englische Art. Beispiel: Die Nichtbefolgung des vatikanischen Verbots von „Homosegnungen" auch durch Diözesen wie Osnabrück oder Essen.

## Mangelhafte Ekklesiologie

Warum aber ist das so? Man kann zahlreiche Antworten geben. Gibt es jedoch auch einen zentralen Grund dafür, dass es zur Katastrophe gekommen ist? Die intentionale Zentralaussage des Ersten Vatikanums war zweifelsohne seine Ekklesiologie. Wenn *einer* in der Kirche das Sagen haben soll, muss man wissen, wer oder was die Kirche ist. Doch in den letzten achtzehn Jahrhunderten hatte es nie eine lehramtlich verbindliche Definition gegeben; was es gab, waren Bilder zur Beschreibung der Kirche, die gewöhnlich der Bibel entnommen worden waren. Im Lauf des Mittelalters hatte darunter jenes von der Kirche als *Leib Christi* eine Monopolstellung gewonnen. Es wird auch im Kirchenschema des Konzils gleich zu Beginn aufgegriffen[250] und prägt wie kein anderes die sachbezüglichen Reden der Konzilsväter. Ihm kommt große Anschaulichkeit zu, es ist biblischen Ursprungs und scheint bestens geeignet, um die Leitungsproblematik definitiv zu klären. Allerdings gibt es zwei große Haken. Es ist in der theologischen Tradition eben nur *ein* Bild unter anderen und es wird in der Theologiegeschichte *anders als im Neuen Testament* interpretiert.

Sicherlich, es stammt von Paulus, der es seinerseits der römischen Staatsphilosophie entnommen hatte, um vor dem Hintergrund von Kompetenz-Rangeleien in der Gemeinde von Korinth klarzustellen, dass es *„verschiedene Gnadengaben, aber nur den einen Geist gibt“* (1 Kor 12,4): Die Kirche ist wie ein Körper: Sie hat ein Haupt, das seine Einheit wirkt, aber viele unterschiedliche Glieder, die als Teile des *einen Leibes* alle gleich sind, aber als *Teile* dieses einen Leibes unterschiedliche Funktionen im Dienst des und am Ganzen besitzen (1 Kor 12,12–31) und daher nicht gegeneinander ausgespielt werden können. Das Haupt ist (der verherrlichte) Christus – auch er kann so wenig wie die Glieder irgendwie substituiert werden. Im Lauf des Mittelalters nun bekam die Leib-Vorstellung einen total anderen Sinn.[251] Vorbild ist nicht mehr Paulus, sondern die mittelalterliche Hierarchie, die noch bei Bellarmin als beste und zweckmäßigste Regierungsform galt, weswegen sie also

250 Erster Entwurf der Konstitution über die Kirche Christi, Kapitel 1 (NR 387). Auch wenn er nie diskutiert wurde und keinerlei Verbindlichkeit besitzt, gibt er doch treffend die damalige Ansicht über die Kirche wider.

251 Zum Ganzen M. Remenyi – S. Wendel (Hg.), Die Kirche als Leib Christi. Geltung und Grenze einer umstrittenen Metapher (Qd 288), Freiburg–Basel–Wien 2017.

Jesus Christus wählen musste.[252] Das Hauptaugenmerk richtete sich auf das Haupt. Nach der damals geltenden Physiologie gehen im Organismus von ihm und einzig von ihm sämtliche Lebensströme aus – in einer Einbahnstraße: Vom Kreislauf weiß man noch nichts.[253] Die Glieder aber werden hierarchologisch, will sagen als unterschiedlich wertig verstanden. Es gibt edle und weniger edle, sogar unanständige Körperteile. Übertragen auf die Kirche sieht das dann so aus: Sie wird absolut geleitet von Christus, doch da dieser abwesend im Himmel ist, nimmt der Papst als sein Stellvertreter (*vicarius Christi* wird stehender Titel) dessen Funktionen vollumfänglich wahr. Er ist also die Quelle aller ekklesialen Vitalität, die sich in den Gliedern unterschiedlich, je nach ihrer Bedeutung für den Leib realisiert. Diese wird in einer manchmal peinlichen Weise beschrieben: Die Bischöfe sind der Hals, die Häretiker der Nasenschleim, die Nonnen die Brüste – und so fort. Ganz unten sind die Bauern, die als Nährstand immerhin die Beine darstellen, welche den Leib tragen. Will man die Relationen grafisch darstellen, so bietet sich eine Pyramide an: Die Spitze ganz oben ist Christus respektive der Papst als dessen *vicarius*, dann kommen die Bischöfe, die anderen Kleriker und endlich die Laien. Die Konsequenz: Wenn man von einer Pyramide die Spitze kappt, bleibt diese immer noch eine Pyramide, alles andere aber mitnichten. Also kann man sagen: Der Papst in sich ist bereits die Kirche und nur er. In der Konzilsaula weisen die Vertreter der Majorität wieder und wieder darauf hin, dass ein Leib mit zwei Köpfen ein Monstrum sei – also ruht im Papst alle Gewalt. Sie übersehen dabei: Auch ein enthauptetes Haupt ist nur ein Leichenteil.

Auch nach 1870 bleibt das Leib-Bild maßgeblich für die katholische Kirchenlehre. Als 1943 Pius XII. die erste lehramtliche Darlegung der Ekklesiologie veröffentlicht, lautet das Initium seines Lehrrundschreibens *Mystici Corporis*.[254] Erst mit dem Zweiten Vatikanum wurde die Ekklesiologie aus dieser Engführung befreit. Die Nachwirkungen aber blieben.

---

252 Robertus Bellarminus, De Summo Pontifice (3. Controversia Generalis) I,1.

253 Er wird erst von William Harvey (1578–1657) mittels groß angelegter Tierversuche entdeckt.

254 DH 3800–3822. Erstverfasser war der Gregoriana-Professor Sebastianus Tromp SJ, der auch gleich einen vielbändigen Kommentar dazu schrieb: Mit zahllosen Belegen aus der Väterzeit suchte er die absolute Vorrangstellung des Bildes zu belegen: S. Tromp, Corpus Christi quod est Ecclesia, Romae [2]1946 (1937) – 1972.

Wie auch immer: Die mittelalterliche Leib-Christi-Ekklesiologie führt geradewegs zur Kirchenrealität der Neuzeit: Absolutistisch, zentralistisch, kommunikationsgehemmt, selbstreferenziell, beratungsresistent trotzdem. Sie macht sich noch im Missbrauchsskandal bemerklich: Die verschiedenen Aufarbeitungs-Studien haben ergeben: In den meisten Fällen war der auslösende Beweggrund sehr häufig nicht die fehlgeleitete Sexualität als solche, sondern ein spiritueller Machtmissbrauch aufgrund des Klerikalismus des Täters. Und die unselige Vertuschungspraxis der Kirchenleitungen resultierte desgleichen aus dem unbedingten Streben, die Weste der Kirche, heilig wie ihr Haupt, weiß zu halten. Es versteht sich, dass die von der Apostolizität geforderte Assimilation nicht mehr möglich ist: Das Verhältnis der Lehrenden zu den Hörenden ist streng asymmetrisch: Es ist die Relation von Befehl zu Gehorsam – möglichst kindlichem, also unreifem im Idealfall. Es kann auch keine Bewegung hin zu den „Völkern" geben: Interessenten erfahren am besten in der Festung Kirche selber, was ihnen frommt.

Wenn unsere Beobachtungen stimmen, dann folgt daraus: Die Kirchenkrise kann nicht nur und nicht erstrangig durch periphere Umsteuerungen gestoppt oder gar behoben werden wie die Tilgung des Zölibatsgesetzes oder die tatsächliche Frauengleichstellung durch Zulassung zum Ordo. Sie muss dort angegangen werden, wo sie wurzelt: in einem mangelhaften Kirchenverständnis. Wir müssen die schon angeführte Tatsache unter die Lupe nehmen, dass es viele und sehr differierende Kirchenbilder schon im Neuen Testament gibt. *„Das innerste Wesen der Kirche* (erschließt sich uns) *in verschiedenen Bildern, die vom Hirten- und Bauernleben, vom Hausbau oder auch von der Familie und der Brautschaft genommen sind und schon in den Büchern der Propheten vorbereitet werden."*[255] Besonders hervorgehoben wird gewiss die Leib-Christi-Vorstellung,[256] als Grund- und Urbild aber die schon alttestamentliche Bezeichnung *Volk Gottes*[257]. Alle diese Bilder stehen gleichberechtigt nebeneinander, aber sie haben höchst unterschiedliche Inhalte, die sich teils überschneiden, teils ergänzen, teils auch widersprechen. Die neutestamentlichen Autoren sind offenkundig der Ansicht, dass man sie dennoch syntaktisch alle benennen und inhaltlich analysieren

255 LG 6,1. – Das Standardwerk zum Thema: (Kardinal) Avery Dulles, Models of the Church, New York 2002.

256 LG 7.

257 Überschrift des 2. Kapitels LG 9 – 17.

muss, will man das Wesen der Kirche Christi einigermaßen erfassen. Sie zeigt sich als Mysterium, das im Mysterium der Trinität selber gründet[258] und also nie ganz aufgelöst werden kann.

Es kann allenfalls eine gewisse logische Abfolge der Kirchenbilder versucht werden, die sich aus der trinitarischen Grundlegung ableiten lässt. Der trinitätstheologischen Prinzipalität des Vaters entspricht die Grundgestalt der Kirche als Volk Gottes. Diese Kategorie steht biblisch am Anfang: Gott eröffnet das Heilsgeschehen durch die Erwählung seines Volkes. Diese ist auf Dauer angelegt; er bereut seine Wahl nie, sondern präzisiert und perpetuiert sie durch die Erneuerung des Volkes in seinem Sohn Jesus Christus. In der Idee des Volkes aber liegt die grundlegende Gleichheit aller seiner Angehörigen beschlossen: Es gibt nicht Staatsbürger erster und zweiter Klasse. Aus dieser Gleichheit ergibt sich die Befähigung und Befugnis, je bestimmte Aufgaben für die Gesamtheit zu übernehmen. Das deutsche Volk besteht nicht aus 83,2 Millionen Bürgerinnen und Bürgern, zuzüglich 16 Regierungsmitgliedern; vielmehr gibt es 83,2 Millionen Deutsche, von denen sechzehn Regierungsbefugnis haben – und die anderen je andere Aufgaben. Der Staat funktioniert eben und nur deshalb. In biblischer Diktion lässt sich sagen: Die Kirche ist Volk Gottes *als Leib Christi*. Die durch die zweite göttliche Person ins Leben gerufene Gestalt des Gottesvolkes, die Kirche, artikuliert sich in den Trägern und Trägerinnen zahlreicher Aufgaben, Ämter und Dienste (Sammelname bei Paulus: Charismen), um sie ihrem Ziel näher zu bringen, zu dem die Realisierung des apostolischen Auftrags wesentlich gehört. An dieser Stelle wäre gründlich nachzudenken, welche Bedeutung im Zusammenhang die der dritten göttlichen Person zugeordnete Bezeichnung der Kirche als *Tempel des Heiligen Geistes* zukommt. Sie ist bislang immer zu kurz gekommen.[259] Jedenfalls spielt auch hier die Dialektik von Einheit und Vielfalt eine Rolle: Der Tempel kann von der Gottheit nur bewohnt werden, wenn jeder Stein auf und neben dem andern steht.

Dann aber zeigt sich der ekklesiologische Leib-Christi-Monismus als unzureichend, um nicht zu sagen als ungeeignet, die neuzeitliche Kirchenproblematik zu beheben. Nach biblischem Zeugnis ist die

---

258 LG 4,2: *„So erscheint die ganze Kirche als ‚das von der Einheit des Vaters und des Sohnes und des Heiligen Geistes her geeinte Volk'"* (Zitat: Cyprian, de orat. Dom. 23).

259 Auch in den Dokumenten des Zweiten Vatikanums wird man kaum fündig: Dieses Kirchenbild erscheint nur beiläufig LG 6 sowie OT 1, AG 7; 9.

Glaubensgemeinschaft ein polyphoner Organismus, in dem das, was gilt, das, was Gottes Wille ist, das was für sie zielstrebig ist, nicht durch eine schier allmächtige Instanz, durch hierokratische Vollzugsweisen erkannt und erfahren wird, sondern durch die faktische Geltung des Glaubens und Glaubenszeugnisses prinzipiell aller Gläubigen je nach ihrer Funktion in der Kirche. Nach christlichem Glauben geschieht Glaubenserkenntnis in erster Linie nicht nur mit den menschlichen Bordmitteln, sondern vor allem durch die Erleuchtung durch den Heiligen Geist. Ihn haben durch die Taufe alle Glieder der Kirche empfangen. In den vielen Gaben ist er am Werk.

## Kirche ist *polyphon*, der Glaube *symphonisch*

In der klassischen Theologie kommt dieser Gedanke, wie besprochen, zu Wort in der Lehre von den *loci theologici*, den *Bezeugungsinstanzen des Glaubens*. Sie geht bis auf die Patristik zurück,[260] wurde aber systematisch in der Reformationszeit ausgearbeitet. Heute unterscheidet man fünf sogenannte *loci proprii* (theologieeigene), die Hl. Schrift, die apostolische Tradition, das kirchliche Lehramt, die akademische Theologiewissenschaft und den Glaubenssinn der Gläubigen, dazu die *loci alieni* (nicht theologische) wie die Vernunft, die Philosophie und die Geschichte.[261] Sie sind in sich eigenständig, aber streng aufeinander bezogen. Jede Isolierung oder Monopolisierung einer Instanz verbaut Erkenntnismöglichkeiten – gleich ob sie zugunsten der Bibel (Protestantismus), der Tradition (Orthodoxie) oder des (päpstlichen) Lehramtes (Katholizismus) geschieht. Erst in der Aktuierung aller je und je erschließt sich der Gehalt des Glaubens, wird damit auch die Verwirklichung der Apostolizität gewährleistet: Die Kirche lehrt Christi Offenbarungsbotschaft. Die Papstdogmen von 1870 besagen genau dies, wenn festgehalten wird, dass der Papst eben doch (anders als es *Manning* und *Senestrey* annahmen) in die Kirche und ihren Glauben

260 Vgl. das berühmte Dictum des Vinzenz von Lérins, zu glauben sei, *„was überall, was immer, was von allen geglaubt worden ist"* (Commonit. 2). In den Diskussionen von 1870 hat es eine wichtige Rolle gespielt. Vgl. K. Schatz, Kirche der Einheit und der Reform (Anm. 188) 189–192. Vgl. auch Kapitel 11.

261 B. Körner, Orte des Glaubens. Studien zur theologischen Erkenntnislehre, Würzburg 2014. Kurzinformation: M. Seewald, Loci-theologici-Lehre: C. Dockler u. a., Handbuch Theologischer Grundbegriffe, Paderborn 2021, 106 f.

unabdingbar eingebunden ist. Er würde seines Amtes verlustig gehen, wenn er dagegen agierte.[262] Seine fundamentale Aufgabe besteht darin, nicht den Glauben inhaltlich als Vorgabe für den Rest der Kirche zu bestimmen *(determinatio fidei)*, sondern ihn in letzter Authentizität zu bezeugen *(testificatio fidei)*. Das ist für den Bestand der Kirche unerlässlich ebenso wie für alle anderen Institutionen.[263]

Der Papstzentralismus mit allen seinen Verzweigungen und Folgen hatte, man muss es gar nicht mit vielen Worten sagen, erheblich böse Folgen für das Anliegen des Ökumenismus. Die letzten Päpste haben es selber gesehen und öffentlich bekannt: Der Bischof von Rom in seinem heutigen Erscheinungsbild wurde mehr und mehr zum Haupthindernis der aus vielen anderen Perspektiven heraus erfolgverheißenden gemeinchristlichen Bewegung. Die anderen christlichen Kirchen vermochten beim besten Willen darin den petrinischen Dienst nicht mehr zu erkennen. Die konservativen Intentionen des 19. Jahrhunderts verkehrten sich ins Gegenteil. Was Amt der Einheit sein sollte, wurde Anlass zu noch tieferer Zerrissenheit.[264]

Von besonderer, nicht immer wahrgenommener Bedeutung ist der Glaubenssinn der Gläubigen. Er besteht nicht in einer förmlichen Beistimmung etwa zu päpstlichen Dekreten – die hat das Erste Vatikanum zu Recht ausgeschlossen[265] –, sondern in der sicheren Wahrnehmung der Katholizität eines Urteils. Sie gründet in der Befähigung und

---

262 Vor dem Ersten Vatikanum hatte man ernstlich und unbefangen mit dieser Möglichkeit gerechnet und unter dem Stichwort des *„Papa a fide devius"* darüber nachgedacht. Vgl. Th. Prügl, Der häretische Papst und seine Immunität im Mittelalter: MThZ 47 (1996), 197–215.

263 So gibt es z. B. in der Bundesrepublik Deutschland eine quasi-unfehlbare, jedenfalls inappellable Instanz, das Bundesverfassungsgericht.

264 Während der unmittelbaren Drucklegung wurde bekannt, dass das vatikanische Dikasterium für die Einheit der Christen Mitte Juni 2024 ein Studiendokument *„Il vescovo di Roma"* veröffentlicht hat. Die Synodalität erscheint dort als Grundstruktur der Kirche. Der Papst sollte sich mit den Kirchenführern der anderen Kirchen an einen Tisch setzen und beraten, inwiefern sein Amt als das eines *Primus inter pares* aufgefasst werden könnte. Dem buchstarken Schriftstück kommt kein amtlicher Charakter zu. Es muss dahingestellt werden, ob es nur ein weiterer Test für die Geduld von Papier ist. Jedenfalls bedürfte es dringend weiterer Klärung für den Begriff Synodalität (mit praktischen Übungen).

265 DH 3074: Sie sind *„ex sese, non autem ex consensu ecclesiae"* unabänderlich. *Consensus* (Beistimmung, Zustimmung) ist ein juristischer Begriff und schließt einen förmlichen Akt ein. Rezeption ist eine informelle, aber bedeutungsvolle Verhaltensweise.

Ermächtigung, in grundsätzlich gleicher Intensität wie Lehramt und Theologie die „Zeichen der Zeit" zu erkennen und zu beurteilen.[266] Der Glaubenssinn artikuliert sich besonders im Vorgang der *Rezeption bzw. Nicht-Rezeption einer Weisung bzw. Lehre.*[267] Die Unfehlbarkeit des Papstes allein und in sich kann also eine Situation noch nicht beeinflussen: Seine Lehre geht ins Leere.[268]

Ein Dissens kann auch beeinflusst sein durch die unterschiedliche „Atmosphäre", in der die Lehrinstitution und die Gläubigen/Laien atmen. Im ausgehenden 19. Jahrhundert war es die am meisten geförderte theologische Schule der Neuscholastik, die vermeinte, auf der Basis der hohen Zeit des Mittelalters den Objektionen der Gegenwart gegen die kirchliche Lehre am wirksamsten widerstehen zu können. Sie weigerte sich wahrzunehmen, dass die als Schutzobjekte der klerikalen Machthaber viel beschworenen „kleinen Leute" ein weithin anderes, besonders durch die Naturwissenschaften und dem Wandel der politischen Verhältnisse (Übergang vom Feudalismus zu demokratischen Verfassungen) geformtes Weltbild besaßen, in dem die ehemaligen Standards nicht mehr plausibel und auch nicht mehr vermittelbar waren. Sie schienen in der Gegenwart als unvereinbar mit der Würde der menschlichen Vernunft.[269]

---

266 So das Zweite Vatikanum: GS 4; 11; AA 2–3; LG 37.

267 Näher Kapitel 14.

268 Man kann das am Schicksal von *Humanae vitae* beobachten: Es stellte sich heraus, dass die strikte Befolgung der Lehre über die Empfängnisverhütung viele Ehen und das Wohl der daraus entsprossenen Kinder zerstören würde. Auf weite Strecken gilt das gleiche Schicksal heute für die katholische Ehe- und Sexualmoral in genere. – Eine totale Nicht-Rezeption erlitt die Apostolische Konstitution *Veterum sapientia* (Johannes XXIII., 22. 2. 19632) zur Förderung des Lateinstudiums, die u. a. vorschrieb, Theologie auf Latein zu dozieren. Grund: *„Weil die katholische Kirche als Gründung des Herrn alle menschlichen Gemeinschaften an Würde weit überragt, ist es für sie natürlich (!) angemessen, nicht die Volkssprache (lingua vulgari) zu verwenden, sondern die Sprache, die voller Adel und Majestät (nobilitatis et maiestatis plena) ist"* (Nr. 7). Das erfordere auch der päpstliche Universalprimat (Nr. 5). Inzwischen ist die Amtssprache der Kurie Italienisch. Text abrufbar: www.vatican.va/content/john-XXIII/la/apost_constitutions/1962/documents/hf_j-XXIII_apc_19620222_veterum sapientia.html

269 Ein immer noch aktuelles Beispiel: Für Thomas von Aquin ist entsprechend der aristotelischen Lehre das weibliche Geschlecht ein *defectus naturae* (super sent. 3,12,1 pr.), deswegen für Führungsrollen auch in der Glaubensgemeinschaft nicht qualifiziert. Wenn er ausdrücklich die Frauenordination ablehnt, dann nicht, wie heute deren Gegner, weil der Priester „in persona Christi agere" müsse (er kennt diese Formel sehr wohl), sondern weil er eine hervor-

Alles in allem ist die Rezeption das geschichtlich bedingte, unter der Leitung des Heiligen Geistes erfolgende Zeugnis des Glaubens der ganzen Kirche und kann daher nie unbeachtet bleiben. Das trifft auch dann zu, wenn diese Beistimmung *iuxta modum* erfolgt oder von der Gemeinschaft der Glaubenden nicht geleistet werden kann, da ihrem Glaubensgespür *(sensus fidelium)* zuwiderlaufend.[270] Es scheint, dass sich diese Erkenntnis durchsetzt: Die schon im Zweiten Vatikanum angemahnte Aufwertung der Konzilien und Synoden[271] erfährt durch die auch von Papst Franziskus geförderten Diskussionen über die Synodalität der Kirche eine erste Realisierung: Auf solchen Versammlungen wirkt grundsätzlich das ganze Gottesvolk (meist repräsentiert durch die Bischöfe als Zeugen des Glaubens ihrer Kirche) an Entscheidungen mit. Die meist sehr positiven Erfahrungen in der Ökumene können für die Praxis wichtige Hilfen bieten.[272] Entscheidend ist natürlich, welche Bedeutung der am Ende allein votierende Papst solchen Meinungskundgebungen zumisst.[273]

---

gehobene Stellung einnimmt: *„Quia mulier statum subiectionis habet, ideo non potest ordinis sacramentum suscipere" (Weil die Frau im Stand der Unterwerfung sich befindet, kann sie das Weihesakrament nicht empfangen:* Super sent. 4,25,2,1, qc 1c). Patriarchalisches Denken in der Neuzeit wagt das nicht mehr zu behaupten, infolgedessen wird die „in persona"-Formel jetzt mit der angeblich beim Priester notwendigen Sexualorgan-Vergegenwärtigung Jesu begründet. Glaubhaft wirkt das auf keinen Zeitgenossen mehr. Es ist auch gefährlich: Nach unisoner patristischer Lehre ist nur erlöst, was Christus angenommen hat *(Quod non assumptum, non sanatum)*. Das aber kann auch christusförmig sein, also den Erlöser vergegenwärtigen. Trifft das aber für das weibliche Geschlecht nicht zu, dann ist nicht zu sehen, dass es erlöst sein sollte. Das kann ebenso wenig der Fall sein wie bei Farbigen, Einbeinigen oder Maschinenbauern: Alles dies ist Christus ja nicht gewesen. Aber alles dies kann unter den Begriff Mensch subsumiert werden – und das Wort ist Mensch geworden. Zur Christusrepräsentation vgl. M. Eckholt – J. Rahner (Hg.), Christusrepräsentanz. Zur aktuellen Debatte um die Zulassung von Frauen zum priesterlichen Amt (Qd 319), Freiburg 2021.

270 Vgl. dazu F. A. Sullivan, Magisterium. Teaching Authority in the Catholic Church, Dublin 1983, 106–112.

271 CD 36.

272 B. Knorn, Ökumenische Inspirationen für eine theologische Grundlegung katholischer Synodalität: Cath. 77 (2023), 153–167.

273 Hier ist Skepsis sicher gerechtfertigt. Das zeigt der Umgang von Papst Franziskus mit der Amazonassynode im Dokument *Querida Amazonia*. Diese hatte u. a. die Einrichtung der „viri probati" mit 2/3-Mehrheit erbeten. Der Papst geht darauf mit keiner Silbe ein.

## Das petrinische Syndrom

Man könnte die dem neueren Papsttum inhärente Versuchung zur Sicherheitsproduktion[274] als *petrinisches Syndrom* bezeichnen. Im Evangelium wird es in der Tabor-Erzählung freigelegt (Mt 17,1–9; Mk 9,2–8; Lk 9,28–36). Die Jesus-Leute pilgern von Galiläa aus anlässlich des Paschafestes zum Jerusalemer Tempel. Sie sind bedrückt: Die Gegnerschaft der jüdischen Autoritäten ließ das Äußerste befürchten, den Tod – und zwar nicht nur für den Meister, sondern auch für sie, die Gefolgsleute. Petrus mahnt und mahnt ihn, doch die Augen aufzumachen und sich vielleicht in irgendein galiläisches Dorf zu flüchten und dort unsichtbar zu bleiben, bis die Lage ruhiger geworden ist. Vergebens: Er handelt sich den Titel *Satan* ein. Jesus will nichts davon hören: Petrus soll hinfort hinter ihm gehen (Mt 16,23). Dann erlebt der mit zwei Kollegen die *Metamorphosis*, die Umgestaltung Jesu in seine göttliche Form. Da wittert er seine Chance: Hütten bauen für die drei Männer (mit einem kleinen Apartment sicher auch für die Begleiter) – das ist die Rettung. Also Abkapselung, Rückzug, Festungsdenken im Prinzip. Damit wäre Sicherheit vor den todbringenden Jerusalemer Mächten garantiert! Genau so denken später Pius IX. und die Seinen, auch wenn die Festung inzwischen viel komfortabler war. Bekanntlich wird daraus nichts, in diesem, in jenem – in allen Fällen nichts.

Was war in Wirklichkeit auf dem Tabor passiert? Augustinus hat das Geschehen theologisch schonungslos freigelegt – ein für alle Male –, indem er das Wesen von Apostolizität herausgearbeitet hat.

> *„Steig herunter, Petrus, du wolltest ausruhen auf dem Berg. Herunter! Predige das Wort, bring Gründe bei, mahne, tadle, mit Langmut und der Lehre. Schufte, schwitze, ertrage Qualen: Damit du das, was in den weißen Kleidern des Herrn klar wird, in Glanz und Schönheit rechter Tat in Liebe dir aneignest. Im Lobpreis der Liebe hören wir bei der Lesung aus dem Apostel: Er sucht nicht das Seine. Er sucht das Seine nicht, weil er hinschenkt, was er hat. … Petrus hat dass alles nicht kapiert, als er damals auf dem Berg zusammen mit Christus zu leben begehrte. Das hat er dir gewiss bestimmt, Petrus – nach dem Tod. Nun aber sagt er: Herunter, auf der Erde wirken, auf der Erde dienen, verachtet sein, am Kreuz auf Erden hängen. Das Leben stieg hernieder*

274 Vgl. S. 165 f.

> *zum Tode, das Brot zum Hungern, der Weg um zu ermüden, der Quell um zu dürsten. Und du verweigerst die Arbeit? Du sollst nicht das Deine suchen. Habe die Liebe, verkünde das Wort: So gelangst du in die Ewigkeit. Dort erst wirst du die Sicherheit finden.*“[275]

Wenn man nach der Bedeutung und dem stiftungsgemäßen Vollzug der kirchlichen Apostolizität fragt, ist dem kein Wort mehr beizufügen. Höchstens das noch: „*Es gibt nichts Gutes außer: Man tut es.*“[276]

---

275 Augustinus, sermo 78,6.
276 Erich Kästner, Gesammelte Schriften für Erwachsene, Bd. 1, München 1969, Gedicht „Moral“.

# 13

# KIRCHENGEHORSAM

So geht die Fabel: Zur Zeit der Johanniterherrschaft (ab dem 16. Jahrhundert) bedrängte die Insel Malta ein furchtbarer Drache; er verwüstete das Land, riss Menschen und Vieh. Dennoch verbot der Großmeister des Ordens seinen Leuten, gegen ihn anzugehen. Ein junger Ritter aber vermochte das unendliche Leiden der Bevölkerung nicht länger anzusehen. In einem erbitterten Zwiekampf tötete er den Drachen. Die Menschen jubelten. Nur einer zeigte ein finsteres Gesicht, der Ordensmeister. Der Jüngling hatte sich gegen das hohe Gebot des Gehorsams versündigt und strafbar gemacht. Friedrich Schiller hat diesen Stoff in seiner längsten Ballade (390 Verse) *„Der Kampf mit dem Drachen"* (1798) verarbeitet. Sie ist nicht so bekannt wie viele andere seiner Werke, doch *ein* Vers hat es unter die Geflügelten Worte geschafft. In seiner Verteidigungsrede vor dem Oberen nennt der Sieger das Kampfmotiv: Er habe gehandelt wie ein Christ in solcher Situation handeln müsse, denn

> *„Gesandt ist er der Welt zum Retter,*
> *Von jeder Not und jedem Harm*
> *Befreien muss sein starker Arm."*

Das lässt der Meister nicht gelten. Der Jungritter hat sich gegen das oberste Gebot der Christen, erst recht des Ordens, den Gehorsam, schwer verfehlt und damit gegen Christus selbst gesündigt. Denn:

> *„Mut zeiget auch der Mameluck,*
> *Gehorsam ist des Christen Schmuck."*[277]

Das ist ein seltsames Urteil. In der ganzen Fabel ist bis zu den Worten des Meisters von Religion keine Rede. Auch die Schonfrist für die Bestie hat nicht das Geringste damit zu tun: Sie ist eine Verwaltungsmaßnahme, die gar nicht begründet wird. Das Verdikt hat nur dann einen Sinn, wenn der Obere beansprucht, eine Verkörperung Christi, Christi

---

277 B. Pinkerneil, Das große deutsche Balladenbuch, Königstein 1978, 141. Das ganze Gedicht 138–141.

Stellvertreter zu sein. Tatsächlich haben sich lange Zeit alle Bischöfe und viele Herrscher als *vicarius Christi* bezeichnet.[278] Später wurde der Titel nur noch für den römischen Bischof, d. h. also für den Papst reserviert.[279]

## Gehorsamspflicht

Heute wird die Gehorsamsverpflichtung der katholischen Christinnen und Christen des lateinischen Ritus im Kirchenrechtsbuch *(Codex Iuris Canonici)* von 1983 geregelt.[280] Grundlegend ist can. 212 § 1:

> *„Was die geistlichen Hirten in Stellvertretung Christi als Lehrer des Glaubens erklären und als Leiter der Kirche bestimmen, haben die Gläubigen im Bewusstsein ihrer eigenen Verantwortung in christlichem Gehorsam zu befolgen."*

Diese Verpflichtung besteht mithin gegenüber den Lehr- und Leitungsweisungen der Kirchenoberen, ist aber nur aus und in Freiheit *(„eigene Verantwortung")* gegeben. Später scheint der Codex es damit nicht mehr so ernst zu meinen. Die auf Veranlassung Papst Johannes Pauls II. eingefügten, schon zitierten Bestimmungen der cann. 750 und 752 kennen diese Einschränkung nicht mehr, sondern praktisch ausnahmslos alle Bestimmungen des Lehr- und Leitungsamtes, das im Endeffekt wegen des auf dem Vaticanum I definierten Jurisdisdiktions- und Lehrprimats des römischen Bischofs sich allein auf den Papst als den *vicarius Christi* konzentriert, sind strikt anzunehmen und umzusetzen. Ausdrücklich wird gesagt (can. 752), dass *„religiöser Verstandes- und Willensgehorsam"* auch einer Lehre entgegenzubringen ist, die nicht als definitiv verkündet wird.[281] Damit kann sie logischerweise allerdings auch falsch sein und gegebenenfalls auch als falsch erkannt werden. Der katholische Christenmensch hat also auch irrigen Urtei-

---

278 M. Hille u. a. (Hg.), Sachwalter Gottes. Der Herrscher als christus domini, vicarius Christi und sacra maiestas, Berlin 2017 (vor allem 255–300).

279 Das *Annuario Pontificio* nennt ihn 2020 allerdings nur noch als „historischen Titel" bei der Aufzählung der päpstlichen Bezeichnungen. Es wird gerätselt, ob Franziskus damit darauf verzichtet hat.

280 Dazu die Übersicht bei S. Demel, Einführung in das Recht der katholischen Kirche. Grundlagen – Quellen – Beispiele, Darmstadt 2014, 108 – 117.

281 Johannes Paul II. hat mit dem Motu proprio *Apostolos suos* (Art. 1–4) auch die Bischofskonferenzen als verpflichtende Instanz einbezogen.

len des Papstes fest zuzustimmen, eben in der Opferung von Verstand und Willen. Tut er es nicht, dann kommt can. 1371 § 2 zur Anwendung, der ebenfalls auf das erwähnte Dokument Johannes Pauls II. zurückgeht: Wer der gebietenden kirchlichen Autorität

> *„nicht gehorcht und nach Verwarnung im Ungehorsam verharrt, soll je nach der Schwere des Falles mit einer Beugestrafe oder dem Amtsverlust oder anderen Strafen des can. 1336, §§ 2–4 bestraft werden".*[282]

Die neueren lehramtlichen Verlautbarungen seit dem Vaticanum I zur Sache stellen eine deutliche Ausweitung und Radikalisierung der Gehorsamsanforderungen an die Glaubenden dar. Die Theologie wurde *„vom (hierarchischen) Lehramt derart absorbiert, dass in letzter Hinsicht das Lehramt selbst das einzige theologietreibende Subjekt ist, das dann bestimmte Aufgaben an Hilfsorganisationen delegiert".*[283] Der Kirchenhistoriker Hubert Wolf formuliert noch bitterer: *„Wir Theologen haben uns das Lehramt stehlen lassen."*[284]

Mühelos könnte man Seiten füllen, die das in allen möglichen Variationen zeigen. Als Beleg sei an dieser Stelle lediglich der bemerkenswerte Satz Papst Pauls VI. aus *Humanae vitae* in Erinnerung gerufen, der weiter oben unter Anm. 247 bereits wiedergegeben worden ist. Er setzt an die Stelle des Gewissens, das gestützt auf die Vernunft zu einer Entscheidung kommt, das Lehramt als Letztinstanz moralischer Entscheidungen. Das aber steht im Gegensatz zur allgemeinen kirchlichen Lehre über die Freiheit des Gewissens. Davon wird weiter unten noch zu reden sein.

Die rigorose und unermüdlich eingeforderte Einschärfung des Gehorsams macht es schwer, den Gedanken zu unterdrücken, sie habe auch etwas mit einer Selbstimmunisierung des Amtes vor der seit der Neuzeit zunehmenden Kritik an den Amtsträgern zu tun. Wenn diese unberechtigt ist, muss das argumentativ, nicht administrativ dargetan werden. Im Übrigen sind Leitungspersonen nicht automatisch amtliche Gottessprecher, sondern als Amtspersonen mit Führungsaufgaben

---

282 Can. 1336 umfasst eine Druckseite, auf der die verschiedenen Sanktionen der Kirche aufgelistet sind.

283 M. Seckler, Im Spannungsfeld von Wissenschaft und Kirche, Freiburg – Basel – Wien 1980, 62–84.

284 Überschrift eines Interviews mit ihm und Georg Essen im Spezialheft der Herder-Korrespondenz „Theologie. Warum das Fach Zukunft hat", April 2024, 30.

betraut, welche von unterschiedlicher Verpflichtung sind. Lehrpräzisionen gehören dazu. Am Rande sei noch auf den bezeichnenden Umstand hingewiesen, dass bis vor kurzem auch die offizielle Sprache der Amtsträger zur Gehorsamseinforderung häufig infantilistisch wirkte. *„Kindlichen Gehorsam"* verlangte da der *Pfarrherr* von *„seinen Pfarrkindern"*; der *Oberhirte* schrieb Hirtenbriefe an *„die geliebten Diözesankinder"* und der *Heilige Vater* begrüßte die Teilnehmer in den Audienzen als *„diletti figlie e figli"*. Mittlerweile sind sie allesamt zu *Brüdern und Schwestern* mutiert. Natürlich jüngeren.

Der amtlich angemahnte Primat des kirchlichen Gehorsams ist in eine akute Krise geraten; man ist versucht zu sagen: Darin exakt liegt der eigentliche Auslöser des bedenklichen Allgemeinzustands der Glaubensgemeinschaft. Die erdrückende Mehrzahl der Kirchenflüchtigen geht nicht aus Glaubens- und auch nicht aus Steuerersparnisgründen, sondern weil sie mit diversen kirchlichen Vorschriften und Vermahnungen nichts mehr anzufangen weiß.[285] Auch die Bleibenden protestieren sehr oft aus den nämlichen Gründen. Was Deutschland und Österreich angeht: Hier ist die Allergie gegen den Gehorsam besonders ausgeprägt, verständlicherweise: „Führer befiehl, wir folgen dir", hatte man einst skandiert. Wir tragen die Folgen immer noch. So ist es ganz natürlich, dass gerade aus diesen Regionen erhebliche Einwände gegen den geltenden römischen Kurs kommen. Ihre Bewohner sind nicht Berufsquerulanten, sie sind ganz einfach gebrannte Kinder.

Auf der anderen Seite ist der Gehorsam eine wesentliche Lebensform des Christlichen, die nicht aufgegeben werden kann ohne die Lebensfähigkeit der Kirche zu gefährden. Seit alters konzentriert sich die Hochform des Christseins in den sogenannten *„evangelischen Räten"*, zu denen neben dem Gehorsam noch Armut und Keuschheit zählen. Sie sind fundamentaler Bestandteil des Ordenslebens in sämt-

285 Ein Beispiel aus jüngster Zeit ist das (allerdings rasch wieder halbherzig aufgegebene) Segnungsverbot für irreguläre Partnerschaften. Zahlreiche Leute verstehen nicht, weshalb man Gott nicht um Wahrung und Mehrung der Liebe und Treue zweier Menschen zueinander bitten dürfe, die sich von Natur her (also letztendlich nach Gottes Willen), nicht aus einem „lasterhaften Verhalten" zueinander gefunden haben. Zudem ist die kirchlich-liturgische Segenserteilung in Wahrheit immer ein Gebet an Gott, dieser möge gnädig sein: „Es segne dich/euch Gott der Allmächtige ... durch Christus, unseren Herrn" Es bleibt also ausdrücklich ihm überlassen, ob er die Bitte erfüllt.

lichen Formen. Das feit sie dennoch nicht vor dem Scheitern.[286] Eigentlich sind sie gar keine Räte, die man auch nicht beachten könnte, sondern alle Christenmenschen verpflichtende Normen ihrer Existenz. Sie werden nur entsprechend der konkreten Lebensformen in unterschiedlicher Weise realisiert.[287] Bezüglich des Gehorsams ist darauf hinzuweisen: Wenn Christ-Sein Nachfolge Christi meint, dann hat man jene Haltung der vollkommenen Hingabe an Gott im eigenen Leben zu realisieren, die sich in seinem Gottesbekenntnis ausspricht: *„Meine Speise ist es, den Willen dessen zu tun, der mich gesandt hat“* (Joh 4,34). Deswegen heißt es im Vaterunser, dem christlichen Grundgebet: *„Dein Reich komme, dein Wille geschehe“*. So dies nicht mehr oder nur noch in sehr minderem Maß geschieht, kann man nicht umhin, eine Krise der Kirche zu diagnostizieren. Wenn man sie beheben will, wenn man um Reformen der Glaubensgemeinschaft bemüht ist, kann das Thema des Gehorsams in der Kirche nicht außen vor bleiben.

## Was ist Gehorsam?

Vorausgesetzt ist eine hierarchische Ordnung, in der es Vorgesetzte/Obere („Redende“) und Untergebene („Hörende“) gibt, wobei die ersteren einen begrenzenden Einfluss auf den freien Willen der letzteren besitzen *(„Das darfst du du nicht machen“)*. Das diesbezügliche Verhältnis beider kann verschiedene Formen haben. In der ersten kommt es durch die Maßnahmen der Oberen (einschließlich Gewaltanwendung) zu einer *totalen* Ausschaltung des freien Willens. Dann sprechen wir von *Zwang*. Der Wille kann auch aus Anlass der Maßnahmen der Oberen durch den Untergebenen selbst außer Geltung gesetzt werden. Er unterwirft sich aus freien Stücken (seine letzte Freiheitstat) dem/den Vorgesetzten ohne Reserven. Wir nennen eine solche Einstellung *Kadavergehorsam*. Er ist also, wie gleich gezeigt werden wird, gar kein

---

286 Die Gehorsamsanmahnung in den Orden hat, wie sich herausstellt, zu zahlreichen Fällen geistlichen Missbrauchs geführt: B. Haslbeck – U. Leimgruber – R. Nagel – Ph. Rath (Hg.), Selbstverlust und Gottentfremdung. Spiritueller Missbrauch an Frauen in der katholischen Kirche, Ostfildern 2023. Die Titel-Substantiva geben genau wieder, was daraus wird.

287 *Keuschheit* etwa kann Ehelosigkeit bedeuten, aber auch innerhalb der Ehe ist diese Tugend zu üben. Vergewaltigung in der Ehe, ein Straftatbestand, wäre deren Verlust.

Gehorsam, sondern das Verhalten des Gehorchenden ist wie das eines Kadavers. Er ist absolut und willenlos verfügbar für den Vorgesetzten.

Die zweite Form ist eine *teilweise* Beeinträchtigung des Willens der Untergebenen. Dabei kann man unterscheiden zwischen *Loyalität* und *Gehorsam*. Im Fall der *Loyalität* geht es um ein von beiden Seiten freiwillig eingegangenes, gewöhnlich vertraglich geregeltes hierarchisches Verhältnis zwecks gemeinsamen Erreichens eines Zieles. Der Eingriff in die Selbstbestimmung ist genau so weit erlaubt, als es dafür erforderlich ist. Der Untergebene ist eigentlich ein Mitarbeiter des Oberen. Wegen der Arbeitsteilung und Komplexität etwa der Produktion benötigt der Verantwortliche Hilfe von Leuten, die sich sein Ziel zu eigen machen. Affektive Beziehungen zwischen den beiden Partnern sind nicht erforderlich. Ihr Verhältnis kann völlig frei von beiden Seiten aufgelöst (gekündigt) werden. Der *Gehorsam* unterscheidet sich von der Loyalität dadurch, dass er zum einen in seiner Ausdehnung nicht von vornherein begrenzt ist, zum anderen eine affektive und emotionale Seite hat. Der Untergebene lässt seine Willensentscheidungen durch den Oberen einschränken, weil er sich sicher ist, dass dieser es gut mit ihm meint; deshalb folgt er den Anordnungen prinzipiell gern und zu eigenem Nutzen. Gehorsam ist also diesenfalls eine bestimmte Form der Liebe. Derartige Bezugsetzungen gibt es beispielsweise zwischen Eltern und Kindern oder zwischen Lehrern und Schülern. Und zwischen Gott und den Menschen. Der Mensch erkennt im Glauben, dass Gott sein Schöpfer, Erhalter und Erlöser ist, er also nur deswegen existiert, weil Gott sich ihm in Liebe und Gnade zuwendet, um ihn zu einer währenden Vollendung zu leiten. So richtet er seinen Willen bewusst und aus eigenen Stücken ganz und gar auf Gott aus, um erstlich und letztlich *SEINEN* Willen zu erfüllen. Dabei behält er grundsätzlich die eigene Freiheit: Er kann sogar die Gottesbeziehung später wieder aufgeben und die Folgen auf sich nehmen.

Es mag dem Verständnis dienen, wenn wir an dieser Stelle nochmals einen Blick auf die Szene in Malta werfen. Bestehen die Anwürfe des Großmeisters gegen den Ritter tatsächlich zu Recht? Der junge Mann hatte als Motiv seines Kampfes bei der Verhandlung die Nächstenliebe angegeben, also das biblische Grundgebot. Steht dieses nicht höher als alle sonstigen, von noch so bedeutenden Hierarchen dekretierten Weisungen? Muss man nicht Gott mehr als den Menschen gehorchen (Apg 5,29)? Ohne Zweifel hatte der Drachenbezwinger illoyal gegenüber dem Meister gehandelt, aber auch ungehorsam? Wie stand es übrigens mit *dessen* Motivation bei dem Verfahren? Als Grund der Gehorsamspflicht gibt er an,

> *„der Pflichten schwerste zu erfüllen:*
> *Zu bändigen den eignen Willen!"*

Kaum verhüllt scheint er hier seinen Machtanspruch geltend zu machen. Geht es nicht eher um Willensvernichtung zwecks reibungsloserer Durchsetzung der ganz und gar eigenbestimmten Absichten des Vorgesetzten? Aber wir wollen keine Schillerexegese betreiben, sondern uns wieder dem Verständnis des christlichen und kirchlichen Gehorsams zuwenden.

## Gehorsam in der Heiligen Schrift

Werfen wir also einen Blick in die Bibel. Das Thema spielt eine große Rolle – wir denken sogleich an die hochdramatische Erzählung von Abraham und Isaaks Opferung.[288] Wir haben freilich nicht die Absicht, einen erschöpfenden Überblick zum Thema zu bieten, sondern wir beschränken uns auf die Schöpfungserzählungen (Gen 1–3) in der sogenannten Urgeschichte (Gen 1–11). Denn dort wird grundsätzlich und maßgeblich die Bedeutung des Gehorsams aus biblischer Sicht vorgestellt: Er entscheidet in enormem Maß das Schicksal von Gottes Welt. Wir wissen: Was da erzählt wird, ist kein Bericht, keine Naturentstehungstheorie, sondern ein Mythos. Gesagt wird, was niemals war und immer ist. Gerade darin aber liegt die bleibende Bedeutung der Darstellung.

Zwei Akteure treten auf, der Schöpfergott und die Geschöpfe, vertreten durch das erste Menschenpaar. Zunächst zum Menschen. Er ist absolut abhängig von Gott, ist seine Kreatur, auf seine Zuwendung radikal angewiesen, ihm daher restlos verpflichtet. In der Realität existiert *der Mensch* binär als Mann und Frau. Beide sind absolut gleich- und ebenbürtig. Sie sind eigentlich ein einziges Wesen: Beide haben das gleiche „Fleisch und Bein", sind *isch* („Mann") und *ischah* („Männin"), und deswegen suchen sie einander mit aller Leidenschaft. Sogar

---

288 Dazu die Meditationen von Th. Frings – Sr. E. Kohlhaas, UNGEHORSAM. Eine Zerreißprobe, Freiburg – Basel – Wien 2021.

die zur Zeit der Abfassung gängige Patrilinearität fällt dem zum Opfer. Der Mann verlegt anders als in der gesellschaftlichen Wirklichkeit seinen Lebensraum in den Lebensraum der Frau.

In der heutigen Diskussion spielt die Bedeutung der unterschiedlichen, einander zugeordneten Sexualität der „Stammeltern" gewöhnlich die Hauptrolle. Man darf aber nicht übersehen, dass Adam und Eva ebenso die Gesamtheit der Menschheit repräsentieren. Was also von ihnen und ihrem Verhältnis zueinander und zum Schöpfer zu sagen ist, ist eine anthropologische Basisaussage. Das ist für unser Thema entscheidend. Gott erweist sich in Adam und Eva der Menschheit als unendlich gütig, als Inbegriff der Liebe und Sorge um seine Geschöpfe. Wenn er also mit ihnen in Beziehung tritt, erwartet er naturgemäß die ganze Zuneigung und Zuwendung der Menschen – also gegebenenfalls auch ihren Gehorsam. Der Fall aber ist gegeben: Gott setzt sie in den herrlichen Garten Eden – Symbol dafür, wie es ist, wenn man sich ganz Gott anvertraut – und stellt ihn zum Nießbrauch zur Verfügung. Doch gibt es eine, sogar sanktionsbewehrte Ausnahme: *„Von allen Bäumen des Gartens darfst du essen, doch vom Baum der Erkenntnis von Gut und Böse darfst du nicht essen; denn am Tag, da du davon isst, wirst du sterben"* (Gen 2,16 f.). Das Thema Gehorsam ist in der Welt.

Ein merkwürdiges, manche würden sogar sagen kleinkariertes Gebot, so etwas wie die letzte Bastion für Gottes Machtanspruch. In Wirklichkeit ist es angesichts der Verhältnisse geradezu zwangsläufig. *„Gut und Böse* erkennen" heißt *alles* erkennen – ein Drittes neben Gut und Böse existiert ethisch nicht. Man könnte sagen, dass de facto der Mensch erst dadurch Mensch wird, dass er über diese Fähigkeit verfügt: Daraus folgt sein Wissen, seine Weltbewältigung, seine wenigstens partielle Schicksalsverfügung. Doch alles dieses fordert, dass der Mensch auch über die Macht verfügt, sein Tun und Lassen moralisch-ethisch zu bewerten. Er kann die Atombombe technisch herstellen. Er vermag sie für außerordentlich gut und nützlich fürs eigene Überleben gegen Feinde halten und bereit sein, dafür die Zerstörung der Gottesschöpfung in unermesslichem Ausmaß in Kauf nehmen. Desgleichen aber kann er um deren Bewahrung willen sein Eigeninteresse mehr oder minder total aufgeben. Ganz kurz gesagt: Setzt der Mensch prinzipiell, immer und grundsätzlich an die Stelle des göttlichen seinen eigenen Willen, macht er sich selbst zu Gott – das hat die Schlange völlig richtig gesehen (Gen 3,5). Doch dazu ist er von Natur aus als nicht absolutes Wesen, als Geschöpf unfähig. Wenn also Gott das Essverbot ausspricht, zeigt er seine ganze Liebe zur Menschheit. Er überfordert sie nicht. Und eben darum ist für die Bibel der Ungehorsam von Adam und Eva die absolute Katastrophe der Geschichte.

Man kann nachdrücklicher, als es im Buch Genesis geschieht, die Lebenswichtigkeit des richtigen Gehorsams gegenüber Gott kaum schildern. Er wird zum Schicksal des Einzelmenschen wie der Menschheit und das in allen denkbaren Beziehungen.[289] Also ist er auch für die Gemeinschaft der Christusgläubigen entscheidend – *deswegen* muss man darüber nachdenken. Die Problematik, die die Ballade Schillers aufgeworfen hat, weist jedoch deutlich darauf hin, dass es mit dem Gehorsam in der Kirche nicht so einfach ist. Der Blick in die Urgeschichte mag hilfreiche Hinweise zur Bewältigung anbieten.

## Glaube und Gehorsam

Die anthropologische Grundaussage der Urgeschichte hält die Gleichheit und Freiheit und die daraus resultierende Selbstbestimmung aller Menschen fest. Jesus hat sie sich zu eigen gemacht. Was die Freiheit anlangt, so überlässt er seinen Anhängern nach der kapharnaitischen Krise die Entscheidung: *„Wollt auch ihr weggehen?"* (Joh 6,66). Er anerkennt auch die Gleichheit aller Menschen: Von Gottes Heilsangebot ist niemand von vornherein ausgeschlossen, weder die Sünder noch die Zöllner. Allen Völkern soll seine Botschaft angeboten werden (Mt 28,19). Spätestens seit dem Vaticanum II hat auch die amtliche Kirche diese Maximen übernommen. In can. 208 CIC/1983 wird die *„wahre Gleichheit"* aller Getauften *„in ihrer Würde und Tätigkeit"* kodifiziert. Die Freiheit besteht hinsichtlich der Glaubensannahme (can. 748 § 1 f.) und in der Form der Meinungsfreiheit (can. 212 §§ 2 f.). Entscheidend ist aber vor allem die den Glaubenden zugestandene Gewissensfreiheit (can. 748 § 2). Hinsichtlich unserer Problematik folgt: Es bleiben damit Zwang und Kadavergehorsam im Bereich der Kirche ausgeschlossen. Sie verstoßen gegen die Gewissensautonomie bzw. gegen die Selbstbestimmung ihrer Mitglieder. Auch die Kirche verlangt somit Gehorsam nur im *„Bewusstsein ihrer* (der Gläubigen – WB) *eigenen Verantwortung"*.[290]

---

289 Ein Hinweis auf die ökologische Katastrophe kann nicht fehlen!
290 Can. 202 § 1 CIC/1983.

Das hierarchische Prinzip als Grundlage von Über- und Unterordnung lässt mithin deren Regelung legitim nur zu auf den Ebenen der Loyalität und des Gehorsams im strengen Sinn. In der Praxis steht besonders die Loyalitätsfrage zur Diskussion. Wenn der Kaplan die Anweisungen des Pfarrers zur Gestaltung der Seelsorge missachtet, wenn der Pfarrer entgegen der bischöflichen Anordnung nicht den Hirtenbrief verliest, dann tun sie im Prinzip nichts anderes als die Angestellten eines Autobauers oder die Sachbearbeiter einer Behörde, die die Anweisungen der Chefs ignorieren. Sie verstoßen gegen die von ihnen freiwillig übernommenen Pflichten des Anstellungsvertrages oder anderer Anstellungsvoraussetzungen und erweisen sich nicht mehr als das, was sie eigentlich sind: Mitarbeiter bzw. Mitarbeiterinnen der Institution. Natürlich können sie in diesem Fall bei Zuwiderhandlungen gegen die Befehle des Chefs nach Maßgabe der Verhältnismäßigkeit gemaßregelt werden. Das grundsätzliche und umfassende hierarchische Verhältnis wird jedoch nicht in Frage gestellt; in diesem Fall müsste der Untergebene kündigen oder entlassen werden. Der Unterschied zur Kirche besteht lediglich darin, dass deren Zielsetzung anders ist: In der Kirche baut man keine Autos, sondern das Reich Gottes durch die Verkündigung seines Wortes und die Spendung seiner Sakramente im Geist dienender Diakonie.

Einen Unterschied gibt es in der Praxis allerdings doch. Die Kirchenoberen versuchen gern, die bloßen Loyalitätsforderungen zu spiritualisieren, indem sie diese möglichst allesamt als „Gottes Willen" ausgeben. Den Vorgesetzten wird eine durch ihn verliehene Heiligkeit der Macht (sacra potestas) und des Machtvollzugs zugeschrieben, die vermittels ihrer als alle Kirchenmitglieder strikt verpflichtend ausgegeben wird. Genau und im Einzelnen begründet wird das aber in der Regel ganz und gar nicht.[291] Das aber ist ein hoch gefährliches Verfahren. Aus dem dadurch (teilweise) generierten und gestützten Klerikalismus kann nur zu leicht, wie sich gerade in den letzten Jahrzehnten gezeigt hat, geistlicher Missbrauch auf allen möglichen Ebenen (nicht

291 In meiner Studienzeit wurden die Hausregeln im Collegium Germanicum zu Rom bis hin zur Zimmerputzordnung von dem einen oder anderen Oberen (nicht allen!) als unmittelbar gottverordnet ausgelegt – ähnlich wie der Dekalog höchstselbst. Verraten haben sie aber nie, wo diese Anordnungen in Stein gemeißelt worden sind.

nur auf der sexuellen) erwachsen.[292] Was Woll-Lust des Klerikers ist, wird als Wollen Gottes ausgegeben. Daraus ergibt sich: Ein unkritischer, bedingungsloser, ein „Kadaver"-Gehorsam ist so wenig christlich wie die Illoyalität. Es ist nicht a priori ausgemacht, dass ein „oberhirtlicher Befehl" rechtens, gut, hilfreich, heilsförderlich ist – weil das eben in der Realität erwiesenermaßen nicht jedes Mal zutrifft.[293] So kann der Widerstand, der Ungehorsam, faktisch gerade der Vollzug dessen sein, was Gott will. Der junge Johanniter aus Malta fällt uns wieder ein.

## Gehorsam in der Kirche

Wie steht es nun aber mit dem *eigentlichen* Gehorsam in der Kirche? Nach katholischer Überzeugung ist die Kirche eine Institution und besitzt daher von Anfang an, seit der Bildung von christlichen Gemeinden, auch eine Leitung wie im Prinzip alle anderen Institutionen auf dieser Erde auch. Sie ist als solche selbstverständlich auf die Erfordernisse eben dieser Gemeinschaft von Christusgläubigen ausgerichtet, die eine Kommunität der durch die Taufe Gleichen, eine gottverpflichtete, unter der Herrschaft Christi stehende, vom Gewissen geleitete Gruppierung ist. Dementsprechend sind die Leitungsinstanzen in Wahrheit Dienstleistungsträger. Sie können und dürfen nur gemäß dem Willen des Herrn in der Kirche und für die Kirche wirken und vermögen dies grundsätzlich nur als sehr unvollkommene Knechte ihres Herrn zu tun (Lk 17,10). Sie verfügen über keine eigene Macht (die steht Christus allein zu: Mt 28,18) und dürfen solche auch nicht anpeilen, aber sie haben genau wegen ihrer Dienstleistung Autorität, welche

---

292 Solchen Missbrauch hat es immer und immer auch in verschiedenem Kontext gegeben. Im Mittelalter haben z. B. Päpste häufig den Bannstrahl in Gottes Namen auf Herrscher niedergehen lassen, die sich aus rein politischen Gründen (etwa Gebietsansprüchen) gegen sie wandten, manchmal durchaus berechtigt. – Drohte eine Heiligsprechung gegen kuriale Interessen zu sein, verlangte der Vatikan statt der in den Canones vorgeschriebenen zwei Wunder deren fünf. Im umgekehrten Kasus begnügte man sich mit einem oder ließ bei gar keinem auch einmal alle Fünf gerade sein. Vgl. S. Samerski, „Wie im Himmel so auf Erden". Selig- und Heiligsprechung in der Katholischen Kirche 1740–1870, Stuttgart 2002.

293 Kann ein Ehepaar seine Familienplanung gemäß *Humanae vitae* vornehmen, wenn es dabei seine Ehe ganz eindeutig aufs Spiel setzt?

sie gegebenenfalls auch durchsetzen müssen.[294] Insofern sie nach dem Willen und im Auftrag Christi handeln, ist ihnen von den Gliedern der Gemeinschaft Gehorsam geschuldet.

Das eigentliche Problem entsteht daraus, dass der Stiftungszweck der Kirche, wie schon angedeutet, vor allem die Glaubensverkündigung ist.[295] Ihre Amtsträger verstehen sich als Nachfolger der ersten Jünger Jesu. Dann aber gilt auch für sie die Bestimmung des Herrn an die Zweiundsiebzig: *„Wer euch hört, der hört mich, und wer euch ablehnt, der lehnt mich ab; wer aber mich ablehnt, der lehnt den ab, der mich gesandt hat"* (Lk 10,16). Sie haben also zweifellos Anspruch auf Gehorsam, der näherhin als Glaubensgehorsam zu spezifieren ist. Das mag leicht gesagt sein, erweist sich aber als außergewöhnlich problematisch, wenn man aus heutiger Perspektive die faktischen Konditionierungen dieses Gehorsamsanspruches unter die Lupe nimmt.

Als erstes ist zu sagen, dass *Glaube* primär von einer Haltung, von der Zuwendung zu Gott, von der Liebe des je Glaubenden zu ihm *(„fides qua")* auszusagen ist. Diese ist außer von Gott von niemandem in Existenz und Ausmaß festzustellen. Sie kann von der Kirche nicht vorgeschrieben und nicht beurteilt werden, fällt daher nicht unter den kirchlichen Gehorsam. Nach christlicher Auffassung ist jener „Du-Glaube" aber nicht bloßes Gefühl, *„Schall und Rauch, umnebelnd Himmelsglut"*[296], sondern er kann in verbalen Aussagen artikuliert werden. Der Christ und die Christin wenden sich nicht einem anonymen Numinosum zu, sondern dem *Vater Jesu Christi, der das Heil der Welt will.* Aus dem Du-Glauben wird der Dass-Glaube, die *fides quae.* Glaube artikuliert sich in Aussage-Sätzen. Ein kleines Kompendium solcher Aussagen sind die Glaubens-*Bekenntnisse,* insbesonders die in der Liturgie verwendeten Texte des *Symbolum Apostolicum* und des Credo von Nizäa und Konstantinopel. Ihnen ist, so man der Kirche zugehören möchte, Zustimmung zu leisten. In bestimmten Fällen wird diese

---

294 So kann der Bereichsleiter etwa in einer Autofabrik seine Aufgabe nur dann erfüllen, wenn er dem Personal seiner Abteilung gegenüber weisungsberechtigt ist.

295 Darunter ist nicht nur die Wortverkündigung einbeschlossen: Sie umfasst mitunter auch Handlungsanweisungen, so dass sich die Befehls- und Gehorsamsstruktur auch auf Taten, auf ethische Haltungen und dergleichen beziehen kann. Unsere Fragestellung zielt mithin auch darauf.

296 Vgl. Goethe, Faust I, 3456 ff.

ausdrücklich von der Kirchenleitung eingefordert.[297] Sie möchte damit überprüfen, ob jemand den schuldigen Glaubensgehorsam leistet, etwa um ein Kirchenamt bekleiden zu können.

## Probleme mit dem Gehorsam

Doch bei Licht betrachtet ist das äußerst problematisch. Wir übergehen dabei den an sich bedeutungsvollen Umstand, dass die angeführten Formeln alles andere als vollständig sind.[298] Das eigentliche Problem ist ganz generell die notwendige Satzhaftigkeit der Glaubensartikulation, vor allem deren Geschichtlichkeit. Das Problem ist uns schon bekannt.[299] Die Begriffe sind nicht unveränderlich, sondern können sich in der Bedeutung und im allgemeinen Verständnis wandeln. Die kirchliche Glaubenslehre äußert sich aber normalerweise in den Termini, in denen ein Dogma ursprünglich formuliert worden ist. Die aber können heute etwas ganz anderes bedeuten. So ist, wie erwähnt, der für die altkirchliche Trinitätslehre entscheidende Person-Begriff in der neuzeitlichen Philosophie genau gegenteilig in Gebrauch. Damit ist bereits eine zweite Schwierigkeit angesprochen: Die Sprache der Glaubenssätze entzieht sich vielfach dem modernen Verständnis – auch durchaus gebildeter Christenmenschen. Was heißt *homousios* (Dreifaltigkeitsdogma), was *Transsubstantiation* (Eucharistielehre), was *Unbefleckte Empfängnis* (Mariologie)? Die Antwort setzt das eingehende Studium der mittelplatonischen Philosophie bzw. der aristotelischen Naturphilosophie bzw. der augustinischen Sündenlehre voraus. Anders wäre es eine Illusion zu behaupten, man glaube die damit verbundenen Glaubensätze. Der Sprecher hat so gut wie keine Ahnung von deren Sinn und Sage. Dann aber kann man ihnen auch keinen Gehorsam leisten, aber ihnen auch nicht ungehorsam sein. Die viel beklagte Glaubenslosigkeit der Zeitgenossen ist manchmal schlichtes Glaubensunverständnis.

---

297 Can. 833 CIC/1983 für bestimmte Kirchenämter.

298 In den Symbola steht nichts über die Sakramente (außer Taufe und, vielleicht, Eucharistie), über das Schicksal Mariens nach dem Tod, über die kirchlichen Ämter einschließlich Papsttum usw. Und auch nichts über die Gehorsamsverpflichtung.

299 Zum Folgenden näher Kapitel 11.

Ein weiteres Problem ergibt sich daraus, dass die verbindliche Formulierung missverstanden werden kann. Jemand meint zu glauben, was gar kein Christenglauben ist. So ist die Zahl der Katholiken und Katholikinnen groß, welche die im Immaculata-Dogma ausgesagte Unbeflecktheit auf Jesus und nicht auf Maria beziehen. Sie bekennen etwas Falsches. Es ist aber oft auch so, dass die Gehorsamsforderung sich auf Inhalte bezieht, die ein auf der Höhe der Zeit stehender Mensch nicht akzeptieren kann, weil er mit aller ihm möglichen Sicherheit erkannt hat, dass sie nicht stimmig sind, obschon sie das Lehramt immer noch nachdrücklich einfordert. Dass es Hexen gibt und was sie Gottloses treiben, ist für Innozenz VIII. völlig klar gewesen, ebenso dass sie ausgerottet werden müssen.[300] Es waren nicht-kirchenamtliche Personen, darunter Protestanten, welche den Wahn- und Unsinn des Hexenwesens entlarvten – in ausdrücklichem Ungehorsam gegen den Papst.[301] Man kann an den berüchtigten Fall Galilei oder die Verdammung der Gewissensfreiheit durch Gregor XVI. denken. Auch die Auseinandersetzungen um die Geburtenregelung zur Zeit Pauls VI. und Johannes Pauls II. gingen wesentlich auch um die Frage, ob das Verbot gegen die wissenschaftlichen Einsichten verstößt. Es gibt mithin Fälle, wo der Gehorsam gegenüber der Wahrheit und der Wirklichkeit den verantworteten Ungehorsam gegen das Lehramt um der Wahrhaftigkeit willen fordern.[302]

---

300 Bulle *Summis desiderantes affectibus* von 1484. Abgedruckt in J. Sprenger – H. Institoris, Der Hexenhammer (Malleus maleficarum), München [3]1985, XXXII – XLI.

301 Jan Wier (Arzt), Hermann Wittekind (Mathematiker), Anton Praetorius (evangelischer Autor), Christof Thomasius (Jurist), vor allem der Jesuit Friedrich von Spee, der deswegen mit der Kirche erhebliche Schwierigkeiten bekam.

302 Das Lehramt kann da kein *sacrificium intellectus et voluntatis* einfordern (can. 752 CIC/1983): Es wäre möglicherweise nur vollziehbar unter Ausschaltung des Gewissens. Auch in sich ist die Forderung widersinnig: Indem das Lehramt Gründe *(rationes)* für die Annahme einer Doktrin vorlegt, wendet es sich an die *ratio*, des Adressaten Intellekt (zwecks Einsicht), und an seinen Willen (zwecks Zustimmung). Erreicht es sie nicht, hat dieser nach can. 212 §§ 1 f. CIC/1983 das Recht (bei Nichteinsichtigkeit) und die Pflicht (bei Schaden für die Kirche) bei den Oberen zu remonstrieren – auch in der Öffentlichkeit. Dann kann er aber nicht gleichzeitig schweigen. Das Schweigen bestünde im Reden! Das Lehramt widerspricht sich übrigens selbst, wenn im konziliaren Ordensdekret *Perfectae caritatis* 14 in Gehorsamsfragen die Ordensleute *„die eigene Verstandes- und Willenskraft einsetzen sollen"*, can. 601 CIC/1983 jedoch besagt, dass der Ordensgehorsam zur Unterwerfung des Willens dem Oberen gegenüber verpflichtet. – Die Kirchenleitung könnte allerdings die Annahme grundlos befehlen, doch

Weitere Probleme ergeben sich aus der bereits erwähnten Tatsache, dass die *fides quae* einer fortwährenden Entwicklung unterliegt. Sie ist unabgeschlossen und weiterungsfähig. Christus hat dem Heiligen Geist die Aufgabe zugewiesen, die Kirche in die Wahrheit *einzuführen* (Joh 16,13). Sie ist daher (immer Stand heute) noch im Werdestand, nicht gänzlich zugänglich, und kein Termin ist für die Behebung dieses Mangels genannt. Es ist auch keine Instanz namhaft gemacht, durch die er von der Kirche angegangen werden kann. Das bedeutet: Die Wahrheit auch des Glaubens ist geschichtlich; daher kann man ihrer nur perspektivisch innewerden. Die Kirche ist immer auf dem Weg durch die Zeit.

Das Lehramt mag sich für den Weg eine „besondere" Geistgeleitetheit zuschreiben, aber nach seiner Lehre ist jeder Getaufte ebenfalls Träger des Pneumas, und bereits Petrus machte die für ihn unglaubliche Glaubenserfahrung, dass es auch mit den Heiden zugange ist (Apg 10,1–48). Es vermag also durch jeden Christen und jede Christin den Inhalt des Glaubens zu erhellen und neue Zugänge zu eröffnen. Man muss sogar sagen, dass dieses gerade *nicht* die eigentliche Aufgabe des Magisteriums ist. Nach dem Vaticanum I ist der Papst nicht der Inspirator, sondern der Hüter des Glaubens, den er im Leben der gesamten Kirche eruiert.[303] Diese besitzt in der wissenschaftlichen Theologie sowie im Glaubenssinn der Gläubigen Instrumente dynamischer Glaubenseinsicht. Die Kirchengeschichte kennt genügend derartige Prozesse – aus neuerer Zeit z. B. die real doch erheblich gewachsene, wenngleich noch sehr partielle Einsicht in die Bedeutung der Frauen für die Kirche. Bezeichnenderweise sind sie meist von offizieller Seite diskriminiert oder als Ungehorsam im Glauben verurteilt worden. Man hat Mühe, einen einigermaßen bedeutenden Theologen (durch die ganze Geschichte hindurch) zu finden, der nicht amtlich gemaßregelt

---

machte sie dabei nicht mehr vom Lehr-, sondern vom Leitungsamt Gebrauch; dieses entbehrt der möglichen Unfehlbarkeit. Zugleich würde sie gegen die 1 Petr 3,15 ihm aufgetragene Pflicht verstoßen, *„Rechenschaft vom Grund (rationem) der Hoffnung, die in euch ist, zu leisten"*. Zu dem erst im Umkreis des Vaticanum I aufgekommenen Begriff des doppelten „Opfers" siehe M. Laarmann, sacrificium intellectus: HWP 8, 1113–1117. Vgl. auch J. Ratzinger, Das Neue Volk Gottes, München 1969, 144: *„Wo weder Einmütigkeit der Gesamtkirche vorliegt noch ein klares Zeugnis der Quellen gegeben ist, da ist auch eine verbindliche Entscheidung nicht möglich"*. Sie wäre wahrscheinlich nicht legitim. Damit ist die Frage der Nicht-Rezeption aufgeworfen. Darüber gleich in Kapitel 14.

303 DH 3070.

worden ist – bis dann eines Tages die Ketzerei als glaubensverbindlich erklärt worden ist. Schon dem hl. Thomas von Aquin ist solches widerfahren. Dazu ein Hinweis aus der neuesten Zeit: Zahlreiche Theologen, die vor dem Zweiten Vatikanischen Konzil ob abweichender Vorstellungen von Glaubensinhalten zensuriert worden sind, fanden sich als Berater des Nachfolgekonzils wieder.[304] Sie haben dann effizient die Dokumente erarbeitet, die mutig neue theologische Einsichten verbindlich gemacht haben.

Wenig bekannt, aber eindeutig und erheblich ist der Umstand, dass der kirchliche Gesetzgeber unter gewissen Umständen auch Entwicklungen in der Kirche anerkennt, die ursprünglich Verstöße gegen den von ihm verlangten Gehorsam waren.[305] Es handelt sich um die „gesetzwidrigen Gewohnheiten"; gemeint ist die Nicht-Rezeption eines Gesetzes durch die kirchliche Gemeinschaft. Beispiele sind das Verbot der Kommunionausteilung durch Laien oder der Heranziehung von Mädchen zu Messdienerinnen. Ehedem verboten, setzte sich in beiden Fällen die simple gegenteilige Praxis in zahlreichen Gemeinden als normativ in den Gemeinden durch. Das Kirchenrecht ist hinterhergehinkt. Damit aber ist eingeräumt, dass der Ungehorsam in der Kirche kirchenförderlich sein kann.[306]

An dieser Stelle kann ein Hinweis auf die Ökumene nicht unterbleiben. Zahllose Untersuchungen, auch von amtlich berufenen Kommissionen, haben nachgewiesen, dass viele Verurteilungen von angeblich heterodoxen Gruppen unbegründet sind und nicht mehr aufrecht erhalten werden können – wie folgerichtig eigentlich auch die Kirchentrennung, die sie veranlasst hatten, wenigstens im betreffenden Punkt.[307] Hell- und weitsichtige Christen haben bisher noch nicht von der Glaubensgemeinschaft aufgeworfene Fragen erkannt, bedacht und zu beantworten gesucht und Lösungen auch gefunden. Das Lehramt hat wegen seiner prinzipiell konservativen (eigentlich: den Glauben zu bewahren suchenden) Tendenz über lange Jahrhunderte fast schon reflexartig der-

---

304 So etwa Yves Congar, Henri de Lubac, Karl Rahner; die beiden ersten wurden sogar ins Kardinalskollegium berufen.

305 Can. 24 CIC/1983.

306 Vgl. zum Ganzen S. Demel, Einführung (Anm. 280), 70–72.

307 So zeigte sich, dass die ehedem als kirchenspaltend geltende Christologie der sogenannten Altorientalen durchaus der katholischen Doktrin entspricht. Zum Verhältnis Rom – Wittenberg vgl. K. Lehmann – W. Pannenberg, Lehrverurteilungen – kirchentrennend?, 4 Bde., Freiburg – Göttingen 1986 – 1994.

lei Suchbewegungen abgelehnt und die Suchenden verurteilt. Es zerbrach den „Ketzern" nicht nur den Willen, sondern ehedem nicht selten auch die Knochen; ihre wesentliche Existenz kann auch heute noch allemal gefährdet sein. Dennoch darf man die Behauptung wagen, dass wir gewiss nicht bereits auf den letzten Metern des Ökumenepfades sind, dass wir aber klar und deutlich sein Ende vor Augen sehen.

## Bereitschaft zum Glauben

Eine Analyse der Probleme macht deutlich: Wer sich auf den Christenglauben einlässt, muss bereit sein zum Gehorsam: Es handelt sich nicht um ein Produkt menschlicher Spekulation, sondern um eine verpflichtende Offenbarung Gottes, des Schöpfers und Herrn. Sie ist nach Christi Willen vermittelt durch die apostolische Kirche, also die Gemeinschaft derer, die ihn konkret durch die Vermittlung der Apostel und ihrer Nachfolger, der Bischöfe mit dem römischen an der Spitze empfangen haben. Darum müssen die Glaubenden ihrer Autorität über die Loyalität hinaus Reverenz und Obödienz – Gehorsam also – leisten. Doch diese Autorität ist nicht unbegrenzt. Die Komplexität der Offenbarung und die Problematik von deren Erkenntnis sowie die Geistbegabung aller Kirchenmitglieder verbietet einen unbedingten und unreflektierten Gehorsam und in Beziehung dazu auch eine unbeschränkte Gehorsamseinforderung seitens der Amtsträger: Der Glaube hat darüber hinaus einen Sinnüberschuss. Die Kirche ist ihrem Wesen nach eine Gemeinschaft Gleicher. Die Weise der Kommunikation ist dann der symmetrische Dialog – auch und gerade bei unterschiedlichen Positionen. In der Kirche sind alle je und je und gleichermaßen Lehrende und Hörende, wenn auch nicht in gleicher Weise. Die Amtsträger müssen immer damit rechnen, dass der Heilige Geist als eigentlicher Leiter der Kirche Christi,[308] auch durch den geringsten und unbedarftesten aller Christgläubigen spricht.[309] Sicher, das ist schwierig,

308 Bezeichnenderweise steht die Kirche im Symbolum im 3. Artikel – und geglaubt wird nicht an sie, sondern an den Geist: Wir glauben *an* den Geist, doch wir glauben *die* Kirche.

309 Vgl. die weise Anordnung der Benediktsregel Kapitel 3,2 f.: Zum Kapitel sind alle Brüder einzuberufen und der Abt muss ungeachtet seiner nahezu absoluten Entscheidungsbefugnis alle hören (also *ihnen ge-hor-sam* sein) – allein deswegen, *„weil der Herr oft einem Jüngeren offenbart, was das Bessere ist"*.

voraussetzungsvoll, langwierig,[310] aber verheißungsvoll. Denn es geht nicht um die Amtsmacht zum Befehlen, sondern um den gläubigen Gehorsam eines und einer jeden und aller insgesamt gegen Gott. Der ist von allen zu fordern, für alle strikt verpflichtend. Jeder in der Kirche, ob Papst oder jüngster Laie, *„muss wissen, dass er sich ohne Zweifel für all seine Entscheidungen vor Gott, dem gerechten Richter, zu verantworten hat"*.[311] Vor dem Lehramt nur bedingt.

Schillers Ballade hat einen Schluss. Der Meister hat Erfolg. Er hat den Jüngling dazu gebracht *„zu bändigen den eignen Willen"*. Dieser bereut und will den Orden verlassen. In diesem Augenblick ist der Meister tief gerührt und hält ihn in seiner Gemeinschaft:

> *„Dir ist der härtre Kampf gelungen.*
> *Nimm dieses Kreuz: Es ist der Lohn*
> *Der Demut, die sich selbst bezwungen."*

Gehorsamsethisch betrachtet, ist der Schluss kein gutes Ende.

---

310 Eine Entscheidung kann auch vorschnell sein. Möglicherweise ist das der Fall bei der Reaktion Roms auf die Forderung nach der Frauenordination und das Verbot der Segnung homosexueller Partnerschaften. Laut Jesus muss man sich Zeit mit dem Ausreißen des Unkrauts lassen. Dieses kann unangenehm ähnlich dem Weizen sein: vgl. Mt 13,24–30.

311 Benediktsregel 3,11.

# 14

# DAS GOTTESVOLK SAGT JA UND AMEN. ODER NICHT

## Die Rezeption

Vorbesprechung der Ostervigil 2016 mit Verantwortlichen aus der Gemeinde: Wir kommen zum Ablauf des „Taufversprechens". „Aber bitte lassen Sie nachher nicht das Lied *‚Fest soll mein Taufbund immer stehn'* wie sonst immer singen", bittet fast flehentlich eine Teilnehmerin, „Ich kann nicht mehr nachvollziehen: *‚Ich will die Kirche hören. Sie soll mich allzeit gläubig sehn und folgsam ihren Lehren'*."[312] Die Anwesenden stimmen lebhaft zu. Sie empfinden den Text schlicht als eine Zumutung.

### Kirchenkrise als Rezeptionsstörung

Die kleine Episode erhellt wie ein Blitz die gegenwärtige Situation in großen Teilen der (hier betrachteten römisch-katholischen) Kirche in Europa. Sie ist auch auf den vorstehenden Seiten ausgiebig zur Sprache gekommen: Zwischen der Kirchenleitung und der sogenannten Basis besteht eine Kluft, die an ein Schisma mindestens grenzt. Wir mussten eine ganze Reihe von Themen benennen, herausgegriffen sei noch einmal das Thema Sexualität, in denen ein denkbar tiefer Dissens offenbar geworden ist.[313] Auch abgesehen von den Einzelproblemen scheint kein Weg an der Erkenntnis vorbeizuführen: Die Einheit der Kirche wird unerträglich belastet. Da sie ein hohes Gut ist, ein Wesensmerkmal der Kirche Christi, ist eine Reform aller moralischen und lehrhaften Punkte

---

312 „Gotteslob", Ausgabe Regensburg (2003), Nr. 866, Str. 1.

313 Gesamtkirchlich zeigte sich das bei den Bischofssynoden von 2014 und 2015 mit erschreckender Deutlichkeit, vgl. J. Knop – J. Loffeld (Hg.), Ganz familiär. Die Bischofssynode 2014/15 in der Debatte, Regensburg 2016. Vgl. auch oben Kapitel 6.

dringend erforderlich, die sie in Frage stellen – tatsächlich oder vielleicht nur angenommen. Die Zeit dafür ist augenscheinlich eng bemessen. Kirche zerfällt rasant.

Doch nicht nur im binnenkonfessionellen Bereich stockt der Austausch. In der Ökumene, dem Raum der verschiedenen christlichen Bekenntnisse, ist es nicht anders. Liegt dort die Störung der Beziehungen primär „unten", bei den Gemeinden vor Ort, ist sie hier vornehmlich „oben", bei den Kirchenleitungen, zu suchen. Selbst ausgebuffte Experten können nicht aus dem Stand angeben, wie viele Konsens- und Konvergenzdokumente es in den letzten hundert Jahren weltweit gegeben hat. Es ist nach meiner Kenntnis nur die Textsammlung „Dokumente wachsender Übereinstimmung" auf dem Markt, welche gemäß Untertitel „Sämtliche Berichte und Konsenstexte interkonfessioneller Gespräche auf Weltebene" bietet, angefangen mit dem Jahr 1931 und (bisher) gediehen bis zum Jahr 2019 in fünf Bänden.[314] Nicht unterschätzt werden sollten die nationalen Dialogpapiere, die oft sehr wertvolle Beiträge zur Einheit der Kirchen enthalten. Sie liegen nicht gesammelt vor. Dennoch haben es nur zwei der vielen hundert Texte geschafft, über die Fachgrenzen hinaus Aufmerksamkeit zu wecken. Das ist einmal das *Lima-Dokument* von 1982 über Taufe, Eucharistie und Amt, erarbeitet von der Kommission für Glaube und Kirchenverfassung des Ökumenischen Rates der Kirchen.[315] Über 200 Kirchen haben auf das Papier geantwortet, die dort erarbeitete Liturgie hat einigen Erfolg verzeichnen dürfen – wirklich amtlich übernommen wurde „Lima" aber von keiner einzigen Gemeinschaft.[316] Zum anderen ist auf die *Gemeinsame Erklärung zur Rechtfertigungslehre* des Lutherischen

---

314 Dokumente wachsender Übereinstimmung. Sämtliche Berichte und Konsenstexte interkonfessioneller Gespräche auf Weltebene (DwÜ). Bd. 1: 1931–1982 (Hg. H. Meyer – D. Papandreou – H. J. Urban – L. Vischer), Paderborn-Frankfurt a. M. ²1991. Bd. 2: 1982 – 1990 (Hg. wie Bd. 1), Paderborn – Frankfurt a. M. 1992. Bd. 3: 1990 – 2001 (Hg. wie Bd. 1), Paderborn – Frankfurt a. M. 2003. Bd. 4: 2001 – 2010 (Hg. J. Oeldemann – F. Nüssel – U. Swarat – A. Vletsis), Paderborn – Leipzig 2012 – Bd. 5: 2011–2019 (Hg. wie Bd. 4), Paderborn – Leipzig 2022. Zum rein quantitativen Vermehrungsprozess der Dokumente: Die 51 Jahre, die Bd. 1 abdeckt, beanspruchen 701 Seiten; Band 4 umfasst nur 9 Jahre, zählt jedoch 1336 Seiten (immer ohne Register).

315 DwÜ 1, 545–585.

316 Die Stellungnahmen hat gesammelt M. Thurian (Hg.), Churches respond to BEM. Official Responses to the Baptism, Eucharist and Ministry Text, 6 Bde., Genf 1986–1988.

Weltbundes und der Katholischen Kirche in Einheit mit der „Gemeinsamen offiziellen Feststellung" beider Institutionen hinzuweisen, die 1999 in Augsburg unterzeichnet worden ist.[317] Sie ist der allereinzigste ökumenische Text, der bis jetzt von Leitungsgremien mehrerer Kirchen amtlich übernommen worden ist.

Schauen wir noch schnell auf einen dritten ekklesiologisch wichtigen Relationsraum: das Verhältnis der Kirche zur Welt. Auch da sind nicht viele Worte nötig, um zu konstatieren: Es sieht auch hier nicht viel anders als bei den anderen aus. Weltweit schwindet der Einfluss der christlichen Kirchen auf das öffentliche Leben in allen seinen Dimensionen. Die Tendenzen zur Trennung von Kirche und Staat wachsen, nicht zuletzt befördert durch modernste Erfahrungen mit Versuchen, „Gottesstaaten" zu etablieren. Als Beispiel soll nur die Familienpolitik der gegenwärtigen westlichen Staaten angeführt werden: Selbst traditionell katholisch gebundene Länder gestatten gegen den erklärten Willen des römisch-katholischen Lehramtes u. a. Abtreibungen[318], Scheidungen, gleichgeschlechtliche Partnerverhältnisse („Homoehe"). Diesem gelingt es augenscheinlich nicht mehr, seine begründeten ethischen Vorstellungen argumentativ plausibel zu machen.[319] Spätestens seit der Modernismuskrise des ausgehenden 19. Jahrhunderts, die bis zum Vorabend des Zweiten Vatikanischen Konzils dauerte, hat sich die Kirche auch in der zivilen Gesellschaft den Ruf der Hinterweltlichkeit und Zeitenthobenheit eingehandelt.

Die Fakten allesamt ergeben eine erschütternde Deformation der Glaubensgemeinschaft. Kirche versteht sich als Kommunikationsgemeinschaft im Gotteslob und in der Verkündigung und in der Heilsmittelung. Sie ist, reformatorisch gesprochen, *„die Versammlung aller Glaubigen, bei welchen das Evangelium rein gepredigt und die heiligen Sakrament*

317 DwÜ 3, 419–441.

318 Im Jahr 2024 verankerte als erster Staat weltweit die Republik Frankreich das Recht auf Abtreibung in der Verfassung. Abstimmungsverhältnis: Ja 780 – Nein 72 Stimmen. Weitere werden folgen – das zu wissen setzt keine Ausbildung zum Propheten voraus!

319 Das Schreiben *Amoris laetitia* von Papst Franziskus versucht es auch gar nicht mehr, irgendwelche sachlichen Begründungen für die Ablehnung der homosexuellen „Ehe" zu bringen. Vgl. Nr. 52 und 251: Papst Franziskus, Die Freude der Liebe. Das Apostolische Schreiben AMORIS LAETITA über die Liebe in der Familie, Città del Vaticano – Ostfildern 2016, 43 und 205.

*lauts des Evangelii gereicht werden"*[320]; katholisch ausgesprochen, ist sie *„in Christus gleichsam das Sakrament, das heißt, Zeichen und Werkzeug für die innigste Vereinigung mit Gott wie für die Einheit der ganzen Menschheit"*[321]. Beiden Beschreibungen ist gemeinsam, dass Kirche ihren Lebenszweck, ihre Daseinsaufgabe dann erfüllt, wenn sie durch und durch, d. h. in ihrer Konstitution wie in ihrer Finalität, „mitteilsam" ist. Sie hat selber übernommen, was sie ist und tun soll – das Evangelium, die Sakramentalität – und soll eben dieses anderen mit- und austeilen, den eigenen Gliedern, der ganzen Menschheit.[322]

Blickt man von dieser kommunikationstheoretischen Grundbestimmung auf die Situation von heute zurück, zeigt sich das allen Fällen zugrundeliegende Defizit als eine Rezeptionsstörung. Die Kirche soll als Senderin ihrer Botschaft einen Regelkreis zum Empfänger aufbauen, der dann alsbald umgekehrt verläuft – der Empfänger wird zum Sender, die Kirche zur Empfängerin, die erst dann ihren Lebenszweck erfüllt hat – letzten Endes mündet er im immerwährenden Lobpreis des unendlichen Gottes der Menschen durch die Kirche in Jesus Christus, ihrem Herrn. Störungsmöglichkeiten liegen beim Empfänger (binnenkonfessionelles Schisma), beim Erstsender (Ökumene) oder durch eine sich antimodernistisch verhaltende Gemeinschaft. Nicht jeder Player spielt mit (Rezeptionsverweigerung).

Ist diese Diagnose richtig, dann ist unter dem Zeichen der Reform das Gebot der Stunde eine einlässliche und genaue Untersuchung dieses Phänomens mit dem Ziel einer Revision des herrschenden Zustandes. Ihr muss natürlich auch eine effiziente Therapie auf dem Fuße folgen. Erst dann kann der kommunikationstheoretische Regelkreis wieder funktionieren, kann der Glaube heilsam vermittelt, die viel berufene Neuevangelisation chancenreich angegangen werden. Diese Erkenntnis ist gewiss nicht brandneu, sie ist aber auch noch nicht sehr lange in der Theologie präsent. Noch die zweite Auflage des „Lexikons für Theologie und Kirche" aus den sechziger Jahren des vergangenen

---

320 Confessio Augustana VII (BSELK 61).

321 Vaticanum II, *Lumen gentium* 1.

322 Vgl. 1 Kor 11,23: *„Denn ich habe vom Herrn empfangen, was ich euch dann überliefert habe"*. Daraus ist der Gedanke der Apostolizität der Lehre entstanden: Deren Legitimität erweist sich durch den Nachweis, dass sie im Prinzip schon von den neutestamentlichen Aposteln verkündet wurde bzw. konsonant mit ihrer Lehre ist.

Jahrhunderts hat kein einschlägiges Stichwort. Erst im folgenden Jahrzehnt erscheinen die bahnbrechenden Studien von A. Grillmeier[323] und Y. Congar[324]. Inzwischen existiert eine ganze Reihe von fachkundigen Arbeiten, vornehmlich aus dem letzten Jahrzehnt des 20. Jahrhunderts.[325] Die theologischen Fachlexika enthalten mit großer Selbstverständlichkeit das Lemma *Rezeption*[326]. Relativ sparsam wird das Thema in den durch die *Dokumente wachsender Übereinstimmung* gesammelten ökumenischen Konsenspapieren verhandelt – hier ebenfalls um so intensiver, je näher wir der Gegenwart kommen.[327] Wie begnügen uns

---

323 Konzil und Rezeption. Methodische Bemerkungen zu einem Thema der ökumenischen Diskussion: ThPh 45 (1970), 321–352.

324 Die Rezeption als ekklesiale Realität: Conc. 5 (1972), 500–517.

325 A. Anton, La , recepción en la Iglesia y Ecclesiologia: Greg (77 (1976), 57–69; 437–461; W. Beinert (Hg.), Glaube als Zustimmung. Interpretation kirchlicher Rezeptionsvorgänge (= Qd 131), Freiburg – Basel – Wien 1991; ds., Die Rezeption – ihre Bedeutung für Leben und Lehre der Kirche (= Verbindliches Zeugnis II: Dialog der Kirchen Bd. 9), Freiburg – Göttingen 1995, 194–217; S. Pemsel-Maier, Rezeption – Schwierigkeiten und Chancen, Würzburg 1993; G. Routhier, La réception d'un concile (= Cogitatio fidei 124), Paris 1993; O. Rush, An Reception of Doctrine. An Appropriation of Hans Jauss' Reception Aesthetics and Literary Hermeneutics (Tesi Gregoriana Teologia 19), Roma 1997; ders., Still interpreting Vatican II. Some Hermeneutical Principles, New York – Mahwah, 2004;

326 Zum Beispiel LThK³ Bd. 8 (1999), 1147–1152 (W. Beinert, H. Zapp, N. Mette, E. Garhammer); RGG⁴ Bd: VII (2004), 482–487 (J. Zachhuber, D. Pirson, S. Pemsel-Maier); W. Beinert – B. Stubenrauch (Hg.), Neues Lexikon der katholischen Dogmatik (2012), 554–556 (Chr. Böttigheimer); RGG⁴, Bd. VII. (2004), 482–487.

327 *DwÜ 1:* Venedig-Erklärung: Autorität in der Kirche (Anglikanisch-Röm.-Kath. Internationale Kommission, Venedig 1976) Nr. 8 und 17 (S. 163, 166,); Autorität in der Kirche I (Erläuterung, Windsor 1981) Nr. 3 (S. 173); Das Herrenmahl (Bericht der Gemeinsamen Röm.-kath./Evang.-luth. Kommission 1978) Nr. 77 (S. 295); Wege zur Gemeinschaft (Gemeinsame Röm.-kath./Evang.-luth. Kommission 1980) Nr. 34 (S. 314); Das geistliche Amt in der Kirche (Bericht der Gemeinsamen Röm.-kath./Evang.-luth. Kommission 1981) Nr. 51, 54, 84 (S. 347, 348, 354). – *DwÜ 2:* Bericht der Gemeinsamen Arbeitsgruppe der Röm.-Kath. Kirche und des Ökumenischen Rates der Kirchen 1983, Nr. 17 (S. 681). – *DwÜ 3:* Gemeinsamer Bericht der Internationalen Kommission für den Dialog mit den Disciples of Christ und der Röm. -Kath. Kirche, 13.–24. Mai 1996, Nr. 30–34 (S. 315) – *DwÜ 4:* Die Kirche des gemeinsamen Gottes (Zypern-Erklärung der Internat. Kommission für den anglikanisch-orthodoxen theologischen Dialog 2006) Nr. 253–281 (S. 269–284); Die Apostolizität der Kirche (Studiendokument der Lutherisch/Röm.-kath. Kommission für die Einheit 2006), Nr. 136, 169, 421, 427 (S. 575, 581, 665, 667); Ekklesiologische und kanonische Konsequenzen der sakramentalen Natur der Kirche. Kirchliche Communio, Konziliarität und Autorität (Gemeinsame Internat. Kommission für den theol. Dialog zwischen der Römisch-kath. und der Orthodoxen Kirche, Ravenna, 17. Oktober 2007)

mit dem ersten Teil der Aufgabe, also mit einigen Erwägungen zur Bedeutung der Rezeption für eine integrale Lehre von der Kirche. Die praktische Seite wird lediglich indirekt und ganz kursorisch gestreift. Die vielschichtigen Beziehungen zwischen Kirche und „Welt" werden nicht berührt.

## Der Rezeptionsbegriff

Das Substantiv *Rezeption* leitet sich vom lateinischen Verbum *recipere* her, welches ein überaus reiches Bedeutungsspektrum besitzt. Es reicht von *zurücknehmen*, (Stimme) *senken*, *erobern*, *eine Klage zulassen*, *gestatten* bis zu (für etwas) *garantieren*. Die Grundaussage lautet *zurücknehmen, wieder aufnehmen, übernehmen, annehmen*.[328] Der Begriff wurde ursprünglich in der Literaturwissenschaft und in der Rezeptionsästhetik verwendet. In der ersten geht es um die Auf- und Übernahme der Momente eines literarischen Werkes vom Stil bis zu den Inhalten, in der zweiten um die gedankliche und emotionale Wahrnehmung eines Kunstwerkes, genauer um die Frage, ob dessen Wirkung bereits im Werk selber angelegt ist oder erst im Vorgang der Übernahme entsteht. Heute ist *Rezeption* ein Grundbegriff der Kommunikationstheorie. Er weist auf die fundamentale Rolle des Empfängers einer Botschaft hin: Er erklärt sich mit ihr ganz oder teilweise einverstanden, stimmt ihr zu und macht sie sich im Maße der Zustimmung zu eigen – dann ist die Rezeption erfolgt – oder er lehnt sie ab – das ist der Fall der Nicht-Rezeption. Beide Male handelt es sich um einen bewussten und freiwilligen Akt des Empfängers. Er ist notwendig subjektiv.[329] Da verschiedene Emittenten verschiedene Botschaften zur Mitteilung ausgeben, die auf verschiedene Weise an-, auf- und übernommen werden können, ist der Rezeptionsbegriff analog. In der Rechtswissenschaft

---

Nr. 37 f. (S. 843); Wesen, Verfassung und Sendung der Kirche (Internat. Kommission für den theol. Dialog zwischen der Kath. Kirche und den Orientalischen Orthodoxen Kirchen 2009) Nr. 55 (S. 863); Wesen und Zielsetzung des ökumenischen Dialogs. Eine Studie der Gemeinsamen Arbeitsgruppe der Römisch-kath. Kirche und des Ökumenischen Rates der Kirchen (2004), Nr. 16, 59, 60, 65 (S. 1274, 1283, 1284).

328 Vgl. E. Pertsch, Großes Schulwörterbuch LATEINISCH – DEUTSCH, erweiterte Neuausgabe, Berlin u. a. 1983, 1011 f.

329 Vgl. Thomas von Aquin: „Quidquid recipitur, ad modum recipientis recipitur" (STh I,75, 5 c).

beispielsweise bedeutet er die Übernahme eines fremden Rechtssystems – etwa des römischen Rechts – in das eigene System – etwa ins mittelalterliche kanonische Recht. Auch Art. 140 des Grundgesetzes der Bundesrepublik Deutschland ist ein Rezeptionsvorgang: Viele staatskirchenrechtliche Bestimmungen der Weimarer Verfassung werden vollinhaltlich übernommen. Von Literatur und Ästhetik war eben die Rede. Der seitherige Rezeptionsprozess kann jeweils nochmals einer Rezeption unterzogen werden (müssen). Man spricht dann von der *Re-Rezeption*. So war es in Deutschland generationenlang ausgemachte Sache, dass das Verhältnis zum benachbarten Frankreich das einer „Erbfeindschaft" ist. Nach dem schrecklichen Geschehen des Zweiten Weltkriegs setzte sich in beiden Ländern die Einsicht durch, dass die Rezeptionsgeschichte dieses Deutungsschemas angesichts der gemeinsamen europäischen Vergangenheit nochmals bedacht werden müsse. Es stellte sich jetzt als unzutreffend heraus, konnte mithin nicht mehr rezipiert werden. Der Weg zu einer freundschaftlichen Partnerschaft war dadurch frei geworden.

## Die Bedeutung der Rezeption für das Christentum

Wie oben schon knapp angedeutet, ist die Kirche als Gemeinschaft der Christusgläubigen wesentlich eine Kommunikationsgemeinschaft und damit also den Gesetzen der Kommunikation verhaftet. Den Eingang des Hebräerbriefes kann man als das spezifisch christliche Grundgesetz lesen: *„Viele Male und auf vielerlei Weise hat Gott einst zu den Vätern gesprochen durch die Propheten; in dieser Endzeit aber hat er zu uns gesprochen durch den Sohn"* (Hebr 1,1 f.). Darauf haben die Angesprochenen selbstverständlich zu antworten: *„Darum müssen wir um so aufmerksamer auf das achten, was wir gehört haben, damit wir nicht vom Weg abkommen"* (Hebr 2,1). Von der Rezeption bzw. Nicht-Rezeption hängt das Menschenheil schlechthin ab. Deswegen muss die Gemeinde der Rezipienten, der Hörer des Wortes, dieses weitergeben an alle Menschen aller Völker und Zeiten – so der Missionsbefehl des auferstandenen Sohnes (Mt 28,19 f.). Die Apostelgeschichte zeigt die Entstehung der Gemeinden als Gelingen des kommunikationstheoretischen Regelkreises: Die Pfingstpredigt des Petrus (Apg 2,14–36) trifft die Hörer *„mitten ins Herz"* (V. 37); dreitausend davon lassen sich taufen: die Jerusalemer Urgemeinde konstituiert sich aus ihnen, der Sendungsauftrag des

Herrn ist rezipiert (V. 41). Über ihre Lebensform schreibt Lukas sofort anschließend: *„Sie hielten an der Lehre der Apostel fest und an der Gemeinschaft, am Brechen des Brotes und an den Gebeten"* (V. 42).

Damit werden wir auf einen weiteren wichtigen Inhalt des christlichen Rezeptionsbegriffs aufmerksam gemacht. Christ sein heißt, in Leben und Lehre in der Tradition der Apostel zu stehen. Dies nicht wegen der Apostel an sich, sondern weil sie in der nachösterlichen Geschichte die echten, einzigen und ausschließlich bevollmächtigten Garanten dafür sind, dass *das Wort durch den Sohn* (Hebr) tatsächlich zur jeweiligen Kirche in Raum und Zeit gelangt, auf dass so die Identität des Christentums erhalten bleibt. In seiner Ostermeditation erklärt Paulus: *„Ich erinnere euch, Brüder, an das Evangelium, das ich euch verkündet habe. Ihr habt es angenommen; es ist der Grund, auf dem ihr steht. Durch dieses Evangelium werdet ihr gerettet, wenn ihr an dem Wortlaut festhaltet, den ich euch verkündet habe"*. Doch dieses Evangelium ist nicht Erfindung oder Stiftung des Paulus selber: *„Denn vor allem habe ich euch überliefert, was auch ich empfangen habe"* – nämlich die Kunde vom Osterereignis (1 Kor 15,1–3). Christentum ist, so gesehen, eine fortlaufende Geschichte der Tradition (überliefern, griech. *„paredoka* – ich habe weitergegeben") und Rezeption (*empfangen,* griech. *parelabon*) durch die Zeiten hindurch. Dieser Kommunikationsvorgang dauert so lange wie die Geschichte selbst, ist also ein Prozess, der nicht abschließbar ist. Welche Konsequenzen das noch hat, wird weiter unten zur Sprache gebracht werden müssen.

Die Kirchenväter stellen sich ganz in diese Linie. Ein Lehr- oder Bekenntnissatz muss die *consensio antiquitatis et universitatis* aufweisen, um als verbindlich übernommen zu werden. So in Zusammenfassung der allgemeinen Meinung ausdrücklich und mit großer Wirkungsgeschichte Vinzenz von Lérins.[330] Alter und Allgemeinheit sind dabei

330 Common. 2, 5 f.: *„In eben jener katholischen Kirche selbst ist mit größter Sorgfalt dafür zu sorgen, dass wir halten, was überall, was immer, was von allen geglaubt wurde. Denn das ist wirklich und wahrhaft katholisch, was … alle insgesamt umfasst. Aber diese Regel werden wir befolgen, wenn wir der Universalität, dem Alter der Übereinstimmung folgen. Wir folgen aber demgemäß der Universalität, wenn wir bekennen, dass der eine Glaube wahr ist, den die gesamte Kirche in der ganzen Welt bekennt, dem Alter aber so, wenn wir in keiner Weise von den Meinungen abweichen, von denen feststeht, dass unsere heiligen Vorgänger und Väter sie vertreten haben; der Übereinstimmung, in gleicher Weise, wenn wir uns in jenem Altertum an die Definitionen und Meinungen aller oder wenigstens fast aller Priester und Lehrer halten"*. Altertum: die Zeit der Vorgänger und Väter.

praktisch dasselbe: Wenn alle Kirchen treu in der Überlieferungslinie stehen, müssen sie alle auch den gleichen Glauben hier und jetzt bezeugen. Dabei gibt es einen erheblichen Spielraum. Vinzenz ist nicht so zu verstehen, als vertrete er einen Verbalfundamentalismus. Es kommt nicht auf die Wortgleichheit, sondern auf die Sinnidentität an. Im Altertum kursieren unterschiedliche Bekenntnistexte, die aber alle mit dem Gütesiegel *fides Nicaena* gestempelt sind: Was sie enthalten, ist der Glaube des ersten Ökumenischen Konzils, wie immer er sprachlich formuliert wird.[331] Damit aber sind wir veranlasst, die Theologie näher zu untersuchen, die im christlichen Rezeptionsbegriff an den Tag kommt.

## Rezeption theologisch

Der *articulus stantis et cadentis Ecclesiae* ist das Stehen der Glaubensgemeinschaft in der Einheit und Selbigkeit des Glaubens an das eine und rettende Evangelium. Sie hat also stets und beständig darüber nachzudenken, was die Wahrheit des Glaubens ist. Die tatsächlich immer vollzogene Suche nach ihr hat in einer glaubenskritischen Epoche, in der Reformationszeit, die erkenntnistheoretische Doktrin von den *loci theologici* entstehen lassen.[332] Mit diesem ursprünglich aus der antiken Rhetorik entstammenden Wort meint man die „Orte" der theologischen Erkenntnis, die *sedes argumentorum* (Cicero). Nahezu gleichzeitig veröffentlichten der evangelische Theologe Philip Melanchthon[333] und der katholische Bischof Melchior Cano[334] entsprechende Lehrbücher, die beide häufig neu aufgelegt und als Schullektüre verwendet wurden. In der heutigen Theologischen Prinzipienlehre unterscheidet man fünf solcher, wie man nun übersetzt, *Bezeugungsinstanzen des Glaubens.*[335] Es handelt sich um die Heilige Schrift, die Tradition, das kirchliche Lehr-

331 In der Alten Kirche spielt denn auch der Rezeptionsgedanke eine besondere Rolle in der Frage der Anerkennung der ökumenischen Konzilien des ersten Jahrtausends.

332 Vgl. auch oben S. 180.

333 Loci communes, 1567.

334 De locis theologicis libri XII, 1563 postum drei Jahre nach seinem Tod veröffentlicht.

335 P. Hünermann, Dogmatische Prinzipienlehre (Anm. 205); W. Beinert, Kann man dem Glauben trauen? Grundlagen theologischer Erkenntnis, Regensburg 2004.

amt, die wissenschaftliche Theologie sowie um den Glaubenssinn der Gläubigen *(sensus fidelium)*. Die beiden ersten liegen in der Vergangenheit, die drei anderen in der (jeweiligen) Gegenwart. Es gab immer wieder die Tendenz, eine Instanz aus diesem Gefüge zu monopolisieren. Martin Luther versuchte sie auf die *Heilige Schrift* zu reduzieren und diese von der gesamten nachfolgenden Glaubensgeschichte abzukoppeln: Es zählt *sola Scriptura*. Sie legt sich selber aus und ist sich selbst genug. Dieses Konzept ist gescheitert, wie der Verlauf der evangelischen Exegese demonstriert. Die katholische Seite versuchte den prinzipiell gleichen Schrumpfungsvorgang, setzte aber an die Stelle der Schrift das kirchliche, genauer und vor allem seit dem Ersten Vatikanischen Konzil (1870): das päpstliche *Lehramt*: *Solum magisterium* – ad verbum hat das nie einer gesagt, der Sache nach aber war es so. Man kann das in jedem neuscholastischen Lehrbuch leicht überprüfen. Die Autoren stellen eine These auf und beweisen sie damit, dass sie den Verbindlichkeitsgrad (*nota theologica*, negativ *censura theologica*) eruieren. Wenn die Behauptung irgendwie durch das Lehramt abgedeckt war, wurde sie als glaubensverbindlich *(de fide)* qualifiziert. Damit war der Beweis hieb- und stichfest geliefert. Als Sahnehäubchen verzierten die Verfasser ihn noch mit einigen Hinweisen zur Bibel, zu den Vätern und zum Vernunftgehalt – schön, aber nicht nötig. Dementsprechend erschien die Kirche als wohlgeordneter Organismus eines allein maßgebenden lehrenden und eines lediglich passiven hörenden Teils. Zu diesem gehören in Konsequenz spätestens nach 1870 faktisch alle Glaubenden außer dem Papst. Oberste ekklesiale Tugend war nicht die Liebe (vgl. 1 Kor 13,13–14,1), sondern der Gehorsam, der im Grund ein intensives und bedingungsloses Hören ist.[336]

Auch diese Restriktion hat sich nicht bewährt. Die Verlautbarungsexzesse des Heiligen Stuhls im 20. Jahrhundert haben nicht nur das Gehör der Rezipienten stumpf werden lassen.[337] Es hat sich auch oft genug herausgestellt, dass sie auf Voraussetzungen basierten, die dem Kirchenvolk als nicht an- und übernehmbar schienen, sei es weil sie antiquiert waren, sei es weil die Lebenswirklichkeit der Christenmen-

---

336 Siehe Kapitel 13.

337 In der 43. Auflage von DH (1990) beginnen mit der Marginalnummer 3128 die Dokumente Leos XIII. (1778–1903). Der letzte wiedergegebene Text Benedikts XVI. (2005–2013) hat die Nummer 5118. In einem guten Jahrhundert ist also etwas mehr als ein Viertel aller aufgenommenen lehramtlichen Kundgaben in ca. 2000 Jahren ediert worden.

schen nicht mehr hierarchologisch, sondern kommunional geprägt war, diese mithin zu den Verlautbarungen kein wirkliches Verständnis mehr aufbauen konnten. Die ekklesialen Vitalprozesse erwiesen sich nicht mehr als linear von oben (Papst, Bischöfe) emanierend, sondern als mehrdimensionale Lebenswirklichkeit – eben als Zusammenspiel der Bezeugungsinstanzen.

Nun war es an der Zeit, sich mit dem Glaubenssinn näher zu befassen. Die Kirche ist, wie gezeigt, eine Gemeinschaft von prinzipiell Gleichen, die einen wie die anderen in unterschiedlichen Charismen erwählt, vom Heiligen Geist erfüllt durch Taufe und Firmung, aktiv am Wohl der Kirche beteiligt, ein heiliges Volk, eine königliche Priesterschaft. Die selbstverständliche Gliederung, die unterschiedlichen Pflichtaufgaben im Ganzen, die variierende Charismenausstattung der einzelnen Kirchenglieder sind demgegenüber zwar real, aber sekundär. Das ebenfalls konzilsbestimmende Bild von der Ecclesia als Volk Gottes bringt das zur Anschauung: Die Glieder eines Volkes bilden eine Einheit von an sich gleichen Staatsbürgern, welche aber differierende Gruppierungen bilden – die Regierung, die Intellektuellen, die Arbeiter usw. So ist das Haupt- und Generalsubjekt der Kirche die Gesamtheit der Christgläubigen. Unter diesen sind einige Leiter (Papst, Bischöfe), andere akademische Lehrer, die dritten sogenannte Laien in den vielen Berufen.[338] Daraus folgert das letzte Konzil hinsichtlich der Glaubensweitergabe und Glaubensannahme:

> *„Das heilige Gottesvolk nimmt auch teil an dem prophetischen Amt Christi, in der Verbreitung seines lebendigen Zeugnisses vor allem durch ein Leben in Glauben und Liebe, in der Darbringung des Lobopfers an Gott als Frucht der Lippen, die seinen Namen bekennen … Die Gesamtheit der Gläubigen, welche die Salbung von dem Heiligen haben, …, kann im Glauben nicht irren. Und diese ihre besondere Eigenschaft macht sie durch den übernatürlichen Glaubenssinn des ganzen Volkes dann kund, wenn sie ‚von den Bischöfen bis zu den letzten gläubigen*

338 Vgl. dazu 1 Kor 12,12–31a den Vergleich der Kirche mit einem Leib, der viele Glieder hat und doch ein einziger bleibt. Gewöhnlich spezifiziert man heute den *sensus fidelium* auf alle jene Christenmenschen, die weder der Hierarchie zugehören noch wissenschaftliche Theologie betreiben. Man kann jedoch vor allem an die heiligen Menschen denken, aber auch an die Künstler aller Sparten als qualifizierte Zeugen des Glaubenssinnes, aber ebenso auf alle aktiven christlichen Frauen und Männer.

> *Laien' ihre allgemeine Übereinstimmung in Sachen des Glaubens und der Sitten äußert."*[339]

Diese Konsonanz ist das Resultat eines umfassenden Rezeptionsprozesses, in dem je unterschieden die fünf Bezeugungsinstanzen des Glaubens Sender einmal, einmal Empfänger sind. Diese *loci* sind allesamt verankert im Volk Gottes: Die Heilige Schrift ist Gottes Wort in der Rezeption von Worten aus der Tradition der ersten Gemeinden, die Tradition ist die geschichtskoexistente Rezeption der Bibel durch die nachbiblische Glaubensgemeinschaft, die drei je präsentischen Instanzen rezipieren jene der Vergangenheit und sind zueinander interaktiv in der Erkenntnis der rechten Lehre und zukunftsaktiv in Richtung auf die Menschheit in Verfolg ihrer missionarischen Sendung. *„So führt die Kirche in Lehre, Leben und Kult durch alle Zeiten weiter und übermittelt allen Geschlechtern alles, was sie selber ist, alles, was sie glaubt."*[340]

Dieser Prozess erfolgt aufgrund der *„Salbung von dem Heiligen"* (der Text erinnert an 1 Joh 2,20. 27), d. h. er ist geistgeleitet und geistermöglicht. Das Thema Rezeption erweist sich als ein pneumatologisches Datum. Damit ist sofort auch festgehalten, dass Rezeption kein statisches, sondern ein höchst lebendiges Phänomen ist. Starres Festhalten an der Schrift wäre bloßer Biblizismus, ängstliches Beharren auf der Überlieferung furchtsamer Traditionalismus. Es ergäbe einen armseligen Lehramtspositivismus, eine hybride Wissenschaftsgläubigkeit und einen ekklesialen Populismus, verabsolutierte man die entsprechenden Instanzen. Anders formuliert: Die Kirche wäre geistlos. Denn der Gottesgeist weht, wo *er* will (Joh 3,8), und er führt die Kirche auf ihrem Weg durch die Zeit in alle Wahrheit ein (Joh 16,13). Daraus ergibt sich, dass Kommunikation und Rezeption den unverlierbaren Index der Geschichtlichkeit besitzen: Die Offenbarungsbotschaft Gottes wird beständig in Konfrontation mit der Kirche von heute und der Kirche an diesem Ort gebracht und bekommt gerade so ihre eigentümliche Identität. Diese Erkenntnis trifft mutatis mutandis auch auf den Kommunikationsvorgang Kirche – „Welt" zu. Die *lehrende* (Gesamt-)Kirche ist in einem auch *hörend,* die hörende Kirche (und Welt) stets *lehrend.*[341] Der

---

339 Vaticanum II, *Lumen gentium* 12,1. Das Innenzitat: Augustinus, De praedest. Sanctorum 14,27.

340 Vaticanum II, *Dei Verbum* 8.

341 Die beiden Richtungen werden in der Pastoralen Konstitution *Gaudium et spes* des Vaticanum II genau bedacht. Im Kapitel 4 wird zuerst von der *„Aufgabe der*

Glaube ist für jeden einzelnen Gläubigen wie auch für deren Gesamtheit ein kontinuierlicher Wachstumsprozess, der innerhalb der Weltzeit nicht abgeschlossen werden wird. Dessen Initiatoren können einzelne Kirchenmitglieder oder Gruppen derselben (z. B. geistliche Gemeinschaften) oder auch Teil- bzw. Ortskirchen sein. Die apostolische Überlieferung, die es zu rezipieren gilt, sagt die Offenbarungskonstitution *Dei Verbum*, übrigens unter Berufung auf das Erste Vatikanische Konzil,

> *„kennt in der Kirche unter dem Beistand des Heiligen Geistes einen Fortschritt; es wächst das Verständnis der überlieferten Dinge und Worte durch das Nachsinnen und Studium der Gläubigen, die sie in ihrem Herzen erwägen …, durch innere Einsicht, die aus geistlicher Erfahrung stammt, durch die Verkündigung derer, die mit der Nachfolge im Bischofsamt das sichere Charisma der Wahrheit empfangen haben; denn die Kirche strebt im Gang der Jahrhunderte ständig der Fülle der göttlichen Wahrheit entgegen, bis an ihr sich Gottes Worte erfüllen."*[342]

Implizit ist damit auch die Nicht-Rezeption qualifiziert. Sie ist nicht eo ipso Verweigerung der Gefolgschaft, Sistieren des Gehorsams, sondern kann ebenso gut eine vollkommenere Form gerade des Gehorsams sein: Der Glaube wird weitergedacht, in neue unvorgedachte Weiten geführt. Damit wird das Wort Gottes besser angenommen als bislang.[343]

Die in unserem Zusammenhang interessierende Frage muss also lauten, ob und inwieweit das Leben der heutigen Kirche diesen kommunikationstheoretischen Gesetzen und Normen Rechnung trägt.

## Rezeption im kanonischen Recht

Die derzeit gültige Fassung des Kirchenrechtes, der *Codex Iuris Canonici* von 1983, kennt den theologischen Rezeptionsbegriff nicht. Das kann nicht wundernehmen, handelt es sich doch bei diesem Gesetzes-

---

*Kirche in der Welt von heute"* gesprochen (Nr. 40–43) – das ist ganz in der Lehrtradition –, aber dann – und das ist neu – auch über *„die Hilfe, welche die Kirche von der heutigen Welt erfährt"* (Nr. 44 f.).

342 *Dei Verbum* 8,2.

343 Die freie Meinungsäußerung der Gläubigen muss daher auch kirchenrechtlich geschützt werden (Siehe can. 212 § 3 CIC / 1983).

werk, ungeachtet des Willens seines Promulgators, es solle *„vollkommen der Lehre und dem Charakter des II. Vatikanischen Konzils"* entsprechen,[344] um ein insgesamt konservatives, mehr der vorvatikanischen Kanonistik entsprechendes Buch, dem man, mit einer Formulierung von Ernst-Wolfgang Böckenförde, eine *„disziplinäre Überanstrengung der päpstlichen Autorität"* attestieren mag.[345] Sachlich klingt nur das alte juristische Rezeptionsverständnis zweimal an, wo es sich um die Übernahme fremder Rechtssysteme oder von deren Teilen handelt. So geht es in den Canones 22 und 1290 um die Übernahme weltlicher Gesetze ins kirchliche Recht, sofern diese nicht dem göttlichen oder sonstigen kanonischen Recht widersprechen. Was das Verhältnis des Gesetzgebers zu den Rechtssubjekten angeht, bestimmt Canon 12 § 1 lakonisch: *„Allgemeine Gesetze verpflichten überall alle, für die sie erlassen worden sind".*

Rezeption im kommunikationstheoretischen Sinn bedeutet dann schlicht und einfach Gehorsam. „Kraft göttlichen und katholischen Glaubens ist all das zu glauben, was im geschriebenen oder im überlieferten Wort Gottes als dem einen der Kirche anvertrauten Glaubensgut enthalten ist und zugleich als von Gott geoffenbart vorgelegt wird, sei es vom feierlichen Lehramt der Kirche, sei es von ihrem ordentlichen und allgemeinen Lehramt."[346] Problematisch, wir mussten mehrfach davon reden, wird es im Fall einer nicht unfehlbar und nicht definitiv, sondern nur „authentisch" vorgetragenen Lehre. Dazu heißt es, einer solchen Lehre sei „nicht Glaubenszustimmung, wohl aber religiöser Verstandes- und Willensgehorsam ... entgegenzubringen. ... Die Gläubigen müssen also sorgsam meiden, was ihr nicht entspricht."[347] Dieser Text wirft eine Menge Fragen auf, die freilich an dieser Stelle gerade einmal angedeutet werden können: Wenn eine Lehre nicht unfehlbar ist, ist sie per definitionem fehlbar (was nicht heißt: eo ipso falsch). Wie kann man ihr also bedingungslos zustimmen? Man kann darüber diskutieren, ob man seinen Willen vergewaltigen kann. Mit dem Verstand geht es nicht, solange man noch in den Spiegel schauen möchte. Wo bleibt noch Raum für die Theologie als eigenständige Glaubensbezeu-

---

344 Johannes Paul II., Einführungsbulle *Sacrae disciplinae legis* vom 25. Januar 1983: Codex des kanonischen Rechtes. Lateinisch-deutsche Ausgabe, Kevelaer ²1984, XIII.

345 Über die Autorität päpstlicher Lehrenzykliken, am Beispiel der Äußerungen zur Religionsfreiheit: ThGl 186 (2006), 37.

346 Can. 750.

347 Can. 752.

gungsinstanz unter solchen Vorzeichen? Was endlich ist mit dem Gewissen: Bleibt es oberste Norm, wenn man sich solchen akrobatischen Akten hingeben soll? Eine Freiheit der Rede kann es unter diesen Bedingungen schwerlich geben. Die vorkonziliare, neuscholastische Ekklesiologie ist nicht zu verkennen. Sie hat sich wenig Gedanken gemacht. Gehorsam ist hinlänglich.[348]

Gleichwohl ist damit noch nicht das letzte Wort gesprochen. Zwar bedürfen kirchliche Gesetze keiner rechtsetzenden Zustimmung (acceptatio legis), wohl aber einer echten, wirklichen und tatsächlichen geistig-geistlichen Rezeption.[349] Das ist eine uralte kanonistische These. Bereits Gratian, der Vater des Kirchenrechts, erklärte, dass ein Gesetz gewiss durch seine Promulgation rechtlich vollendet und verbindlich ist, dass es jedoch seine Kraft erst durch die dauerhafte Bestätigung erhält, welche die Einhaltung dieses Gesetzes durch die Normadressaten bedeutet.[350] Im Umkehrschluss folgert Wilhelm Rees: „Ein rein kirchliches Gesetz, das von Anfang an oder ab einem späteren Zeitpunkt allgemein nicht beachtet wird, verliert seine Wirksamkeit und damit seine Verpflichtungskraft."[351] Die Gründe der Nicht-Rezeption können unterschiedlich sein; diese ist jedenfalls nicht von vorneherein und unausweichlich ein Ausdruck des Ungehorsams. Es kann sich vielmehr herausstellen, dass unter den obwaltenden konkreten Umständen die Gesetzestreue kontraproduktiv oder schlicht kontrafaktisch ist. So ist zu fragen, ob die herkömmliche Sexualmoral vor den nun einmal gegebenen tiefgreifenden Veränderungen der Gesellschaft und ihrer Lebensbedingungen und Lebenserfahrungen noch eins zu eins umgesetzt werden kann. Ist eigentlich die Doktrin von Humanae vitae (Paul VI., 1968) vor den Erkenntnissen der Humanwissenschaften und der Naturwissenschaften feuerfest? Können reziproke Rezeptionsunternehmungen von Lehramt und Ausformungen des Glaubenssinnes hier eine

348 Vgl. Kapitel 13.

349 W. Schulz, Konsens und Widerspruch als rechtserhebliches Handeln in der Kirche? Kanonistische Erwägungen zur Rezeptionsproblematik: ThGl 81 (1991), 339–354; W. Aymans, § 63 Begriff, Aufgabe und Träger des Lehramts: J. Listl – H. Schmitz (Hg.), Handbuch des Katholischen Kirchenrechts, Regensburg $^{2}$1999, 659–669; W. Rees, § 9 Die Rechtsnormen: H. Haering – W. Rees – H. Schmitz (Hg.), Handbuch des katholischen Kirchenrechts, Regensburg $^{3}$2015, 127–162; G. Luf, Glaubensfreiheit und Glaubensbekenntnis, ebd. 964–973.

350 Dictum post c. 3 D 4).

351 W. Rees, Die Rechtsnormen (Anm. 351) 143.

Abhilfe, wie auch immer schaffen? Für das genannte Gebiet scheint Papst Franziskus mit dem Nachsynodalen Schreiben Amoris laetitia (19. März 2016) so etwas zu versuchen.[352] Damit werden wir noch einmal zu Überlegungen über die Relation beider Größen gedrängt.

## Die Kommunikation der Gläubigen mit dem kirchlichen Lehramt

Im Blick auf das Zweite Vatikanum bemerkte Joseph Ratzinger 1982, „dass das Konzil zwar seine Lehraussagen mit der ihm eigenen Vollmacht formulierte, dass aber seine geschichtliche Bedeutung doch erst bestimmt wird durch den Prozess der Klärung und Ausscheidung, der sich im Leben der Kirche anschließend vollzieht: Auf diese Weise hat die ganze Kirche am Konzil teil; es kann gar nicht in der Versammlung der Bischöfe zu Ende gebracht werden."[353] Das gilt auf der spirituellen Ebene, die der Autor hier unmittelbar anzielt, aber es trifft auf alle Dimensionen ekklesialen Lebens zu, sofern eben die Kirche communio, geistgeleitete Gemeinschaft ist. Infolge der konstitutiven Interaktion aller Bezeugungsinstanzen ist auch der dauernde und nicht endende kommunikationstheoretische Regelkreis zwischen Lehramt und Nicht-Lehramt (also einschließlich auch der Theologie) Voraussetzung schlechthin für ein Gelingen des Auftrags der Kirche als Werkzeug für die innigste Vereinigung der Menschen mit Gott und untereinander – innerhalb wie außerhalb der eigentlichen Glaubensgemeinschaft.[354] Dass kraft göttlichen Rechtes Papst und Bischöfe das Gotteswort „unter der erleuchteten Führung des Geistes der Wahrheit in ihrer Verkündigung treu bewahren, erklären und ausbreiten" sollen,[355] ist seit eh und je betont und allen geläufig. Dieser Aufgabe des Amtes entspricht auf Seiten der Nicht-Amtsträger die Rezeption. Viel weniger im allgemeinen kirchlichen Bewusstsein steht aber die reziproke Tatsache, dass die Verlautbarungen der Nicht-Amtsträger gleicherweise der amtlichen ernsthaften Rezeption bedürfen. Erst wenn beides geschieht,

---

352 Papst Franziskus, Die Freude der Liebe (Anm. 320).

353 Theologische Prinzipienlehre. Bausteine zur Fundamentaltheologie, München 1982, 391 f.

354 Vgl. Vaticanum II, *Lumen gentium* 1.

355 Vaticanum II, *Dei Verbum 9*.

haben Leben und Lehre der Kirche eine Zukunft. Dieser doppelte Vorgang ist ein Klärungs- und Scheidungsprozess, durch und in dem die je zeitbedingten Elemente der Glaubensinhalte eliminiert, die genuin offenbarungshaltigen gereinigt und verdeutlicht werden. Es gehört zum Standard, in diesem Zusammenhang an das Dictum J. H. Newmans zu erinnern, wonach es in der Zeit der arianischen Wirren die Gläubigen waren, die den nizänischen Glauben bewahrt haben; die Kirchenleiter hatten ihn faktisch preisgegeben.[356] Man kann freilich noch andere Daten nennen. Vor allem ist zu erinnern an die Arbeit der Theologen, welche, oft unter dem massiven Beschuss des Amtes, in wissenschaftlicher Redlichkeit die Wahrheit eruiert haben. Themen wie die Religionsfreiheit, das Demokratieverständnis, die Homosexualität, die historisch-kritische Exegese, alle miteinander ursprünglich vehement vom Lehramt anathematisiert, haben sich dadurch schließlich doch durchgesetzt und der Wahrheitsgehalt damit verbundener Verhaltensweisen ist an den Tag gekommen.

Noch eines ist zu bedenken: Christentum basiert wesentlich auf Erfahrung. Seine Aussagen sind weder deduktiv noch induktiv noch intuitiv zu erfassen, sondern durch die Wahrnehmung von Ereignissen, die subjektiv verarbeitet werden, also eben durch Erfahrung. Sie geht letztendlich zurück auf die Rezeption der Ostergeschehnisse durch die Apostel als gottgeschenkte Realität.[357] Diese wurde durch die Jahrhunderte aufgenommen und weitergegeben, stets unter dem Zeichen der Geschichtlichkeit. Das bedeutet, dass der Glaube durch diesen Kommunikationsprozess lebendig und präsentisch bleibt. Dann aber ist für die Gesamtrezeption wichtig, dass die Erfahrung aller Christgläubigen angemessen in den kirchlichen Gesamtglauben eingespeist wird. Was bedeutet es dann, wenn in die dogmatische und ethische Weisung der Kirche beinahe nur und vor allem autoritativ immer nur die Erfahrungen von Menschen Einfluss haben, die männlich, akademisch gebildet und alt sind, welche ehelos leben – im Gegensatz also mindestens zur Hälfte der Menschheit, dem größeren

356 Essay on the Development of Christian Doctrine, London 1845.

357 Das ist bereits im Neuen Testament zu beobachten: Die Berichte der Evangelien sind nicht plane historische Reportagen, sondern entstanden aus den Umkehrerfahrungen der Jünger, also in einer subjektiv bestimmten Rezeption. Vgl. P. Hünermann, Dogmatische Prinzipienlehre (Anm. 205) 64. Er beruft sich auf R. Riesner, Jesus als Lehrer. Eine Untersuchung zum Ursprung der Evangelienüberlieferung (= WUNT 2, Bd. 7), Tübingen [3]1988.

Prozentsatz einer Generation und der Normallebensform partnerschaftlich gepolter Individuen? In dem nachsynodalen Apostolischen Schreiben *Amoris laetitia* beklagt Papst Franziskus unverschlüsselt die immer noch oder neuerlich wieder mangelnde Ausbildung des katholischen Klerus, *„um mit den vielschichtigen aktuellen Problemen der Familien umzugehen. In diesem Sinn kann auch die Erfahrung der langen östlichen Tradition der verheirateten Priester nützlich sein“.*[358] Es gilt ganz allgemein, was bereits Papst Gregor der Große gesehen hat: *„Das Gotteswort wächst mit dem Leser.“*[359]

Rezeption und Nicht-Rezeption sind also notwendige Voraussetzungen, damit die Kirche ihr Ziel der Glaubensergründung und des Feststehens im Glauben sicher erreicht. Dabei geht es nicht einmal so sehr darum, durch Rezeption eine Feststellung über die Wahrheit zu machen, indem man eine Lehre übernimmt oder sie ablehnt. Das kann theoretisch so sein, doch in der Praxis ist ein anderer Umstand bedeutungsvoller. Viel wichtiger ist die wesentliche Funktion der Rezeption oder Nicht-Rezeption, um die Zweckmäßigkeit, Sinnhaftigkeit, Lebensförderlichkeit einer Lehre oder Weisung bzw. deren Gegenteil auszuloten. Denn das Christentum ist keine Philosophie, der es um abstrakte Wahrheitserkenntnis und formale Richtigkeit der Aussagen geht, vielmehr ist es eine alle Dimensionen des einzelnen Getauften wie der Gemeinschaft der Getauften als Gottesvolk durchwaltende Lebenswirklichkeit mit Jesus Christus, der Weg, Wahrheit und Leben ist (Joh 14,6). Das aber setzt voraus, dass das konkrete Christsein möglichst aller Mitglieder des Gottesvolkes von dessen Gesamtheit angenommen, aufgenommen und übernommen wird, um „zum Vollalter in Christus“ zu gelangen (Eph 4,13).

Man kann unschwer zahlreiche Beispiele aus der Kirchengeschichte anführen, die das belegen. Eines mag hier genügen. Immer wieder haben wir auf den Seiten dieses Bandes konstatieren müssen: Zu den großen, immer noch nicht wirklich befriedigend gelösten Problemen der katholischen Kirche zählt die Frauenfrage. Zwar kann man bei geduldigem Hinsehen namhafte Veränderungen gegenüber noch der jüngeren Vergangenheit ausmachen, doch gerade in der Glaubensverkündigung scheint das hierarchische, also strikt männliche Prinzip de facto

358 Die Freude der Liebe, a.a.O. (Anm. 320), Nr. 202, S. 169.
359 Gregor d. Gr., in Ezech. 22: *„Divina eloquia cum legente crescunt“.*

alleinbestimmend zu sein. Der Schein aber trügt. Durch alle christlichen Jahrhunderte hindurch gibt es weibliche Identifikationsfiguren, die eine Christusnachfolge gelebt haben, die zum bleibenden Glauben- und Lebensbestand der Kirche gehört. Natürlich ist hier an erster Stelle der nicht zu überschätzende Einfluss Marias von Nazareth zu erinnern. Ins Gedächtnis kommen Blutzeuginnen wie Thekla, Afra oder Felicitas, die Asketin Genoveva, die Patronin von Paris, nicht zu vergessen die großen deutschen Mystikerinnen wie Hildegard von Bingen oder die Helftaer Nonnen Gertrud die Große, Mechthild von Hackeborn und Gertrud von Magdeburg.[360] Wäre nicht die Kirche insgesamt anders ohne Theresa von Avila oder Katharina von Siena? Die Vision von der Kirche der Armen hat in unseren Tagen Mutter Teresa Gestalt annehmen lassen. Vor allem aber sollte man in keinem Moment die zwar nirgendwo auch nur einigermaßen erschöpfend beschriebene, aber gleichwohl vor aller Augen manifeste Rolle der christlichen Eltern, darunter insbesondere der Mütter übersehen. Nicht alle haben religiös so schwer erziehbare Kinder gehabt wie Monnika in Augustinus – und haben zu ihrer exemplarischen Christlichkeit strahlend beigetragen, aber wohl alle Christenmenschen, einschließlich der bedeutenden Lehrer und Leiter verdanken nicht an letzter Stelle ihrer Mutter Kenntnis, Wurzeln und Freude des Glaubens.

## Ökumene als Rezeptionsgeschehen

Zu den allerwichtigsten Gaben und Aufgaben der Kirche als Volk Gottes gehört die Wahrung und gegebenenfalls (Wieder-)Herstellung der Einheit. Das erste der vier Kirchenattribute des Großen Glaubensbekenntnisses ist das prekärste – das hat sich quer durch die Geschichte gezeigt. Unter kommunikationstheoretischem Aspekt ist das Zerbrechen der Einheit und Gemeinschaft ein Fall von Nicht-Rezeption. Man kann zwei Grundformen unterscheiden.

Fall 1: Eine bestimmte Gruppe von Kirchengliedern ist der Ansicht, dass Lehraussagen oder Lebensvollzüge der Großkirche nicht evangeliumskonform, also unwahr oder christlich unethisch sind. Deshalb

---

360 Näheres dazu in den Beiträgen von M.-Th. Wacker, H. Lutterbach und H. Keul im Spezial der Herder Korrespondenz „... Marias Töchter. Die Kirche und die Frauen", Ausgabe 1/2016, 22–34.

müsse man sich um Christi willen von ihr als einer nichtchristlichen Gemeinschaft trennen.

Fall 2 ist genau umgekehrt: Die Großkirche befindet, dass eine bestimmte Gruppierung innerhalb ihrer in gravierender Weise von den Lehr- und Lebensregeln abweicht; deshalb müsse sie ausgeschlossen werden.

In Folge davon konstituieren oft die Ex*kommunizierten* eine eigene *Communio* und bezeichnen sich als die eigentliche, die einzig wahre, die allein gottgewollte Kirche. Der Einigungsprozess besteht dann wesentlich darin, die Nicht-Rezeption aufzuheben und gegenseitig die faktische Kirchlichkeit und Christlichkeit anzuerkennen, diese also wenigstens prinzipiell zu rezipieren und dem eigenen Lebensvollzug zu inkorporieren. Das geschieht heute gewöhnlich durch die Ausarbeitung von Texten gemischter Kommissionen, welche das Ergebnis den betroffenen Kirchenleitungen wiederum zur Rezeption unterbreiten. In diesen Papieren wird dann hinsichtlich der bislang als gemeinschaftswidrig angesehenen Kontroverslehren festgestellt, dass sie (1) vielleicht zur Zeit der Spaltung trennend waren, es aber heute nicht mehr sind,[361] oder (2) dass die Kontroversen Punkte betreffen, welche im Rahmen katholischer Vielfalt sehr wohl nebeneinander existieren können,[362] oder dass man (3) zu einem differenzierenden Konsens gelangen kann, der nicht alle, aber doch die absolut spaltenden Unterschiede als ausgeräumt erscheinen und eine Einigung im Bereich des Möglichen erscheinen lässt.[363] Das Kriterium solcher Arbeit sind die Bezeugungsinstanzen des Glaubens mit dem deutlichen Primat der Heiligen Schrift, die für alle Kirchen, Konfessionen und Denominationen oberste Verbindlichkeit besitzt.

Das Konsensdokument, welches sich am eingehendsten mit dem Problem befasst, ist die sogenannte Zypern-Erklärung der Internationalen Kommission für den anglikanisch – orthodoxen Dialog mit dem

361 Vgl. die Studie „Lehrverurteilungen – kirchentrennend" des Ökumenischen Arbeitskreises evangelischer und katholischer Theologen (ÖAK): K. Lehmann – W. Pannenberg (Hg.), Lehrverurteilungen – kirchentrennend?, 4 Bde., Freiburg – Göttingen 1988–1994.

362 Dies wurde für die Christologie der vorchalkedonensischen Kirchen festgestellt: DwÜ 2, 294–306.

363 Vgl. die Dokumente zur Rechtfertigungslehre zwischen Katholischer Kirche und Lutherischem Weltbund: DwÜ 3, 317–441.

Titel *„Die Kirche des dreieinen Gottes“* (2006).[364] Sie nennt vier konkrete Dimensionen oder Schritte einer ökumenischen Rezeption. Diese vollzieht sich nicht allein auf der Ebene der Doktrin, sondern umgreift das gesamte Leben der Kirchen. Diese müssen ihre eigenen Traditionen *re*-rezipieren unter der Maßgabe der ursprünglichen apostolischen Gemeinschaft. Rezeption muss ein Akt der Gemeinschaft, d. h. der amtlichen (hierarchischen) Autoritäten wie aller Mitglieder, sein. Die Rezeption von Schrift und Tradition ist endlich ein kontinuierliches Geschehen:

> *„Rezeption und erneute Rezeption ist ein Prozess, der nie beendet sein wird. Von einem offenen Prozess der Rezeption sprechen, heißt die Anforderungen der historischen Existenz anzuerkennen.“*[365]

Selbstverständlich muss der Rezeptionsprozess von allen am Dialog beteiligten Kirchen aufrichtig und ergebnisoffen in Gang gebracht werden. In dem (nicht einzig) von katholischer Seite lange favorisierten Modell der „Rückkehrökumene“ ist das für die Zielkirche des Unternehmens überflüssig. Ihr Argumentationsgang lautet: Weil die eigene Gemeinschaft ekklesiologisch perfekt sei, bestehe nur bei den (jeweils) anderen Gemeinschaften, die genau genommen gar keine echten Kirchen sind, die Notwendigkeit, an dieser Fülle rezipierend zu partizipieren.[366] Wenigstens offiziell ist es jedoch von allen Kirchen, auch der römisch-katholischen, aufgegeben.[367] Latent und subkutan ist es weiterhin wirksam.

Im Ökumenismusdekret des Zweiten Vatikanischen Konzils wird grundsätzlich festgehalten, dass es eine totale Trennung der Kirchen gar nicht gibt, sofern alle Christen *„durch den Glauben in der Taufe gerechtfertigt und Christus eingegliedert“* sind.[368] Die Konzilsbischöfe sind

---

364 Vor allem Nr. 253–281 = DwÜ 4, 269–284.

365 Die Kirche des dreieinen Gottes, Abschnitt „Die gegenwärtige Situation in der Ökumene“, Nr. 267, = DwÜ 4, 276.

366 Kurz und knapp: „Werdet römisch-katholisch (lutherisch, methodistisch, …) und die Kirche ist eine einzige.“

367 Exakt gedacht, ist „Rückkehr“ gar nicht möglich: Die meisten Christen in allen Konfessionen sind von Anbeginn ihrer Taufe an nirgendwo anders Christen gewesen als in der Kirche, in die sie sakramental aufgenommen worden sind. Sie könnten allenfalls konvertieren, sich zu einem anderen Kirchenwesen hinwenden.

368 Zweites Vatikanisches Konzil, *Unitatis redintegratio* 3,1.

überzeugt, dass man nur durch die Catholica *„Zutritt zur Fülle der Heilsmittel haben"* kann, doch sie anerkennen, dass sich *„der Geist Christi gewürdigt hat"*, die getrennten Kirchen und Gemeinschaften *„trotz der Mängel, die ihnen nach unserem Glauben anhaften, ... als Mittel des Heiles zu gebrauchen"*.[369] Einerseits existieren *„viele und bedeutende Elemente oder Güter, aus denen insgesamt die Kirche erbaut wird und ihr Leben gewinnt"*, außerhalb der katholischen Kirche,[370] auf der anderen Seite gibt es (davon sprachen ja diese Seiten) eben da erhebliche Mängel, weshalb *„das Antlitz der Kirche den von uns getrennten Brüdern und der ganzen Welt nicht recht aufleuchtet"*.[371] Ökumenismus ist also Teilgeben und Teilnehmen der Kirchen – also die gegenseitige Rezeption der je größeren Vollkommenheit im Christsein. Keine Kirchengemeinschaft ist ganz und keine gar nicht Kirche.

Auch ein halbes Jahrhundert, nachdem diese Texte verkündet worden sind, fehlt es an diesem *commercium* des Gebens und Nehmens freilich in einem traurig stimmenden Maß. Schon weiter oben war einzugestehen, dass die Kirchen wie auch von den Frauen zwar viel von Ökumene reden und die Einheit mit heißen Worten beschwören, dass sie aber – wie in der Frauenproblematik – sternenweit von einem effizienten Rezeptionsprozess im Sinn des Zypern-Papiers entfernt sind. Schon vor nahezu einem Menschenalter schrieb P. Neuner, einer der scharfäugigsten Beobachter der Szene: *„Die mangelnde Rezeption ist zum zentralen Thema der Ökumene geworden."*[372] Das ist nach wie vor, auch heute Wort für Wort wahr. Dabei sollte man nicht einseitig den Kirchenoberen die Schuld geben. Auch in den theologischen Lehrbüchern und erst recht in den Gemeinden sind die großenteils wirklich exzellenten *„Dokumente wachsender Übereinstimmung"*, wie der Titel der erwähnten Sammlung treffend formuliert, kaum oder überhaupt nicht bekannt. Wie den internationalen geht es erst recht den nationalen Dokumenten. Wenn freilich Rezeption ein wesentlicher Vorgang des

369 A.a.O. 3, 4 und 5. Damit werden aber die anderen Gemeinschaften doch als im Grundansatz ekklesial anerkannt: Sie haben wie die katholische Kirche sakramentalen Charakter, wenn sie Mittel zum Heil sind. Vgl. Vaticanum II, Lumen gentium 1.

370 A.a.O. 3,2.

371 A.a.O. 4,6.

372 P. Neuner, Ökumenische Theologie. Die Suche nach der Einheit der christlichen Kirchen, Darmstadt 1987, 187.

kirchlichen und damit auch des ökumenischen Lebens ist, kann unter diesen Umständen keinerlei wirklicher Fortschritt in den Kirchen erwartet werden. Hier nicht, überhaupt nicht, genau genommen: auf keinem Gebiet ekklesialen Lebens. Wenige Gebiete der Lehre von der Kirche scheinen so dringlich aufzuarbeiten wie das Thema der Rezeption. Man muss fordern: Reform durch Rezeption.

# III. DIE FORMENDE FORM

**Abb. 4: Kruzifix - Michelangelo, S. Maria del S. Spirito, Florenz, 1492, Lindenholz**

Michelangelo schuf dieses Kreuz als Siebzehnjähriger. Erst vor wenigen Jahren konnten die Zweifel an der Zuschreibung endgültig ausgeräumt werden. - Wie auch die Evangelien notieren, wurde bei den Römern der Delinquent vollkommen nackt gekreuzigt. Damit sollte die Schande des Delinquenten ausgedrückt werden.

# 15

# DIE NACKTE KIRCHE

Das Wort geht auf den hl. Hieronymus zurück[373] und wird im hohen Mittelalter zur Losung spiritueller Bewegungen wie der Franziskaner und der Waldenser: *„Nackt dem nackten Christus folgen (nudus Christum nudum sequi)"*[374]. Im Hintergrund steht die antike Konzeption einer nicht nur leiblichen, sondern auch existenziellen, einer „anthropologischen" Hüllenlosigkeit. Im griechischen Sport traten vor allem die Ringer unbekleidet an. Wrestling war damals ziemlich brutal. Alles war erlaubt; eine Gürtellinie gab es so wenig wie den Gürtel im Outfit. Der Gegner sollte also möglichst beim Angreifen nichts zum Festhalten haben. Zusätzlich wurde der nackte Körper aus dem nämlichen Grund noch eingesalbt. Nacktheit wurde zum Symbol der Stärke, des Kampfesmutes, des Volleinsatzes. Aber natürlich konnotierte *Nacktheit* auch die Hilflosigkeit, die Armut, die Scham, die Ausgesetztheit, den Mangel an Intimität eines Subjekts. Für die Bibel verbindet sich damit überdies das Moment der Strafe, damit der Erinnerung an die Schuld des Anfangs. Was einmal wunderbare Grundausstattung des Menschen war, Ausdruck seiner gottebenbildlichen Schönheit, Anlass einer gottgeschenkten Lust, mutierte zum Symbol seines ganzen Elends (Gen 3,7–11.21). Kleidermangel ist Vergegenständlichung der totalen Mangelhaftigkeit des Geschöpfes vor dem Schöpfer.

Im Neuen Testament hat Nacktheit darum eine hohe theologische Bedeutung. Gewöhnlich achten die Exegeten nicht sehr darauf, sicher auch aus Diskretion. Die zeigen die Evangelien auch, aber so, dass sie nicht sehr abgeschattet ist. An wenigstens vier Stellen in den Evangelien spielt die Kleiderlosigkeit im irdischen Dasein des Herrn eine große Rolle: Bei der Geburt, bei der Beschneidung am achten Tag, bei der Taufe im Jordan und beim Tod Jesu. Wenn man will, kann man noch eine fünfte nennen: Die nachösterliche Begegnung mit dem

373 Ep. 52,8; 58,2 u. ö.

374 J. Sudbrack, „Nackt dem nackten Christus folgen": Communio 10 (1981), 228–237.

„ungläubigen Thomas". Stets zeigt sich der Herr in einer mehr oder weniger großen Öffentlichkeit in der ganzen Blöße seines Leibes. Und immer geschieht das in einer Schlüsselsituation seines Lebens. Die Evangelisten schreiben bekanntlich keine Geschichte und auch keine Geschichten, sondern legen ein verkündigendes Bekenntnis zum Messias ab. Das alles deutet darauf hin, dass auch diese Hinweise für die Evangelisten weit mehr sein mussten als eine Zustandsbeschreibung seines Körpers: „Er hatte damals nichts an."

Jesus wird nackt geboren und seine Mutter bekleidet ihn mit Windeln (Lk 2,7) – das ist so wie bei allen Menschen. Das Krippenkind ist ganz und gar und ganz gewöhnlich: ein Mensch. Aber er ist der Gott-Mensch. Im Akt der Geburt vollzieht er, allen sichtbar durch seine Nacktheit, die vollkommene Entäußerung seines Gottseins *(kenosis – exinanitio)*, von der später Paulus mit Signifikanz sprechen wird:

> *„Er war Gott gleich, hielt aber nicht daran fest, Gott gleich zu sein, sondern er entäußerte sich (ekenosen – exinanivit) und wurde wie ein Sklave und den Menschen gleich. Sein Leben war das eines Menschen" (Phil 2,6 f.; vgl. auch bis Vers 11).*

Die Blöße ist Zeichen des Menschseins.

Schon acht Tage nach der Geburt lassen ihm seine Eltern im Gehorsam gegen das mosaische Gesetz (Gen 17,10–14) im Tempel die Vorhaut entfernen (Lk 2,21). Die christliche Kunst hat das oft ziemlich realistisch wiedergegeben, so im Gemälde Guido Renis um 1535/1540, das heute in Siena aufbewahrt wird. In der Öffentlichkeit des Sakralraumes liegt der Säugling entblößt da und lässt den blutigen Eingriff an sich ergehen. Er wird damit Glied des auserwählten Volkes – ein Jude unter vielen anderen Juden. Damit aber soll zugleich auch die Unterwerfung unter Gott repräsentiert werden. Paulus nennt sie später *Beschneidung des Herzens* (Röm 2,29). Nacktheit bedeutet Hingabe an den Gott Israels.

Das dritte Mal erscheint Jesus vollkommen nackt bei seiner Taufe (Mk 1,9–11 parr.). Er hat sein Gewand am Ufer abgelegt und steht mitten im Jordanfluss, dem Täufer Johannes gegenüber.[375] In den

375 Die Evangelien schildern die Szene nicht im Detail, aber sie kann sich entsprechend alten Berichten kaum anders abgespielt haben.

künstlerischen Darstellungen sieht man oft eine Menge von Wartenden, in deren Schlange er sich eingereiht hat. Meist bedeckt eine Welle den Unterkörper, aber manchmal ist die Darstellung realistisch: Ins Wasser steigt man splitternackt. Für die frühen Gemeinden ist das Ereignis ein wichtiger Moment im Dasein ihres Herrn: Er bedarf der sündenvergebenden Taufe nicht, doch aus Solidarität zu den Menschen, zu denen er gesandt ist, zeigt er sich in der ganzen Armseligkeit, die sie seit dem Sündenfall niederdrückt. Er zeigt sich in eben dem Augenblick, da er, von der himmlischen Stimme beglaubigt, sein messianisches Amt antritt. Dieses aber führt er im Kontext menschlicher Blöße aus. Kleiderlosigkeit ist auch Mittellosigkeit: So wird Erlösung vollzogen.

Sie tritt unübersehbar und unverhüllt am Kreuz zutage – der vierte Hinweis auf den nackten Herrn. Wieder sind die Evangelisten diskret. Ausdrücklich vermerken sie die Entkleidung vor der eigentlichen Hinrichtung (Mk 15,24 parr.). Die christlichen Darstellungen verdecken seine Blöße mit einem mehr oder minder prachtvollen Lendentuch. In Wirklichkeit kreuzigten die Römer ihre Delinquenten fasernackt, also auch Jesus. Das manifestierte im Fall Christi die ganze Schande, die volle Ohnmacht, die totale Ausgesetztheit, der er sich durch die freiwillig auf sich genommene Kreuzigung stellte. Paulus fährt im Philipperbrief fort: *„Er erniedrigte sich und war gehorsam bis zum Tod, bis zum Tod am Kreuz“* (Phil 2,8). Erniedrigter kann keiner sein als der Entkleidete am Schandholz.

Nochmals und nun absolut tritt er damit in die Gleichheit des Schicksals aller Menschen in allen Dimensionen – auch denen des Todes. Die Christen haben es mit den Worten des Jesaja zu formulieren unternommen:

> *„Er hatte keine schöne und edle Gestalt, so dass wir ihn anschauen mochten. Er sah nicht so aus, dass wir Gefallen fanden an ihm. … Aber er hat unsere Krankheit getragen und unsere Schmerzen auf sich geladen.“ (Jes 53,2.4; vgl. den ganzen Text von Kapitel 52)*

*„Hinabgestiegen in das Reich des Todes“*, so formuliert es dann später das Große Glaubensbekenntnis. Das Zeichen des Kreuzes wird zum christlichen Logo schlechthin, wieder und wieder und in allen Formen und Stilrichtungen und Materialien wird es vergegenwärtigt. Sehr bald er-

scheint auch der Gekreuzigte.[376] Zwar trägt er überwiegend den schon erwähnten Lendenschurz, aber bisweilen hängt er in ganzer Blöße da.[377] Nichts mehr ist ihm zu eigen. Alle glotzen ihn nur mehr an.

Man könnte noch einen fünften Text in diesem Zusammenhang aufrufen, die bekannte Ostergeschichte vom Apostel Thomas (Joh 20,24–29). Glauben bedeutet für ihn Anfassen, Berühren des nackten Körpers Jesu. Dieser bietet sich ihm so dar, dass er seinen Wunsch erfüllen kann. Der Evangelist legt sich so wenig fest wie die Maler: Hat Thomas seine Finger tatsächlich in die Seitenwunde gelegt? Manche Künstler bejahen dies, am nachdrücklichsten, bis hin zur Brutalität, Michelangelo Merisi, bekannt als Caravaggio (1571–1610). Geradezu obszön bohrt er seine Finger in den nackten Oberkörper seines Herrn hinein. Auch hier wieder vor allen Leuten. Dieses Mal ist es freilich der erstandene Leib – sein Leib sicher, aber nun in einer Zustandsweise, welche wir mangels besserer Möglichkeiten *verherrlicht* nennen. Diese Form wählt die Kunst gern, wenn sie den österlichen Herrn zeigen möchte. Er ist der gleiche Körper, der gelitten hat in aller Schmach; jetzt lebt eben dieser, also auch als Körper, als der zur Rechten Gottes Bestimmte mit dem realen Christus in der unendlichen, unsäglichen Schönheit, die dem Leib von der Schöpfung her zugeeignet ist und der stets auch Begeisterung, Verlangen, Befriedigung erweckt hat. Der Menschenleib als solcher ist zum Zeichen des Christusgeschehens geworden.

Gemäß den Intentionen der Hagiografen besteht kein Zweifel an der christologischen Relevanz dieser Erzählungen von der Nacktheit des Herrn. Sie veranschaulicht eindrucksvoll die Inkarnation. Dieses Wort heißt in genauer Übersetzung *Fleischwerdung*. In der biblischen Anthropologie aber ist *sarx/caro* nicht die Bezeichnung für die Muskelmasse, sondern für die Hinfälligkeit des Menschen. Wenn man also dessen nacktes Fleisch sieht, schaut man seine Armseligkeit ohne jede Diskretion und Abmilderung. Sie betrifft nicht eine bestimmte Dimension

---

376 Anfangs fehlt der Crucifixus. In den ersten Jahrhunderten ist das Marterinstrument noch Bestandteil des Strafvollzugs; man schämte sich daher leicht, einer Religion eines schändlichst exekutierten Verbrechers anzugehören.

377 Eine aufschlussreiche und auch reich illustrierte Studie über die Nacktheit Jesu bietet der Kunsthistoriker Lothar Schultes, „… ein neuer Adam. Der nackte Christus im Linzer Schlossmuseum“, Jahrbuch des Oberösterreichischen Musealvereins 160 (2015), 455–489. Vgl. Abb. 4, S. 228.

des Menschseins, z. B. seine Armut[378], sondern sein innerstes, intimstes Wesen. Im Fall des Jesus von Nazareth bedeutet das, wie angedeutet, das Darangeben seines Gott-Seins in die Menschheit hinein, mit der er sich auf diese Weise restlos solidarisiert. Das ist sein Erbe, das in der Eucharistie als Gegenwärtigsetzung der Tat am Kreuz den Feiernden zuteil wird. Hier gab er den Seinen

> *„die Vollmacht, ein provokativer Kontrast gegenüber der Welt der Macht und der religiösen und politischen Manipulation zu sein: Beim Brechen des Brotes am Vorabend seines Todes vertraute er ihnen die Aufgabe an, seine kénosis – seine Selbsthingabe, seine Selbstentäußerung, seine Selbstschenkung – nachzuahmen."*[379]

Er ist uns in der Tat gleich geworden in jedweder Hinsicht – ausgenommen die Sünde (vgl. Hebr 4,15). Obwohl er als Gott doch „der ganz Andere" (Karl Barth) ist, also in allem uns ungleich, ist er mit uns gemein geworden bis hin zur Ununterscheidbarkeit. Übrigens auch in der Freude – deswegen rechnet diese zu den Merkmalen der Kinder Gottes. In den Evangelien wird sie dargestellt im Zeichen des Mahles. Jesus von Nazareth hat, wie man sich daselbst versichern kann, Essen und Trinken gemocht, so sehr, dass man aus ihm einen „Fresser und Säufer" gemacht hat (Lk 5,30–35). Gleich anschließend überliefert der dritte Evangelist das Logion von den neuen Schläuchen, in die man den prickelnden neuen Wein gießen muss (37–39.). Die alten zerreißen. Das freut sicher keinen, auch wenn er ein frommes Kirchenschaf ist. Doch zurück zum Signal der Hüllenlosigkeit des Herrn.

Was bedeutet näherhin solche Nacktheit? Nicht einfach Blöße, sondern Hingabe, so hat sich abgezeichnet. Wessen sich der Herr entäußert,

---

378 Man hat gern die Hüllenlosigkeit Jesu mit der Armut im Sinne von materiellem Mangel gleichgesetzt. Immer wieder haben sich die Christen versucht von Reichtum, Luxus, Verschwendung und dergleichen fernzuhalten, bisweilen in großer Radikalität, wie etwa die bereits erwähnten Armutsbewegungen des 12. Jahrhunderts in Italien und Frankreich. Das mag lobenswert sein, dem Topos von der Nacktheit Christi wird diese Form der Armut noch nicht wirklich gerecht. Wirklich aus eigenen Stücken ganz mittellos zu sein, ist noch keine Tugend. Schließlich kann man den tatsächlich Verelendeten nur dann zu Hilfe kommen, wenn manche Leute mehr haben als sie brauchen – das allerdings dann teilen. Das christliche Ideal ist nicht das Elend an Ressourcen.

379 Th. Halík, Der Nachmittag des Christentums. Eine Zeitansage. Freiburg – Basel – Wien 2022, 100.

dessen lässt er die Menschheit, alle Menschen ganz real, teilhaben. Ein „wunderbarer Tausch“[380] ist nach dem Apostel das Erlösungshandeln: Christus, *„der reich war, wurde euretwegen arm, um euch durch seine Armut reich zu machen“* (2 Kor 8,9). Die Theologen verwenden gern den Begriff der *Pro-Existenz* für diese Wirklichkeit. Die *Existenz,* das ganze Sein und Tun Jesu, sein Leiden insbesondere, ist ein einziges *Pro,* also ein Für-Sein, ein Dasein nur für die Menschen. Der nackte Körper des Erlösers bezeichnet dies auf der Symbolebene perfekt. Damit aber wird der entblößte Leib auch ekklesiologisch relevant. Nicht von ungefähr ist die paulinische Leibvorstellung zum wichtigsten Kirchenbild geworden. Grundsätzlich wird die unlösbare Verbindung zwischen der Heilsgemeinschaft und ihrem Herrn schon hergestellt, wenn betont wird, dass dieser des Leibes Haupt und also bestimmend für das Sein der Kirche ist.[381] Sie wird darum zur mittelnden Instanz. Das aber verlangt, dass die Glaubensgemeinde in sich die Mächtigkeit und Fähigkeit besitzt, das, was vermittelt werden soll, in großer Klarheit und Reinheit im Geschehen der Mittelung zu verstehen. Wenn also das, was biblisch mit der Nacktheit gekennzeichnet ist, nur ein anderer Name für den Heilsvollzug ist, dann muss auch der Kirche diese Nacktheit zu eigen sein. Damit ist der Frage, die dieses Buch bewegt, eine definitive Antwort gegeben:

> *Die Form der Kirche, des Leibes Christi, ist die Nacktheit ihres Hauptes.*
> *Reform der Kirche kann dann logisch nur bedeuten,*
> *sich zu ihrer armseligen Blöße zu bekennen,*
> *sie zu leben, sie Gestalt annehmen zu lassen im Handeln aller ihrer Glieder.*
> *Christsein heißt ganz real: nackt dem nackten Christus nachfolgen.*

Wir hatten zu Anfang drei Weisen angegeben, in denen sich positiv die Form der Kirche an und in ihrem Leben zeigt. So zeigt sich die Kirche in ihrer echten Gestalt: in Wahrhaftigkeit, in Katholizität und in der Empathie. Nacktheit bedeutet, sich in seiner wahren Gestalt zu veröffentlichen. Kleidung hat neben ihrer Bedeutung für die Scham, die richtige Körpertemperatur und derlei Dinge stets auch eine Funktion für das Ansichtigmachen der eigenen Bedeutung. „Kleider machen

---

380 Ein von Martin Luther gern verwendetes Bild, z. B. in der Hebräerbriefvorlesung WA 57, 79,20.

381 Für den antiken Menschen gehen die Lebensströme nicht wie für uns vom Herzen, sondern vom Kopf aus.

Leute", weiß der Volksmund. Wir wissen leider nur zu gut: Nur wenige Menschen erfreuen sich der wohlgeformten Gestalt des Apollo vom Belvedere oder der grazilen Anmut der Venus von Milo. Wir wissen aber desgleichen, dass ein guter Schneider Buckel und Bauch verhüllen, (nahezu) verschwinden lassen kann. Wir erleben auch wieder und wieder, dass einer durch sein Outfit sehr trefflich auf den eigenen Rang, die eigene Bedeutung verweisen kann. Kostbare Stoffe passt der Meister seinen Kunden in diesem Falle an: dazu goldene Paspeln, Pretiosen des Goldschmieds, in extravaganten Schnitten, überdies noch ausgefallene Kopfbedeckungen. Solche Beförderungen der Eitelkeit – alle wissen, dass sie Kirchenleuten nicht eben fremd sind – verschleiern aber bloß die Wirklichkeit. Sie sind unwahrhaftig und geben Lug und Trug den nötigen Raum. Darf man die Frage einfach einmal stellen: Wie sähe es aus, wenn Jesus von Nazareth und ein römischer Kardinal sich leibhaft heute begegneten? Kleider mögen vielleicht schon Leute machen, aber auch Menschen zu Kindern Gottes? Seit alters spüren wir: Die Wahrheit ist nackt.

Wer nackt ist, beweist seine vollkommene Gleichgestaltung mit allen und allem. Wenn man die Welt ehrlich anschaut, dann steht sie vor uns wie sie wirklich ist, schön und zugleich schrecklich. Wenn man für die Welt da sein möchte und sie in ihrer Existenz heilen will, dann ist ein solches Lebensziel Konkretisierung der Katholizität. Als *Catholica* muss die Kirche allen alles sein. In radikaler Offenheit stellt sie alle Realitäten auf den Prüfstand und macht sie sich zu eigen, auch wenn sie fremd, wunderlich, abstoßend selbst sein mögen. Und zugleich mittelt sie all dem alles das, was sie selber hat. Sie übersteigt sich manchmal damit selber, ihre eigenen Traditionen, ihre wohlerwogenen Interdikte, ihre (bisher einigermaßen trefflich) begründeten Thesen und Dogmen. So steht sie in beschämender Nacktheit in der Welt – je mehr, desto katholischer sie ist.

Nacktsein gehört zur körperlichen Liebe, wenn sie ihren Gipfel erreichen will – anders kann neues Leben nicht gezeugt und also auch die Weitergabe der Menschenliebe nicht vollzogen werden. Sie macht sinnlich sichtbar, dass Empathie Hingabe in denkbar möglichstem Realismus ist. Nacktheit als Symbol der Kirche ist ein Ausdruck für die Weitergabe der Armut des Christus-Evangeliums in einem grenzenlosen Sich-Verschenken der Kirche als Institution wie auch als Gemeinschaft des Volkes Gottes. Es hat seinen Wirkungsplatz als Instanz der gottgewollten, durch sie weitergeschenkten Empathie.

Eine letzte Folge aus unserer Erforschung: Wenn das die Form der Kirche ist, dann ist immer und dann ihre Reform anzuzielen, wenn diese Form verschüttet, unkenntlich, ins Gegenteil gekehrt erscheint. Sonst ist sie schales Salz, verdecktes Licht, Ruine auf dem Berg. Unmenschlich! Reform freilich im Sinn wiedererlangter Wahrhaftigkeit fängt schon da an, wo man sich Rechenschaft zu geben hat, wie der *status Ecclesiae* heute und bei uns ist.

Ihr Zustand sieht nicht gut aus – das ist eine Binsenweisheit. Der Belege sind erschütternd viele und sie mehren sich. Es fehlt nicht an überzeugender und kaum mehr zu überschauender Literatur mit helfenden Hinweisen. Allenthalben sprießen die Konvente und Konsultationen und Tagungen und Synoden auf beinahe allen denkbaren Ebenen. Sie liefern durchaus bedenkenswerte, ernstzunehmende Ergebnisse. Das Gesamtresultat allerdings lautet immer und ist sicher wie das Amen nach der Predigt: Ändern tut sich nichts. Wirklich nicht? Ich denke nun nicht an den einen oder anderen, gewöhnlich ziemlich zaghaft gesetzten Mini-Schritt – ein wenig Segen (10–15 Sekunden, sagt der Glaubenschef!) für die Schwulen etwa. Doch lässt sich mitnichten übersehen, dass *de facto* doch ein echter Umbruch in der Gemeinschaft der Christusgläubigen und zwar an ziemlich vielen Stellen registriert werden muss. Die reale Kirche des dritten Jahrzehnts unseres Jahrhunderts ist nicht mehr die Kirche des zwölften Pius um 1950 und existiert so wenig mehr wie jene des zweiten Johannes Paul zur Zeit des Millenniums. Die Kirchenoberen beschwören zum Beispiel nach wie vor und überall den Kirchengehorsam als oberste Pflicht der Getauften, aber ihre mahnenden Worte verhallen weithin im Leeren. Sanktionen greifen weniger und weniger. Die Priesterseminare sind gähnend leer – nicht weil es keine Berufungen mehr gäbe, aber gewiss keine, die sich auf die alten Hausordnungen daselbst einschwören ließen. Daraus folgt ein noch empfindlicherer Bischofsmangel binnen kurzem. Ökumenische Konsenspapiere erscheinen, die Übereinstimmungen nachweisen, die man ehedem nicht einmal zu denken gewagt hätte. Soziale Initiativen, sehr oft interkonfessionell und international, suchen die Not zu lindern, die die anwachsenden Kriege und Kriegsverbrechen des 21. Jahrhunderts anrichten. Das freie Wort in den Bistümern und auf gesamtkirchlicher Ebene kommt nicht mehr zum Schweigen und keiner kann es dazu bringen. Leicht werden alle diese und noch andere Fakten als Symptome des Verfalls beweint. Aber ist in ihnen nicht auch jene Nacktheit offen gelegt, die zur Form, zur Wesensgestalt des Sakramentes Kirche rechnet, in der sich Heil und Hilfe Gottes exakt so verleiblichen? Ist nicht haargenau sie dessen unabdingbarer Teil?

Wir glauben an das Wirken des Heiligen Geistes in der Kirche. Aber man kann es schwerlich leugnen: So wie wir es uns vorstellen, vollzieht es sich meistens nicht. Doch heißt es nicht, dass er als Geist des Gottesvolkes wehe, wo *ER* will? Und gehen uns nicht schon die Augen auf: Der schwerfällige Tanker KIRCHE CHRISTI steuert, ganz langsam, aber doch in ein neues Fahrwasser? Kirchenreform – das ist *nicht mehr* und war *nie nur* ein utopisches Verlangen. Sie *vollzieht sich* – auch zu diesen Zeiten.

Allerdings darf auch nicht übersehen werden: Alles hat seine Zeit. Und alle Zeit geht vorbei. Zeitfenster stehen offen – der Geist macht sie auf. Und sie schließen sich. In der Zwischenzeit haben wir mit dem Pneuma, dem Wind des Heiligen Geistes das Schiff in Fahrt zu bringen. Hier liegt unsere Chance, aber hier kann auch unsere Schuld liegen.

An dieser Stelle soll kein Arbeitsprogramm entworfen werden, was da alles zu reformieren ist und wie solches effektiv geschehen kann. Das würde die Arbeitskraft und auch die Blickweite eines einzelnen hoffnungslos überfordern. Gleichwohl dürften sich aus den Überlegungen der voraufgegangenen Seiten andeuten, manchmal peinlich unübersehbar auch nahelegen, was ganz dringlich ist und sogar, wie es vom Reißbrett in die Landschaft gebracht werden muss. Wir können nur dringlich bitten, herzlich mahnen, tröstend ermutigen. Christus ist die Form der Kirche, und zwar als der nackte Christus am Kreuz. Eine andere gibt es nicht.

Doch ist das alles wirklich zu realisieren, was sich da nahegelegt hat? Kann man im konkreten Leben, heute, hier nackt dem nackten Christus folgen? Da lebt ein reicher junger Mann im 12. Jahrhundert. Er spürt seines Herrn Auftrag: *Baue mein Haus wieder auf.* Nach kurzem Zögern versteht er: Nicht das Bauwerk von San Damiano unten im Tal. Vielmehr die ganze Kirche, das Volk Gottes in seiner Fülle. In der Drastik mittelalterlicher Realistik stellt er sich auf den Marktplatz seiner Heimatstadt, streift sämtliche Gewänder vom Leib und drückt sie dem fassungslosen Vater in die Hand. Er sammelt Gefährtinnen und Gefährten und macht die verfallende Kirche wieder christusförmig. Über seine eigenen Tage weit hinaus. Francesco d'Assisi und sein Werk sind in den Herzen lebendig. Noch immer. Noch also können wir erahnen, was jener Thomas am achten Tag nach Ostern erfahren hat: im nackten Christus des eigenen Daseins Vollendung in Freiheit. Dazu zu dienen, ist die konkrete Form der Kirche dieses Christus. Da ist die Freude des Evangeliums.

# Bildnachweis

Abb. 1: https://de.wikipedia.org
Abb. 2: Stock.adobe.com (savcoco)
Abb. 3: Diocesi di Senigallia, Piazza Garibaldi
Abb. 4: Pacific Press Media Production Corp. / Alamy Stock Foto

Volltextrecherche:
https://digibib.verlag-pustet.de